Möglichkeiten der Haftungsbeschränkung
bei Rechtsanwälten unter besonderer Berücksichtigung
neuer Formen beruflicher Zusammenarbeit

Europäische Hochschulschriften
Publications Universitaires Européennes
European University Studies

Reihe II
Rechtswissenschaft

Série II Series II
Droit
Law

Bd./Vol. 3204

PETER LANG
Frankfurt am Main · Berlin · Bern · Bruxelles · New York · Oxford · Wien

Hendrik Ott

Möglichkeiten der Haftungsbeschränkung bei Rechtsanwälten unter besonderer Berücksichtigung neuer Formen beruflicher Zusammenarbeit

PETER LANG
Europäischer Verlag der Wissenschaften

Die Deutsche Bibliothek - CIP-Einheitsaufnahme

Ott, Hendrik:

Möglichkeiten der Haftungsbeschränkung bei Rechtsanwälten unter besonderer Berücksichtigung neuer Formen beruflicher Zusammenarbeit / Hendrik Ott. - Frankfurt am Main ; Berlin ; Bern ; Bruxelles ; New York ; Oxford ; Wien : Lang, 2001
(Europäische Hochschulschriften : Reihe 2, Rechtswissenschaft ; Bd. 3204)
Zugl.: Hannover, Univ., Diss., 2001
ISBN 3-631-38111-5

D 89
ISSN 0531-7312
ISBN 3-631-38111-5

www.peterlang.de

In dankbarer Erinnerung an meine Großmutter

ANNA OTT

24.8.1916 – 3.12.1997

Vorwort

Die vorliegende Arbeit ist am 12.02.2001 vom Fachbereich Rechtswissenschaften der Universität Hannover als Dissertation angenommen worden. Bis zum Januar 2001 erschienene Literatur und Rechtsprechung sind berücksichtigt worden.
Die Arbeit wurde von Herrn Prof. Dr. Bernd H. Oppermann betreut. Ihm schulde ich Dank für meine offenherzige Aufnahme als externer, bereits im Berufsleben stehender Doktorand und seine stets wohlwollende und zugleich kritische Begleitung.
Mein besonderer Dank gilt meiner Ehefrau Friedrun, ohne deren Verständnis und Ermunterung diese Arbeit nicht beendet worden wäre.

Groß Schwülper, im März 2001

Hendrik Ott

Inhaltsverzeichnis

Abkürzungsverzeichnis

a.A.	anderer Ansicht
a.E.	am Ende
a.F.	alte Fassung
ABlEG	Amtsblatt der Europäischen Gemeinschaft
Abs.	Absatz
AG	Aktiengesellschaft
AGB	Allgemeine Geschäftsbedingungen
AGBG	Gesetz zur Regelung des Rechts der Allgemeinen Geschäftsbedingungen
AGH	Anwaltsgerichtshof
AktG	Aktiengesetz
AnwBl	Anwaltsblatt
AnwG	Anwaltsgericht
AO	Abgabenordnung
Art(t).	Artikel
Aufl.	Auflage
AVB	Allgemeine Versicherungsbedingungen
AVB-A	Allgemeine Versicherungsbedingungen für die Vermögensschadenhaftpflichtversicherung von Rechtsanwälten und Patentanwälten
BAG	Bundesarbeitsgericht
BayObLG	Bayerisches Oberstes Landesgericht
BB	Der Betriebs-Berater
Bd.	Band
BerufsO	Berufsordnung
BeurkG	Beurkundungsgesetz
BFH	Bundesfinanzhof
BFHEntlG	Gesetz zur Entlastung des Bundesfinanzhofs
BGB	Bürgerliches Gesetzbuch
BGBl.	Bundesgesetzblatt
BGH	Bundesgerichtshof
BGHZ	Entscheidungen des Bundesgerichtshofs in Zivilsachen
BMF	Bundesministerium der Finanzen
BNotO	Bundesnotarordnung

BRAGO	Bundesgebührenordnung für Rechtsanwälte
BRAK-Mitt	Mitteilungen der Bundesrechtsanwaltskammer
BRAO	Bundesrechtsanwaltsordnung
BR-Ds.	Bundesratsdrucksache
BSG	Bundessozialgericht
BStBl.	Bundessteuerblatt
BT-Ds.	Bundestagsdrucksache
BVerfG	Bundesverfassungsgericht
BVerfGE	Entscheidungen des Bundesverfassungsgerichts
bzw.	beziehungsweise
CCBE	Standesregeln der Rechtsanwälte der Europäischen Gemeinschaft
d.h.	das heißt
DAV	Deutscher Anwaltverein
DB	Der Betrieb
DDR	Deutsche Demokratische Republik
ders.	derselbe
Diss.	Dissertation
DRiG	Deutsches Richtergesetz
DStR	Deutsches Steuerrecht
DSWR	Datenverarbeitung (bis 1975: in) Steuer Wirtschaft und Recht
DVO	Durchführungsverordnung
EFG	Entscheidungen der Finanzgerichte
EG	Europäische Gemeinschaft; Einführungsgesetz
EGBGB	Einführungsgesetz zum Bürgerlichen Gesetzbuch
EGV	Vertrag zur Gründung der Europäischen Gemeinschaft
Einf v	Einführung vor
Einl.	Einleitung
EPG	Europäische Privatgesellschaft
Erg.-Lfg.	Ergänzungslieferung
EStG	Einkommensteuergesetz
EU	Europäische Union
EuGH	Gerichtshof der Europäischen Gemeinschaften
EuRAG	Gesetz zur Umsetzung von Richtlinien der Europäischen Gemeinschaft auf dem Gebiet des Berufsrechts der Rechtsanwälte
EuZW	Europäische Zeitschrift für Wirtschaftsrecht
EWG	Europäische Wirtschaftsgemeinschaft
EWIV	Europäische Wirtschaftliche Interessenvereinigung

EWIV-VO	EWG-Verordnung 2137/85 des Rates der Europäischen Gemeinschaften über die Schaffung einer Europäischen Wirtschaftlichen Interessenvereinigung
EWR	Europäischer Wirtschaftsraum
f., ff.	folgend(e)
FAZ	Frankfurter Allgemeine Zeitung
FGG	Gesetz über die Angelegenheiten der freiwilligen Gerichtsbarkeit
FGO	Finanzgerichtsordnung
Fn	Fußnote
FS	Festschrift
GBl	Gesetzblatt
GbR	Gesellschaft bürgerlichen Rechts
GenG	Gesetz betreffend die Erwerbs- und Wirtschaftsgenossenschaften
GG	Grundgesetz
ggf.	gegebenenfalls
GmbH	Gesellschaft mit beschränkter Haftung
GmbHR	GmbH-Rundschau
grds.	grundsätzlich
h.L	herrschende Lehre
h.M.	herrschende Meinung
HGB	Handelsgesetzbuch
Hrsg.	Herausgeber
i.S.	im Sinne
i.e.S.	im engeren Sinne
i.V.m.	in Verbindung mit
IWB	Internationale Wirtschaftsbriefe
JuS	Juristische Schulung
JZ	Juristenzeitung
Kap.	Kapitel
KG	Kommanditgesellschaft
LG	Landgericht
LL.M.	Magister Legum (Magister der Rechte)
ltd.	Limited (Gesellschaft mit beschränkter Haftung)
mbH	mit beschränkter Haftung
MBO-Arzt	Musterberufsordnung für die deutschen Ärzte
MCL	Master of Comparative Law
MDR	Monatsschrift für Deutsches Recht
Mio.	Million(en)

m. krit. Anm.	mit kritischer Anmerkung
m.w.N.	mit weiteren Nachweisen
n.F.	neue Fassung
NJW	Neue Juristische Wochenschrift
NJW-CoR	NJW-Computerreport
NJW-RR	NJW-Rechtsprechungsreport
NWB	Neue Wirtschaftsbriefe
NZG	Neue Zeitschrift für Gesellschaftsrecht
OHG	Offene Handelsgesellschaft
OLG	Oberlandesgericht
OVG	Oberverwaltungsgericht
PartGG	Gesetz über Partnerschaftsgesellschaften Angehöriger Freier Berufe
PKH	Prozeßkostenhilfe
RabelsZ	Zeitschrift für ausländisches und internationales Privatrecht
RADG	Gesetz zur Durchführung der Richtlinie des Rates der Europäischen Gemeinschaften vom 22.03.1977 zur Erleichterung der tatsächlichen Ausübung des freien Dienstleistungsverkehrs der Rechtsanwälte
RAG	Rechtsanwaltsgesetz
RBerG	Rechtsberatungsgesetz
RegE	Regierungsentwurf
RGBl.	Reichsgesetzblatt
RichtlRA	Grundsätze des anwaltlichen Standesrechts, Richtlinien der Bundesrechtsanwaltskammer
RiLi	Richtlinie
Rn	Randnummer
S.	Seite, Satz, siehe
STAR	Statistisches Berichtssystem für Rechtsanwälte
StBerG	Steuerberatungsgesetz
StGB	Strafgesetzbuch
StPO	Strafprozeßordnung
Urt.	Urteil
U.S.	United States (of America)
u.U.	unter Umständen
UWG	Gesetz gegen den unlauteren Wettbewerb
v.	von/vom
VersR	Versicherungsrecht
Vgl.	vergleiche
VO	Verordnung

VVG	Gesetz über den Versicherungsvertrag
VwGO	Verwaltungsgerichtsordnung
WiB	Wirtschaftsrechtliche Beratung
WM	Zeitschrift für Wirtschafts- und Bankrecht, Wertpapier-Mitteilungen
WPK-Mitt.	Mitteilungen der Wirtschaftsprüferkammer
WPO	Gesetz über eine Berufsordnung der Wirtschaftsprüfer
z.B.	zum Beispiel
ZFG	Zeitschrift für Genossenschaftsrecht
ZHR	Zeitschrift für das gesamte Handels- und Wirtschaftsrecht
Zif.	Ziffer
ZIP	Zeitschrift für Wirtschaftsrecht
ZPO	Zivilprozeßordnung
ZRP	Zeitschrift für Rechtspolitik
z.T.	zum Teil

A. Einführung

I. Neue Rahmenbedingungen anwaltlicher Berufsausübung

Die äußeren Rahmenbedingungen für die anwaltliche Berufsausübung in Deutschland haben sich in jüngster Zeit grundlegend verändert. Dies betrifft sowohl die Formen beruflicher Zusammenarbeit als auch die Möglichkeit der Haftungsbeschränkung[1] für die Folgen fehlerhafter Berufsausübung.

1. Neue Formen beruflicher Zusammenarbeit

Die jüngste Berufsrechtsnovelle des Jahres 1999 hat der Anwaltschaft den Weg in die Kapitalgesellschaft geebnet.[2] War bis dahin der Formenkanon anwaltlicher Zusammenschlußformen auf Personengesellschaften begrenzt, steht der Anwaltschaft nunmehr auch die GmbH als Zusammenschlußform offen.[3] Anlaß für die Aktivität des Gesetzgebers war eine Änderung der registergerichtlichen Rechtsprechung, derzufolge die Anwalts-GmbH mangels gesetzlichen Verbots bereits nach altem Recht zulässig war.[4]

Mit der gesetzlichen Regelung der Anwalts-GmbH sind auch andere Gesellschaftsformen, insbesondere die AG, in das Blickfeld der Anwälte gerückt. Die prinzipielle Zulässigkeit der Anwalts-AG steht nach der Entscheidung des BayObLG vom 27.03.2000[5] und Eintragung der ersten Anwalts-AG in ein Han-

---

1 Im Anschluß an Erman-Battes, BGB, § 276 Rn 80 wird Haftungsbeschränkung als Oberbegriff für Haftungsausschluß und Haftungsbegrenzung der Höhe nach verstanden.

2 Gesetz vom 31.08.1998, BGBl. I, 2600 ff.

3 §§ 59c ff. BRAO

4 BayObLG, NJW 1995, 199 (199); bestätigt durch Beschluß vom 28.08.1996, ZIP 1996, 1790 f.; das OLG Bamberg (Stbg 1996, 310 (310) und das OLG Köln (ZIP 1997, 1502 (1502) hatten sich dieser Rechtsprechung angeschlossen.. Damit bestätigte sich erneut die von Taupitz, Die Standesordnungen der freien Berufe, 391 und Henssler, NJW 1993, 2137 (2137) konstatierte Untätigkeit der Anwaltschaft in eigener Sache. Wiederum war es den Anwälten nicht gelungen, in einer für ihre Berufsausübung wesentlichen Frage selbst initiativ tätig zu werden.

5 BayObLG, NJW 2000, 1647 ff.

delsregister[6] außer Zweifel. Da der Gesetzgeber auf eine Regelung der Anwalts-AG bislang verzichtet hat, sind die an sie zu stellenden berufsrechtlichen Anforderungen jedoch weitgehend ungeklärt.

Bereits seit dem Jahr 1995 steht den Anwälten neben der BGB-Gesellschaft auch die Partnerschaft als Berufsausübungsgesellschaft offen.[7] Es ist den Gründen nachzugehen, warum sich die Partnerschaft in der Praxis bislang nicht als Regelgesellschaftsform durchgesetzt hat, obwohl dies vom Gesetzgeber mit ihrer Einführung bezweckt war.

Die Öffnung neuer Gesellschaftsformen für die Anwaltschaft spiegelt eine tiefgreifende Änderung ihrer Binnenstruktur wider. Inzwischen sind auch in Deutschland durch Fusionen von Anwaltskanzleien größere Funktionseinheiten mit z.T. mehreren hundert Berufsträgern entstanden.[8] Die Schallgrenze des Wachstums scheint noch nicht erreicht.[9] Die Fusionswelle ist als Reaktion auf die zunehmende Globalisierung der Wirtschaft zu verstehen. Nur wer sowohl in Sachen Kompetenz und Größe zur Spitzengruppe gehört, hat eine Chance bei der Vergabe lukrativer Großmandate. Binnen weniger Jahre wird sich eine Spitzengruppe international tätiger Anwaltskanzleien herausbilden. Wer dazugehören will, muß seine Position am Markt beizeiten sichern.[10]

Trotz der jüngsten Fusionsbewegung haben deutsche Anwaltskanzleien im internationalen Maßstab noch immer eine vergleichsweise geringe Größe.[11] Die Gründe hierfür sind nicht zuletzt darin zu sehen, daß deutschen Anwälten bislang nur Organisationsformen zur Verfügung standen, die sich für eine internationale Expansion wenig eignen. Es ist kein Zufall, daß sich etwa die „Big Five" der großen deutschen Wirtschaftsprüfungsgesellschaften sämtlichst in der Rechtsform der Kapitalgesellschaft organisiert haben, drei davon in der Rechtsform der AG.[12]

---

6 Römermann, Anwalt 2000, 6 (7)

7 BGBl. I 1994, 1744 ff.: in Kraft seit dem 01.07.1995

8 Zu Beginn des Jahres 2000 beschäftigten 18 Kanzleien in Deutschland mehr als 100 Anwälte, 6 davon mehr als 200 Anwälte (JUVE-Handbuch 2000/2001, 509).

9 JUVE-Handbuch 2000/2001, 10

10 FAZ v. 10.05.2000, W 1 „Die Erwartungen der Klienten und der Druck der Wettbewerber drängen viele deutsche Anwaltskanzleien zu Fusionen"

11 So arbeiteten Anfang des Jahres 2000 rund 2.500 Anwälte für die größte US-amerikanische Kanzlei Baker & McKenzie und damit genau so viele wie in den 13 größten deutschen Anwaltskanzleien zusammen. Dies ergibt eine Auswertung der im JUVE-Handbuch 2000/2001, 509 und 512 genannten statistischen Angaben.

12 Raupach in FS 50 Jahre Arbeitsgemeinschaft der Fachanwälte für Steuerrecht (1999), 13 (24 ff.) mit instruktiven Hinweisen auf den Unternehmensaufbau der deutschen Mitgliedsfirmen der Big Five KPMG, Arthur Andersen, PricewaterhouseCoopers, Schitag Ernst & Young sowie WEDIT Deloitte & Touch. Die Big Five

Eine weitere Neuerung des anwaltlichen Berufsrechts betrifft die Teilnahme an fachübergreifender Zusammenarbeit. Die als unumstößlich geltenden Beschränkungen interprofessioneller Zusammenschlüsse wurden gelockert. Auch Zusammenschlüsse von Notaren und Wirtschaftsprüfern[13] sind nunmehr zulässig. Auch interprofessionelle Zusammenschlüsse von Anwälten mit Steuerberatern und Wirtschaftsprüfern in der Rechtsform der GmbH sind erlaubt.[14] Eine Anpassung der Berufsrechte der Steuerberater und Wirtschaftsprüfer an die Neuregelungen der BRAO ist jedoch weitgehend unterblieben.

Bislang beibehalten wurde das gesetzliche Verbot der Sternsozietät für Anwälte. Es untersagt dem Anwalt die Zugehörigkeit zu mehr als einer Berufsausübungsgesellschaft. Gegen diese Regelung bestehen durchgreifende verfassungsrechtliche Bedenken.

Noch immer unterentwickelt sind berufsrechtliche Zusammenschlüsse auf internationaler Ebene unter Beteiligung deutscher Anwälte. Das Projekt einer europaweit einheitlichen Gesellschaftsform für Freiberufler, welche die grenzüberschreitende Niederlassung von Unternehmen im Binnenmarkt und ihre Zusammenarbeit regeln sollte, ist nicht realisiert worden. Der Entwurf einer Europäischen Privatgesellschaft als supranationale Gesellschaftsform, die über das mit der EWIV erreichte Maß hinausgeht, ist bislang an nationalen Widerständen gescheitert.[15] Eine berufliche Tätigkeit innerhalb der EU über Landesgrenzen hinweg ist deshalb nur über Holdingkonstruktionen möglich, deren Zulässigkeit sich nach dem jeweiligen nationalen Gesellschaftsrecht richtet.[16]

Nach dem Scheitern gesellschaftsrechtlicher Lösungsansätze hat der europäische Gesetzgeber einen anderen Weg beschritten, um den Bedürfnissen der Praxis nach einer erleichterten Berufsausübung im Ausland Rechnung zu tragen.

---

sind bisher - trotz Betonung des Einheitsgedankens durch Verwendung einheitlicher Logos und der Anwendung einheitlicher Prüfungs- und Qualitätsstandards - weder global tätige Einheitsunternehmen noch multinationale Konzernunternehmungen. Sie bestehen aus rechtlich voneinander unabhängigen Mitgliedsgesellschaften, die zu einem Verbund zusammengeschlossen sind, aber beim Marktauftritt in den verschiedenen Staaten bis heute gelegentlich unterschiedliche nationale Firmen verwenden.

13 § 9 Abs. 2 BNotO in der seit dem 01.09.1998 in Kraft befindlichen Fassung (Art. 15 des Gesetzes vom 31.08.1998, BGBl. I, 2589 (2608)

14 §§ 59a i.V.m. 59e Abs. 1 BRAO

15 Vgl. zum derzeitigen Entwicklungsstand einer „Europäischen Privatgesellschaft" (EPG) Hommelhoff/Helms, GmbHR 1999, 53 (54).

16 Hense in Wirtschaftsprüfer-Handbuch II, J Rn 1; Nerlich, AnwBl 1994, 129 (130)

Er verabschiedete im Jahre 1998 die Niederlassungsrichtlinie 98/5/EG.[17] Der Bundesgesetzgeber hat diese Richtlinie mit dem Gesetz über die Tätigkeit europäischer Rechtsanwälte in Deutschland (EuRAG) umgesetzt, das am 14.03.2000 in Kraft getreten ist.[18] Die Niederlassungsrichtlinie erweitert den Zugang von EU-Anwälten zur Anwaltschaft des jeweiligen Aufnahmestaates erheblich. Nach dreijähriger Berufstätigkeit im Aufnahmestaat können sich Anwälte dort unter der Berufsbezeichnung ihres Herkunftsstaates niederlassen. Dabei dürfen sie auch im Recht des Aufnahmestaates beraten und vertreten.

Bislang kaum vom Schrifttum behandelt sind Formen beruflicher Zusammenarbeit, die sich außerhalb der herkömmlichen gesellschaftsrechtlichen Bindungen vollziehen. Weitgehend unbemerkt hat die Kooperation inzwischen Eingang in § 8 der anwaltlichen BerufsO gefunden. Sie hat sich als Zusammenarbeitsform auf schlicht vertraglicher Grundlage vor allem im internationalen Bereich etabliert. Gerade hier ist ein Trend zum "Full Service-Concept“ zu beobachten, der internationalen Mandanten grenzüberschreitende Anwaltsdienstleistungen „aus einer Hand“ anbieten kann.[19] Die Kooperation tritt in unterschiedlichem Gewand auf, etwa als Korrespondenzanwaltsgemeinschaft, Club, Alliance oder Joint venture. Hiermit zusammenhängende Haftungsfragen sind noch weitgehend ungeklärt.

2. *Neuordnung der Berufshaftung*

Die Einführung der Partnerschaft durch das PartGG war in haftungsrechtlicher Hinsicht zunächst enttäuschend. Der Gesetzgeber hatte das Konzept der BGB-Gesellschaft mit ihrer gesamtschuldnerischen Haftung aller Sozien neben dem Gesellschaftsvermögen auch für die Partnerschaft übernommen. Haftungsrechtlich bedeutete dies keine Verbesserung gegenüber der BGB-Gesellschaft. Der Gesetzgeber hat auf die hieran geübte Kritik reagiert. Nunmehr haften neben dem Vermögen der Partnerschaft nur noch diejenigen Partner persönlich, die mit der Mandatsbearbeitung befaßt waren.[20]

Der Gesetzgeber hat den Anwälten mit der GmbH und der Partnerschaft erstmals Gesellschaftsformen an die Hand gegeben, mittels derer eine Haf-

---

17 Richtlinie zur Erleichterung der ständigen Ausübung des Rechtsanwaltsberufs in einem anderen Staat als dem, in dem die Qualifikation erworben wurde, ABlEG 1998, Nr. L 77, 36; abgedruckt in NJW 1999, 268 ff.

18 BGBl. I 2000, 182 ff.

19 Vgl. hierzu Raupach in FS 50 Jahre Arbeitsgemeinschaft der Fachanwälte für Steuerrecht (1999), 13 (15 ff.).

20 § 8 Abs. 2 PartGG (BGBl. I 1998, 1878); in Kraft seit dem 01.08.1998

tungsbeschränkung bereits kraft Rechtsform eintritt. Dies hat für den Anwalt den entscheidenden Vorteil, eine Haftungsbeschränkung nicht vertraglich vereinbaren zu müssen. Das sensible Vertrauensverhältnis zwischen Anwalt und Mandant wird damit nicht bereits bei seiner Entstehung mit Hinweisen auf die Folgen fehlerhafter Berufsausübung belastet. Die Praxis hat den psychologischen Vorteil einer rechtsformabhängigen Haftungsbeschränkung erkannt und versucht, die „BGB-Gesellschaft mbH" zu kreieren. Die Zulässigkeit derartiger Kunstformen war lange Zeit umstritten. Inzwischen hat der BGH eine Haftungsbeschränkung auf das Gesellschaftsvermögen durch einseitige Kundgabe nach außen für unwirksam erklärt.[21]

Andere Möglichkeiten einer Haftungsbeschränkung für die Folgen fehlerhafter Berufsausübung bietet das Vertragsrecht. Dabei kommt individualvertraglich vereinbarten Haftungsbeschränkungen aufgrund ihrer Belastung für das Mandatsverhältnis keine nennenswerte Bedeutung zu.[22] Von größerer Bedeutung ist eine Haftungsbeschränkung mittels vorformulierter Vertragsbedingungen. Mit ihnen läßt sich die Haftung auf einen Höchstbetrag beschränken oder auf den das Mandat bearbeitenden Berufsträger konzentrieren.[23]

Ein Überblick über das anwaltliche Haftungsrecht bliebe ohne Einbeziehung versicherungsrechtlicher Aspekte unvollständig. Gerichte sind geneigt, Haftungsvoraussetzungen eher zu bejahen, wenn der Schädiger seine Berufshaftung auf einen Versicherer verlagern kann.[24] Wohl deshalb stellt das Verschuldenserfordernis in der Rechtsprechung bei Inanspruchnahme eines Anwalts keine Hürde mehr dar. Der Gesetzgeber hat sich für eine starke Differenzierung der Mindestversicherungssummen bei einzelnen Gesellschaftsformen entschieden, die einen sehr unterschiedlichen Prämienaufwand zur Folge haben. Hieraus ergeben sich ernstzunehmende Hindernisse bei der Wahl der Gesellschaftsform für die berufliche Zusammenarbeit.

II. Problemstellung

Die aufgezeigte Vielzahl gesetzlicher Neuregelungen hat das vertraute Bild anwaltlicher Zusammenarbeit und Berufshaftung grundlegend verändert. Das neue Recht hat nicht nur zahlreiche Streitfragen der Vergangenheit gelöst, sondern auch neue geschaffen, die den Rechtsanwender vor erhebliche Probleme stellen.

---

21 DStR 1999, 1704 (1705); auf diese Entscheidung wird unter D I 8 ausführlich eingegangen.

22 Oppermann, AnwBl 1995, 453 (453)

23 § 51a Abs. 1 S. 1 Nr. 2 und Abs. 2 S. 2 BRAO

24 Sieg, Internationale Anwaltshaftung, 65 m.w.N.

Die vorliegende Arbeit versucht, die Neuerungen zu systematisieren und den Gesamtzusammenhang der gesellschafts- und berufsrechtlichen Regelungen aufzuzeigen. Ziel ist es, einen Überblick über den gegenwärtig erreichten Rechtszustand zu geben und Lösungswege bei Streitfragen aufzuzeigen. Das gesteckte Ziel einer Systematisierung gebietet eine Beschränkung der Darstellung auf Gesichtspunkte, denen in der anwaltlichen Praxis bei der Wahl der Gesellschaftsform entscheidende Bedeutung beigemessen wird:

- Gesellschafterkreis
- Gesellschafterstellung
- Geschäftsführung/Vertretung
- Haftung
- Versicherungsrechtliche Fragen.

Rechtsprechung und Schrifttum sind bis Ende Januar 2001 berücksichtigt.

III. Gang der Darstellung

Teil B vermittelt einen Überblick über die Gründe, die eine berufliche Zusammenarbeit von Anwälten nahelegen. Dabei kann auf neuere empirische Erhebungen zurückgegriffen werden, die bislang wenig beachtet wurden.

Teil C faßt die wesentlichen Rechtsgrundlagen anwaltlicher Berufsausübung einschließlich der vertraglichen Anwaltshaftung und ihrer versicherungsrechtlichen Aspekte zusammen. Mit einbezogen wird das EuRAG, welches am 14.03.2000 in Kraft getreten ist.

Teil D beinhaltet als zentralen Teil der Arbeit eine Darstellung der anwaltlichen Berufsausübungsgesellschaften und ihrer Haftung. Besonderes Augenmerk wird dabei auf die Ausgestaltung ihrer Binnenstruktur und die Möglichkeiten einer interprofessionellen Zusammenarbeit mit Steuerberatern und Wirtschaftsprüfern gelegt. Nicht behandelt wird die berufliche Zusammenarbeit mit angestellten und freien Mitarbeitern. Diese werfen in erster Linie arbeits- und versicherungsrechtliche Statusfragen auf, die bereits an anderer Stelle umfassend erörtert sind.[25]

Teil E stellt den anwaltlichen Berufsausübungsgesellschaften Formen beruflicher Zusammenarbeit ohne gemeinschaftliche Berufsausübung gegenüber. Dabei ist neben der Bürogemeinschaft auf die Kooperation mit ihren unter-

---

25 Vgl. etwa Henssler, AnwBl 2000, 213 ff. und Kilger, AnwBl 1999, 39 ff. zur Abgrenzung von freien Mitarbeitern, Scheinselbständigen und arbeitnehmerähnlichen Selbständigen nach Inkrafttreten des Gesetzes zu Korrekturen in der Sozialversicherung und zur Sicherung der Arbeitnehmerrechte am 01.01.1999, BGBl. I 1998, 3843 ff.

schiedlichen Spielarten - auch im internationalen Kontext - als neue Gestaltungsform einzugehen.

Teil F trifft Aussagen zu zentralen Fragen einer rechtsformunabhängigen vertraglichen Haftungsbeschränkung, die für alle Formen anwaltlicher Zusammenarbeit Geltung beanspruchen. Im Mittelpunkt steht dabei die Möglichkeit der Haftungsbeschränkung mittels vorformulierter Vertragsbedingungen.

Teil G gibt einen Überblick über die Möglichkeiten einer interprofessionellen Zusammenarbeit aus der Sicht des Berufsrechts der Steuerberater und Wirtschaftsprüfer. Die sich hieraus ergebenden Widersprüche und Abweichungen zum anwaltlichen Berufsrecht werden systematisiert.

Teil H faßt den wesentlichen Inhalt der Arbeit in einer Schlußbetrachtung zusammen und gibt einen rechtspolitischen Ausblick.

B. Empirische Ausgangsbasis

I. Gründe für eine berufliche Zusammenarbeit

Vor einer Bestandsaufnahme und Bewertung der den Anwälten zur Verfügung stehenden Formen beruflicher Zusammenarbeit ist nach den Gründen zu fragen, die eine anwaltliche oder auch interprofessionelle Zusammenarbeit nahelegen. Diese ist kein Selbstzweck, sondern wird nicht zuletzt durch persönliche Gründe beeinflußt. Hierzu zählt etwa die psychologische Absicherung,[26] nicht als Einzelkämpfer seinen Weg gehen zu müssen. Ein solches Verlangen wird verständlich vor dem Hintergrund einer zumeist noch unbekannten Berufswelt, in welche der vormalige, an Gruppenzugehörigkeit gewöhnte Student und Rechtsreferendar entlassen wird.

Es gibt darüber hinaus für die berufliche Zusammenarbeit allerdings Gründe, die einer gewissen Notwendigkeit oder wenigstens Zweckmäßigkeit entspringen, also losgelöst von subjektiven Erwägungen sind. Diese Gründe können im Einzelfall von sehr unterschiedlichem Gewicht sein und sich wechselseitig bedingen.[27] Nachfolgend werden die wichtigsten „objektiven" Beweggründe für eine berufliche Zusammenarbeit genannt.

1. Spezialisierungsdruck

Der Anwalt ist der berufene unabhängige Berater und Vertreter in allen Rechtsangelegenheiten.[28] An dieser Kernaussage des anwaltlichen Berufsrechts haben

---

26 Oppenhoff, AnwBl 1967, 267 (271)

27 Vgl. zum folgenden etwa Raupach in FS 50 Jahre Arbeitsgemeinschaft der Fachanwälte für Steuerrecht (1999), 13 ff.; Haarmann in FS 50 Jahre Arbeitsgemeinschaft der Fachanwälte für Steuerrecht (1999), 515 ff.; Hellwig, ZHR 161 (1997), 337 (339); Vorbrugg/Salzmann, AnwBl 1996, 129 (130); Kilger, AnwBl 1996, 11 ff.; Henssler, DB 1995, 1549 ff.; Rabe, NJW 1995, 1403 ff.; Busse, AnwBl 1994, 482 ff.; Loewer, BRAK-Mitt. 1994, 186 ff.; Grüninger, AnwBl 1992, 111 ff.; Stobbe, NJW 1991, 2041 ff.; Schumann, Die überörtliche Anwaltssozietät, Rn 182 ff.; Hommerich, AnwBl 1990, 410 ff.; Michalski, Das Gesellschafts- und Kartellrecht der berufsrechtlich gebundenen freien Berufe, 100 ff.; Zuck, AnwBl 1988, 19 ff.; Franzen/Apel, NJW 1988, 1059 ff.

28 § 3 Abs. 1 BRAO

die jüngsten Berufsrechtsnovellen festgehalten. Gleichwohl ist inzwischen Allgemeingut geworden, daß die Vorstellung von einem umfassend befähigten Einheitsjuristen mit der Wirklichkeit nur noch wenig gemein hat.[29]

Das Erfordernis beruflicher Spezialisierung beruht auf dem Hang des Gesetzgebers, sämtliche Lebensbereiche durchzunormieren. Das Bestreben nach perfektionistischer Regelungsdichte wird gefördert durch die Verpflichtung zur Umsetzung von EG-Recht und die Vorgaben des BVerfG zum Vorbehalt des Gesetzes. Im Ergebnis hat dies zu einer nicht mehr überschaubaren Normenflut geführt.[30]

Betroffen von dem Spezialisierungsdruck sind alle Rechtsgebiete. Selbst einfach gelagerte zivilrechtliche Sachverhalte lassen sich häufig nicht mehr ohne Sonderwissen rechtlich überprüfen. Längst sind umfassende Kodifikationen wie das BGB in ihrer Bedeutung hinter die sie ergänzenden Spezialregelungen zurückgetreten.[31] Auch diejenigen Lebensbereiche, die noch zum überwiegenden Teil dem Primat umfassender Einzelgesetze unterworfen sind, können infolge ausufernder Kasuistik in der Rechtsprechung von dem allein tätigen Anwalt nicht mehr übersehen werden.[32] Rund 20.000 veröffentlichte Entscheidungen jährlich sowie das hierzu ergangene umfangreiche Schrifttum sind von ihm nicht mehr zu bewältigen.[33]

Der Beratungsbedarf grenzüberschreitender Wirtschaftsunternehmen ist im Zuge der internationalen Verflechtung ebenfalls nicht mehr durch Einzelanwälte abzudecken. Anwaltsfusionen sind deshalb auch eine Reaktion auf die weltweiten Verflechtungen gewerblicher Mandanten aus der Wirtschaft.[34] Angesichts der sehr ungleichgewichtigen Größenverhältnisse zwischen den beteiligten Fusionspartnern entsteht mitunter der Eindruck, es handele sich eher um Übernahmen deutscher Anwaltskanzleien durch ihre erheblich größeren ausländischen Fusi-

---

29 Zuck, NJW 1999, 263 (264); Stobbe, NJW 1991, 2041 (2043) weist zutreffend darauf hin, daß Ziel der Juristenausbildung weniger der Einheitsjurist als vielmehr der „Justizjurist“ ist.

30 Schnorbus, DStR 1998, 1637 (1639) m.w.N.

31 Hinzuweisen ist etwa auf das Arbeitsrecht, das sich innerhalb weniger Jahre zu einer „autonomen“ Teilrechtsordnung entwickelt hat. Auch im privaten Baurecht haben die einschlägigen Verdingungsordnungen die Regelungen des BGB in der Praxis weitgehend abgelöst.

32 Dies gilt etwa für das Mietrecht, das sich ohne Detailkenntnisse der obergerichtlichen AGB-Rechtsprechung nicht mehr bearbeiten läßt.

33 Vgl. zum anwaltlichen Pflichtenprogramm Zugehör, Handbuch der Anwaltshaftung Rn 503 ff.; Schnorbus, DStR 1998, 1637 ff.

34 Römermann, Anwalt 2000, 6 (6); Handelsblatt v. 29.04.1999, 9 „Großfusion der Wirtschaftskanzleien“

onspartner.[35] Manche deutsche Anwaltskanzlei geht wohl aus diesem Grund den Weg einer Kooperation anstelle eines vollständigen gesellschaftsrechtlichen Zusammenschlusses. Feststeht, daß der deutsche Anwaltsmarkt mit einem Honorarvolumen von rund 21 Milliarden DM der größte europäische Markt und dementsprechend für ausländische Kanzleien attraktiv ist.[36]

Die Vorteile anwaltlicher Zusammenarbeit treten gerade im internationalen Bereich besonders deutlich zutage. So stehen etwa für die Beratung bei der Unternehmensgründung häufig nicht Fragen des nationalen Gesellschaftsrechts, sondern Aspekte des internationalen Steuerrechts im Vordergrund. Das hierzu erforderliche Sonderwissen wird dem Einzelanwalt zumeist fehlen.

Nicht selten läßt erst die interprofessionelle berufliche Zusammenarbeit (Steuerberater, Wirtschaftsprüfer) mit Rücksicht auf die Komplexität des grenzüberschreitenden Wirtschaftsrechts die Entwicklung optimaler Lösungen zu. Um etwa bei Unternehmensfusionen einen Rundumservice „aus einer Hand" anbieten zu können, nehmen Anwaltskanzleien zunehmend Wirtschaftsprüfer und Steuerberater auf.[37] Aus diesem Grund kommt der interprofessionellen beruflichen Zusammenarbeit verstärkte Bedeutung zu.[38]

Erst die Spezialisierung ermöglicht eine effiziente Arbeit, da zeitraubende Einarbeitungszeit in unbekannte Rechtsgebiete entfällt. Am deutlichsten kommt die Spezialisierung bei den großen überörtlichen Zusammenschlüssen zum Tragen. Einer der Hauptgründe für diese Überregionalisierung der anwaltlichen Tätigkeit ist es, an allen Kanzleistandorten auf das Erfahrungswissen einzelner, besonders spezialisierter Berufsträger zurückgreifen zu können. Der Konzentrationsprozeß innerhalb der Anwaltschaft ist jedoch nicht auf die großen überörtlichen Zusammenschlüsse beschränkt. Auch innovative Kanzleien in Mittelstädten verstehen den Spezialierungsgedanken inzwischen als Chance, sich erfolgreich am Markt zu behaupten.

Mit der Verabschiedung des Fachanwaltsgesetzes im Jahre 1992[39] hat der Gesetzgeber der Notwendigkeit einer anwaltlichen Spezialisierung Rechnung getragen. Es ist den Anwälten nunmehr möglich, mit einer Zusatzqualifikation auf Spezialkenntnisse aufmerksam zu machen. Bisher können Fachanwaltsbezeichnungen für die Rechtsgebiete Steuerrecht, Verwaltungsrecht, Arbeitsrecht, Sozi-

---

35 Römermann, Anwalt 2000, 6 (8)

36 Pritchard, Kanzleien in Deutschland 2000/2001, 18

37 Hannoversche Allgemeine Zeitung v. 13.02.1999 „Mandanten suchen Rat aus einer Hand"

38 Haarmann in FS 50 Jahre Arbeitsgemeinschaft der Fachanwälte für Steuerrecht (1999), 515 (515).

39 BGBl. I 1994, 369

alrecht, Familienrecht, Strafrecht und Insolvenzrecht[40] erworben werden. Weitere Fachanwaltsbezeichnungen sind im Gespräch.[41] Anwaltliche Zusammenschlüsse machen in einem sich verschärfenden Wettbewerb zunehmend davon Gebrauch, mit Fachanwaltsbezeichnungen für sich zu werben.

Mit einer Spezialisierung dürfte eine weitere, bislang noch nicht untersuchte Entwicklung einhergehen: Wer sich in bestimmter Weise spezialisiert, wird von Mandanten möglicherweise nicht mehr als kompetenter Ansprechpartner für andere Rechtsgebiete angesehen. Eine Spezialisierung kann deshalb auch den Verlust von Mandanten zur Folge haben. Eine erfolgreiche Spezialisierung dürfte deshalb den Trend zu mittleren und größeren Zusammenschlüssen fortsetzen.[42] Nur diese sind in der Lage, einer möglichen Abwanderung von Mandanten durch den Hinweis auf den anderweitig spezialisierten Kollegen des eigenen Büros zu begegnen.

2. *Konkurrenzdruck*

Ein weiterer Grund für eine berufliche Zusammenarbeit ist der zunehmende Konkurrenzdruck. Dieser zwingt die Anwälte unter Marketingaspekten dazu, sich aus der breiten Masse der Leistungsanbieter hervorzuheben. Hierbei darf auch die Wiedervereinigung Deutschlands mit ihrem in den ersten Jahren enormen Bedarf an Juristen nicht darüber hinwegtäuschen, daß offenbar eine Marktsättigung erreicht ist. Erstmals sind auch Juristen in Deutschland arbeitslos gemeldet und mehren sich die Stimmen, die Studienanfängern von der Aufnahme des Jurastudiums abraten.[43]

Die Suche der Anwaltschaft nach neuen Betätigungsfeldern hat inzwischen dazu geführt, daß Beratungsleistungen über Telefon-hot-lines[44] im Minutentakt angeboten werden. Ferner gibt es Überlegungen, Rechtsberatung in Kaufhäusern nach dem Franchise-Prinzip innerhalb eines „Shop-in-the-Shop-Systems“ mit kleinen Beratungseinheiten anzubieten.[45]

---

40 Beschluß der Satzungsversammlung der Bundesrechtsanwaltskammer vom 21./22.03.1999, in Kraft seit dem 01.09.1999, vgl. BRAK-Mitt. 1999, 122 (122)

41 Busse, NJW 1999, 3017 (3022) unter Hinweis auf einen Fachanwalt für Verkehrsrecht.

42 So auch Passenberger, BRAK-Mitt. 1996, 98 (100); Busse, AnwBl 1994, 482 (486)

43 Handelsblatt v. 05.10.1998 „Die Anwälte brechen auf zu neuen Märkten“

44 Eingehend hierzu Römermann, Anwalt 2001, 10 ff.

45 Raupach in FS 50 Jahre Arbeitsgemeinschaft der Fachanwälte für Steuerrecht (1999), 13 (15)

Der Wettbewerb unter Anwälten auf dem Beratungsmarkt[46] erfolgt in jüngster Zeit verstärkt auch über den Preis. Vor allem größere ausländische Kanzleien drängen auf den deutschen Beratungsmarkt.[47] Nicht selten werden große Mandate in einem Bieterverfahren („Beauty Contest") vergeben, in welchem die günstigste Anwaltskanzlei den Zuschlag erhält.[48] Ihre Mandanten versuchen, die Honorare im offenen Preiswettbewerb der Interessenten so weit wie möglich zu drücken. Anwaltskanzleien sind nicht selten bereit, auch Verlustpreise zu akzeptieren, nur um ins Geschäft zu kommen.[49]

Wohl aus diesem Grund erhöhen sich nach den ersten Erfahrungsberichten bei überörtlichen Zusammenschlüssen die Kosten in den Anfangsjahren stärker als der gemeinsame Umsatz.[50] Maßgebend für die Bildung überörtlicher Zusammenschlüsse ist vor allem das Erfordernis einer verstärkten Präsenz in bestimmten Ballungzentren, die mandatsspezifisch eine herausgehobene Position einnehmen.[51]

Insbesondere US-amerikanische Anwaltsgesellschaften sind ihren Mandanten bereits in größerem Umfang nach Deutschland gefolgt und vergrößern den Konkurrenzdruck. Grund hierfür ist eine Expansionswelle, deren Ende noch nicht absehbar ist. Mandanten sind zumeist weltweit tätige Unternehmen mit einem großen Bedarf an spezialisierten juristischen Dienstleistungen, die eine Teambildung voraussetzen.[52] Die Öffnung der US-amerikanischen Anwaltsgesellschaften wurde dabei wesentlich begünstigt durch die Möglichkeit freier Rechtsformwahl.[53]

Konkurrenzdruck üben inzwischen nicht nur Anwälte untereinander aus. Insbesondere Banken[54] sind in Beratungsfelder eingedrungen, die ihnen nach dem RBerG eigentlich verwehrt sind. Sie erteilen ihren Kunden nicht selten auch individuellen juristischen Rat.[55] Gleiches gilt für Versicherungen. So versuchen etwa

---

46 Beratungsleistungen werden regelmäßig nach Zeitaufwand auf der Basis von Stundensätzen oder allgemeinen Beratungspauschalen angeboten. Demgegenüber dürfen die Honorare für den forensischen Bereich nach der BRAGO nicht unterboten werden.

47 Hellwig, ZHR 161 (1997), 337 (339)

48 Hannoversche Allgemeine Zeitung v. 13.02.1999, 11

49 Hellwig, ZHR 161 (1997), 337 (346)

50 Schneider, AnwBl 1991, 565 (566)

51 Etwa Frankfurt als Hauptbankplatz oder Berlin als wichtigster Unternehmensstandort

52 FAZ v. 10.05.2000, W 1 „Die Erwartungen der Klienten und der Druck der Wettbewerber drängen viele deutsche Anwaltskanzleien zu Fusionen"

53 Raupach in FS 50 Jahre Arbeitsgemeinschaft der Fachanwälte für Steuerrecht (1999), 13 (28)

54 Busse, NJW 1999, 3017 (3017); Wolfsteiner, NJW 1996, 3262 (3262)

55 Schumann, Die überörtliche Anwaltssozietät, Rn 178 m.w.N.

die unter Kostendruck stehenden Kraftfahrzeug-Versicherer, unter Ausschaltung niedergelassener Anwälte die Schadensabwicklung in eigener Regie zu übernehmen.[56] Manche Autoren hören bereits das Sterbeglöcklein für das RBerG läuten, da in anderen EU-Mitgliedstaaten eine der deutschen Regelung vergleichbare Monopolisierung der Rechtsberatung unbekannt ist.[57]

Auch andere Freiberufler haben in der Vergangenheit auf dem Rechtsberatungsmarkt Fuß gefaßt. Zu Beginn des Jahres 2000[58] gab es in Deutschland

104.067 Anwälte (darunter 158 ausländische)[59]
8.835 Anwaltsnotare
1.657 Nur-Notare[60]
57.806 Steuerberater
6.056 Steuerberatungsgesellschaften
3.626 Steuerbevollmächtigte
9.984 Wirtschaftsprüfer
1.879 Wirtschaftsprüfungsgesellschaften.

Steuerberater und vor allem die großen Wirtschaftsprüfungsgesellschaften haben längst die Rechtsberatung als lukratives Betätigungsfeld für sich entdeckt. Letztere setzen seit langem erfolgreich auf „Globalisierung, Full Service-Concept und Multi-Disciplinary-Practices".[61] Sie dringen gezielt in solche Rechtsberatungsbereiche vor, die bislang den anwaltlichen Großkanzleien vorbehalten waren.[62] Hierzu zählen etwa Unternehmenskäufe, Umstrukturierungen oder das Kapitalmarktrecht. Die Wettbewerbsvorteile der Wirtschaftsprüfungsgesellschaften liegen darin begründet, daß sie durch ihren regelmäßigen Kontakt mit dem Mandanten den Rechtsberatungsbedarf gewissermaßen an der Quelle erfassen und dort Mandate akquirieren können.[63]

Erst im Jahre 1998 wurde die bis dahin von der Rechtsprechung geduldete rechtsberatende Tätigkeit der Steuerberater und Wirtschaftsprüfer[64] auf nicht

---

56 Kleine-Cosack, NJW 2000, 1593 (1594)
57 Kleine-Cosack, NJW 2000, 1593 (1593)
58 Vgl. im folgenden BRAK-Mitt. 2000, 136 (137).
59 BRAK-Mitt. 1999, 90 (90)
60 Vgl. im folgenden BRAK-Mitt. 2000, 136 (136).
61 Raupach in FS 50 Jahre Arbeitsgemeinschaft der Fachanwälte für Steuerrecht (1999), 13 (15)
62 Wolfsteiner, NJW 1996, 3262 (3262)
63 Hellwig, ZHR 161 (1997), 337 (340)
64 Vgl. etwa BGHZ 102, 128 (134), wonach Wirtschaftsprüfer allgemeinen Rechtsrat erteilen dürfen, wenn andernfalls eine sachgemäße Erledigung der eigentlichen wirtschaftsberatenden Aufgabe nicht möglich ist.

steuerlichem Gebiet durch Art. 1 § 5 Nr. 2 RBerG gesetzlich abgesichert.[65] Nunmehr dürfen auch Steuerberater und Wirtschaftsprüfer allgemeinen Rechtsrat erteilen, soweit er in einem unmittelbaren Zusammenhang mit ihren Aufgaben steht und diese ohne die Rechtsberatung nicht sachgerecht erledigt werden können. Es ist zu erwarten, daß sich insbesondere die großen Wirtschaftsprüfungsgesellschaften, wie schon in der Vergangenheit, über diese ohnehin konturenlose Einschränkung hinwegzusetzen versuchen.

In jüngerer Zeit gehen große Wirtschaftsprüfungsgesellschaften dazu über, eigene Anwaltsgesellschaften zu gründen, in welche sie ihre bisherigen Rechtsabteilungen ausgliedern.[66] Diese Anwaltsgesellschaften werden regelmäßig in der Rechtsform der GmbH gegründet. Sie sind damit rechtlich selbständig, faktisch aber über eine vollständige oder teilweise Gesellschafteridentität in die Wirtschaftsprüfungsgesellschaften teilintegriert.[67] Nicht selten treten die Wirtschaftsprüfungsgesellschaften mit ihren Anwaltsgesellschaften offen nach außen gemeinsam auf und unterhalten ihre Büros in den gleichen Räumen. Auf diese Weise läßt sich der eingeführte Name auch auf die anwaltliche Neugründung übertragen.

Die starke Konkurrenz der Wirtschaftsprüfer beruht vor allem auf ihrer globalen Ausrichtung, mit der eine ständig wachsende Expansion einhergeht. Sie haben Netzwerke in Form von Niederlassungen, Tochtergesellschaften und Joint ventures aufgebaut. Auf diese Weise kann ein Mandant auch für die Prüfung ausländischer Tochtergesellschaften dieselbe Wirtschaftsprüfungsgesellschaft beauftragen, mit der er bereits im Inland gute Erfahrungen gemacht hat.[68] Hauptgrund für die Ausweitung des Beratungsgeschäftes ist der starke Preiskampf im eigentlichen Prüfungsgeschäft. Der hierdurch entstandene Preisverfall der Prüferhonorare läßt sich am ehesten durch die höheren Honorare im Beratungsbereich auffangen.[69] Auch Steuerberater und Steuerberatungsgesellschaften können sich in der Praxis nur schwer der Beantwortung allgemeiner Rechtsfragen des Mandanten entziehen.

---

65 Geändert durch Gesetz vom 31.08.1998, BGBl. I, 2585

66 Raupach in FS 50 Jahre Arbeitsgemeinschaft der Fachanwälte für Steuerrecht (1999), 13 (40); vgl. etwa die bewußte Namensanlehnung an große Wirtschaftsprüfungsgesellschaften bei Andersen Luther Rechtsanwaltsgesellschaft mbH oder PricewaterhouseCoopers Veltins Rechtsanwaltsgesellschaft mbH.

67 Hellwig, ZHR 161 (1997), 337 (341)

68 Raupach in FS 50 Jahre Arbeitsgemeinschaft der Fachanwälte für Steuerrecht (1999), 13 (21)

69 Raupach in FS 50 Jahre Arbeitsgemeinschaft der Fachanwälte für Steuerrecht (1999), 13 (22)

3. *Größere schöpferische Leistung*

Durch berufliche Zusammenarbeit wird die Leistungsfähigkeit erhöht. Diese ist in einer wettbewerbsorientierten Marktordnung das entscheidende Kriterium für die Nachfrage von Leistungen. Die gegenseitige Abstimmung und die gemeinsame Erörterung setzen eine höhere schöpferische Leistung frei.[70] Mit zunehmender Spezialisierung entfallen zeitraubende, unproduktive Vorarbeiten. In größeren Einheiten läßt sich Spezialwissen auch in Rechtsgebieten erwerben, die für sich allein nicht kostendeckend sind, aber zwecks optimaler Beratung „im Angebot" sein müssen.

Insbesondere Wirtschaftsunternehmen bevorzugen Kanzleien, deren Mitglieder sich über die Verhältnisse im Unternehmen aus früheren Akten schnell und zuverlässig unterrichten können. Die Kenntnis sensibler wirtschaftlicher Daten bleibt dabei einem überschaubaren Personenkreis vorbehalten. Die zeitraubende Beibringung von Informationen läßt sich für den Mandanten auf ein Minimum reduzieren.

Die Möglichkeit einer gegenseitigen Vertretung vor Gericht trägt ebenfalls zur Leistungssteigerung bei. Gerichtstermine werden nach Möglichkeit gebündelt von einem Kollegen wahrgenommen, sofern keine größere Einarbeitungszeit erforderlich ist. Dies verschafft dem Anwalt produktiven Freiraum für die eigentliche Sachbearbeitung. Auch der Besuch von Fortbildungsveranstaltungen[71] als Basis einer Leistungssteigerung ist letztlich davon abhängig, daß für den Zeitraum der Abwesenheit für eine Vertretung gesorgt ist.

Daneben läßt sich unproduktive Verwaltungsarbeit auf einen einzelnen Anwalt delegieren, dem somit auf Zeit die Funktion eines „managing partner" zuwächst. Die anderen Kollegen werden hierdurch entlastet und können sich der eigentlichen Berufsausübung widmen.

Die gemeinsame Nutzung von Sachmitteln (EDV, Bibliothek) führt zu einer größeren Auslastung der Ressourcen und einer schnelleren Amortisation.[72] Größere Investitionen sind häufig überhaupt erst möglich, wenn sie auf eine Vielzahl von Berufsträgern verteilt werden können. Die Unterhaltung einer gut ausgestat-

---

70 Vgl. auch § 1 Abs. 2 PartGG: „Die freien Berufe haben im allgemeinen auf der Grundlage besonderer beruflicher Qualifikation oder schöpferischer Begabung die persönliche eigenverantwortliche und fachliche unabhängige Erbringung von Dienstleistungen höherer Art im Interesse der Auftraggeber und der Allgemeinheit zum Inhalt."

71 Hierzu besteht gemäß § 43a Abs. 6 BRAO sowie § 14 Fachanwaltsordnung vom 10.12.1996 (abgedruckt in BRAK-Mitt., 1996, 249 ff.) nunmehr eine gesetzliche Verpflichtung.

72 Feuerich, AnwBl 1989, 360 (361)

teten und ständig aktualisierten Bibliothek sowie der Zugriff auf externe Datenbanken sind gleichsam Vorbedingungen erfolgreicher anwaltlicher Arbeit.

Berufliche Zusammenschlüsse verfügen im Regelfall über größere finanzielle Rücklagen. Sie sind damit eher als Einzelanwälte in der Lage, qualifizierte Mitarbeiter zu rekrutieren. Dem Berufsanfänger wird eine sofortige soziale Absicherung geboten. Ihm bleibt das Risiko eines Scheiterns des „Unternehmens Einzelanwalt" erspart. Der Berufsanfänger kann sich deshalb von der ersten Minute seiner Tätigkeit an der eigentlichen Mandatsbearbeitung widmen, hierbei ein eigenes Dezernat aufbauen oder einen Seniorpartner entlasten. Die Notwendigkeit einer zeitraubenden Mandatsakquisition zur Sicherung des eigenen Lebensunterhalts entfällt. Der entlastete Seniorpartner wiederum hat die Möglichkeit einer weitergehenden Spezialisierung und ist damit in der Lage, effizienter zu arbeiten.

Das Erfahrungswissen qualifizierter, nichtanwaltlicher Mitarbeiter läßt sich bei größeren Zusammenschlüssen leichter auf andere Mitarbeiter übertragen. Dieser Umstand trägt damit nicht unwesentlich zum good will einer Kanzlei bei. Der geringe Mitarbeiterstamm eines Einzelanwalts führt demgegenüber beim Weggang eines Leistungsträgers nicht selten zum Wegfall eben dieses Erfahrungswissens.

4. Erleichterte Mandatsakquisition

Die Akquisition neuer Mandate fällt Einzelkanzleien zunehmend schwer. Langjährige Bindungen an einen Hausanwalt, der das besondere Vertrauen der Familie genießt, bestehen nur noch selten. Auch die Übertragung eines Mandatsverhältnisses über eine Kanzleigeneration hinweg auf den Kanzleinachfolger ist in der Praxis die Ausnahme. Zudem wird der Anwalt heute eher als Dienstleister[73] denn als Vertrauensperson betrachtet. Die Bereitschaft, den Anwalt zu wechseln, ist spürbar gewachsen.

Aufgrund der Spezialisierung fällt es beruflichen Zusammenschlüssen leichter als Einzelanwälten, sich durch Publikationen und Seminare zu einem bestimmten Rechtsgebiet bei potentiellen Mandanten zu präsentieren. Die Möglichkeit einer qualifizierten Außendarstellung wächst bei beruflichen Zusammenschlüssen infolge persönlicher Kontakte und stellt somit einen entscheidenden Marketingvorteil dar.

---

73 Hellwig, AnwBl 1996, 124 (124)

Fehlendes know-how im internationalen Bereich kann zum Verlust rein nationaler Mandate führen.[74] Das international ausgerichtete Anwaltsbüro ist in der besseren Position, auch die rein nationalen Mandate des Mandanten an sich zu ziehen. Auch größere Anwaltsbüros, die aufgrund fehlender finanzieller oder persönlicher Mittel mit der Internationalisierung nicht Schritt halten können, müssen befürchten, bald nur noch von rein lokaler Bedeutung zu sein.

Profitable Kanzleien von örtlicher oder regionaler Bedeutung können mittelfristig auch deshalb an Attraktivität verlieren, weil sie nicht mehr in der Lage sind, geeignete Nachwuchskräfte an sich zu binden. Qualifizierte Mitarbeiter bevorzugen Kanzleien, die ihren Karriereerwartungen entsprechen. Bei international ausgerichteten Anwaltsbüros besteht aufgrund der größeren Entwicklungsmöglichkeiten ein Erwartungsvorsprung auf Bewerberseite. Hieran wird deutlich, daß Anwaltsgesellschaften nicht nur als Anbieter von Dienstleistungen, sondern auch als Nachfrager auf dem Markt qualifizierter Nachwuchskräfte miteinander im Wettbewerb stehen.

5. Geringeres Haftungsrisiko

Ein Bedürfnis nach anwaltlicher - auch interprofessioneller - Zusammenarbeit besteht nicht zuletzt vor dem Hintergrund des hohen Haftungsrisikos. Die Internationalisierung der Wirtschaft hat zur Entwicklung eines internationalen Rechtsberatungsmarktes geführt. Dieser Markt ist nicht nur lukrativ, sondern auch besonders haftungsträchtig. Die ständige Aussprache und gegenseitige Kontrolle hilft, dem Haftungsrisiko zu begegnen,[75] das von manchen Autoren bereits in die Nähe einer Gefährdungshaftung gerückt wird.[76] Zum Teil verlangte die Rechtsprechung vom Anwalt nicht weniger als die Gabe des Propheten, der sogar einen Wandel der Rechtsprechung zu erahnen habe.[77]

Im Durchschnitt melden jedes Jahr rund 25 % der Anwälte ihrer Versicherung einen Regreßfall. Statistisch hat damit jeder Anwalt alle vier Jahre mit einer Inanspruchnahme durch einen Mandanten zu rechnen.[78] Die vor Gericht erstrittenen Schadensersatzleistungen erreichen inzwischen zweistellige Millionenbeträ-

---

74 Vgl. hierzu Raupach in FS 50 Jahre Arbeitsgemeinschaft der Fachanwälte für Steuerrecht (1999), 13 (46).

75 Feuerich, AnwBl 1989, 360 (362)

76 Schnorbus, DStR 1998, 1637 (1642); Henssler/Prütting-Stobbe, BRAO, § 51a Rn 3

77 So etwa BGHZ 60, 98 (101), wo ein schutzwürdiges Vertrauen des Anwalts auf den Fortbestand einer höchstrichterlichen Rechtsprechung „bereits deshalb" verneint wurde, weil die zugrundeliegende Rechtsfrage umstritten war

78 Riederer v. Paar, AnwBl 1991, 496 (497)

ge, wenngleich innerhalb Deutschlands noch keine „US-amerikanischen“ Verhältnisse drohen.[79] Allerdings machen Regreßansprüche vor nationalen Grenzen nicht halt. Entscheidungen US-amerikanischer Gerichte, mit welchen Klägern Millionenbeträge zuerkannt werden,[80] können auch den deutschen Sozius einer internationalen Sozietät treffen. Weltweit tätige Anwaltssozietäten wie Clifford Chance (rund 3.200 Anwälte) oder Baker & McKenzie (rund 2.800 Anwälte)[81] stellen für den zugehörigen Anwalt deshalb ein kaum mehr überschaubares Haftungsrisiko dar.

Hinzu kommt, daß das einzelne Mitglied derartiger Zusammenschlüsse auf die Auswahl neuer Kollegen keinen Einfluß mehr hat. Von einer kontrollierbaren Haftung durch Auswahl qualifizierter Kollegen läßt sich deshalb nicht mehr sprechen. Das Bedürfnis nach einer sinnvollen Haftungsbeschränkung wird gerade am Beispiel weltweit tätiger Anwaltszusammenschlüsse besonders deutlich.

6. *Bewertung*

Wenn damit keineswegs abschließend die wesentlichen Vorteile einer beruflichen Zusammenarbeit dargestellt worden sind, gehört der Einzelanwalt nicht einer aussterbenden spezies an. Der in allgemeinen Fragen zu Rate gezogene Hausanwalt oder der hochspezialisierte Experte werden auch weiterhin ihre Dienste am Markt anwaltlicher Dienstleistungen anbieten können,[82] jedoch unter schwieriger werdenden Bedingungen.

Es ist in diesem Zusammenhang auch dem Eindruck entgegenzutreten, allein die berufliche Zusammenarbeit als solche führe bereits zu einer besseren Wettbewerbsposition. Entscheidend für den wirtschaftlichen Erfolg ist auch in Zukunft die Güte der anwaltlichen Tätigkeit verbunden mit sozialer Kompetenz. Eine Spezialisierung wirkt sich vor diesem Hintergrund erst dann positiv für den Mandanten aus, wenn die Einzelleistungen in Teamarbeit zu einer umfassenden Gesamtleistung ergänzt werden. Insoweit wird man *Oppenhoffs*[83] Bonmot „Null plus Null bleibt Null“ uneingeschränkt zustimmen können.

---

79 Henssler, AnwBl 1996, 3 (3)

80 Im Jahr 1994 hatte eine internationale, vorwiegend in den USA tätige Sozietät in einem gegen sie angestrengten Regreß einen Vergleich über 51 Mio. U.S.-Dollar akzeptiert (vgl. Hirte/Otte, VersR 1994, 1387 (1399).

81 Zahlenangaben sind Eigenangaben der Kanzleien vom Januar 2001

82 Hannoversche Allgemeine Zeitung v. 13.02.1999, 11: „Wie ein guter Hausarzt wird er Mandanten zu Fachleuten weiterschicken.“; Kilger, AnwBl 1996, 11 ff.; so auch die Prognose von Braun, BRAK-Mitt. 1993, 185 (187)

83 AnwBl 1967, 267 (273)

Nicht zu verkennen sind auch die mit einer beruflichen Zusammenarbeit verbundenen Nachteile. Hinzuweisen ist etwa auf die zumindest in der BGB-Gesellschaft fortbestehende gesamtschuldnerische Haftung aller Sozien für die fehlerhafte Berufsausübung eines von ihnen. Zudem wird der Verlust an Selbständigkeit und eigener Verantwortung als nicht unerhebliche Einschränkung empfunden. Hiermit korrespondieren der Zwang zur Unterordnung und die Rücksichtnahme auf andere.[84]

In jüngster Zeit wird - ganz offensichtlich im Zusammenhang mit gescheiterten Fusionen größerer Anwaltskanzleien - verstärkt auf die Notwendigkeit einer „kulturellen Kompatibilität" der Berufsträger hingewiesen.[85] Dieser Hinweis auf geistige Grundanschauungen i.S. einer gelebten Kanzleikultur macht deutlich, daß die berufliche Zusammenarbeit mehr ist als ein rationales Mittel-Zweck-Bündnis. Einem erfolgreichen Zusammenschluß wohnt damit auch ein nicht zu unterschätzendes „irrationales" Element inne. Dies mag mit dem Berufsethos des Anwalts als eines unabhängigen Freiberuflers mit einem ausgeprägten Hang zur Individualität erklärbar sein. Die Entscheidung für eine berufliche Zusammenarbeit wird damit nicht zuletzt auch durch ganz subjektive Erwägungen beeinflußt.

II. Aussagen des Statistischen Berichtssystems für Anwälte (STAR)

Bislang nur wenig beachtet wurden die wirtschaftlichen Folgen einer Spezialisierung als Folge eines beruflichen Zusammenschlusses. Die Bundesrechtsanwaltskammer hat hierzu das Statistische Berichtssystem für Anwälte (STAR) eingerichtet, mit dessen Erstellung das Institut für Freie Berufe in Nürnberg beauftragt ist. Mit diesem Berichtssystem werden die wirtschaftlichen Folgen einer anwaltlichen Spezialisierung erstmals eingehend untersucht. Die jüngsten veröffentlichten Zahlen beziehen sich auf das Wirtschaftsjahr 1998, soweit nicht anders angegeben.[86]

Nachfolgend werden Auszüge der umfangreichen STAR-Untersuchung in aufbereiteter Form wiedergegeben. Mangels hinreichender statistischer Absicherung beziehen sich die folgenden Zahlen auf die alten Bundesländer, wobei Anwaltsnotare ausgeklammert bleiben. Erfaßt werden lediglich Anwälte, die ihrem Beruf auf Vollzeitbasis im Umfang von mindestens 40 Wochenarbeitsstunden nachgehen.

---

84 Feuerich, AnwBl 1989, 360 (361)

85 Pritchard, Kanzleien in Deutschland 2000/2001, 20; Vorbrugg/Salzmann, AnwBl 1996, 129 (137)

86 Vgl. zum folgenden Schmucker, BRAK-Mitt. 2000, 273 ff.

1. Verbreitungsgrad einzelner Kanzleitypen

Aufschlußreich ist zunächst die zahlenmäßige Verbreitung der unterschiedlichen Kanzleitypen, wobei zur Bürogemeinschaft keine Zahlen vorliegen. Neuere Kanzleitypen stellen bislang eine zahlenmäßig zu vernachlässigende Größe dar. So waren zu Beginn des Jahres 2000 lediglich 568 Anwalts-Partnerschaften sowie 34 Anwalts-GmbHs[87], jedoch keine einzige Anwalts-AG registriert. Vor diesem Hintergrund ist also nach wie vor die BGB-Gesellschaft die maßgebliche Gesellschaftsform für die anwaltliche Berufsausübung.

Der Anteil überörtlicher Sozietäten an allen Kanzleien lag in Deutschland im Jahre 1996 bei etwa 4 %.[88] Als überörtliche Sozietäten werden solche anwaltlichen Zusammenschlüsse bezeichnet, die an verschiedenen Orten eine Kanzlei unterhalten. Jedes Mitglied ist bei ihnen nur an einem Gericht zugelassen und hat nur dort seine Kanzlei.[89]

Etwa 21 % der Sozietäten waren im Jahre 1996 interprofessionell ausgerichtet. Die durchschnittliche Zahl der Sozien betrug 10, in interprofessionellen Sozietäten sogar 16. Lediglich 5 % aller überörtlichen Sozietäten haben 30 oder mehr Partner.[90] Bislang ist also die Befürchtung nicht eingetreten, die Aufhebung des bis 1989 bestehenden Verbots überörtlicher Sozietäten werde zu einer unkontrollierten Bildung von Großkanzleien führen.[91]

2. Umsatz und Jahresüberschuß einzelner Kanzleitypen

Einen ersten Anhaltspunkt für die wirtschaftlichen Folgen einer beruflichen Spezialisierung gewinnt, wer den durchschnittlich erzielten Jahreshonorarumsatz unterschiedlicher Kanzleitypen miteinander vergleicht. Hierbei kann unterstellt werden, daß mit zunehmender Kanzleigröße eine entsprechende Spezialisierung der Anwälte einhergeht.

Ausgehend von einem durchschnittlichen Jahreshonorarumsatz von 254.000 DM für Einzelanwälte (Basiswert = 100%) ergeben sich folgende Jahreshonorarumsätze je Anwalt für unterschiedliche Kanzleitypen:

---

87 BRAK-Mitt. 2000, 136 f.

88 Zahlen liegen bislang nur für das Jahr 1996 vor; vgl. Passenberger/Kaimer, BRAK-Mitt. 1996, 136 (136).

89 Feuerich/Braun, BRAO, § 59a Rn 9 m.w.N

90 Zahlen liegen bislang nur für das Jahr 1996 vor; vgl. Passenberger/Kaimer, BRAK-Mitt. 1996, 136 (136).

91 Schumann, Die überörtliche Anwaltssozietät, 172

Kanzleityp	Jahreshonorarumsatz
Einzelkanzlei	254.000 DM (Basiswert)
Örtliche Sozietät	348.000 DM (= + 37 %)
Überörtliche Sozietät	654.000 DM (= + 157 %)

Dies bedeutet, daß die Jahreshonorarumsätze eines Anwalts in örtlicher Sozietät um rund ein Drittel, in überörtlicher Sozietät sogar um das Anderthalbfache höher sind als die eines Einzelanwalts.

Der erzielte Jahreshonorarumsatz ist jedoch nur ein Gradmesser für die wirtschaftliche Situation. Höhere Umsätze sagen allein noch recht wenig über den erzielten Überschuß aus. Mit einzubeziehen ist deshalb auch die Kostenstruktur der einzelnen Kanzleitypen, da diese erheblich differiert.[92] Signifikanter als der erzielte Jahreshonorarumsatz ist deshalb der Jahresüberschuß, den der Anwalt erzielt.

Ausgehend von einem durchschnittlichen Jahresüberschuß von 101.000 DM für Einzelanwälte (Basiswert = 100%) ergibt sich folgendes Bild:

Kanzleityp	Jahresüberschuß
Einzelkanzlei:	101.000 DM (Basiswert)
Örtliche Sozietät:	169.000 DM (= + 67 %)
Überörtliche Sozietät:	273.000 DM (= + 170 %)

Hieraus folgt, daß der Jahresüberschuß eines Anwalts in örtlicher Sozietät um zwei Drittel, in überörtlicher Sozietät sogar um mehr als das Anderthalbfache höher ist als der eines Einzelanwaltes. Allerdings ist zu beobachten, daß gerade die großen überörtlichen Anwaltskanzleien hohe Überschußeinbußen zu verzeichnen haben. So verringerte sich der durchschnittliche Überschuß je Anwalt bei diesem Kanzleityp in den Jahren 1993 (342.000 DM) bis 1998 (273.000 DM) um rund ein Viertel. Demgegenüber konnten Anwälte in örtlichen Sozietäten ihren Gewinn innerhalb dieses Zeitraums leicht steigern und Einzelanwälte ihren

92 Zu denken ist etwa an höhere Personal- und Bürokosten für überörtliche Sozietäten, die überwiegend in Ballungszentren vertreten sind. Demgegenüber ergeben sich mit zunehmender Kanzleigröße auch vermehrt Möglichkeiten der Rationalisierung vor allem im Personalbereich. Es lassen sich Mitarbeiterpools bilden, an denen Anwälte quotal beteiligt sind. So ist es in größeren Kanzleien keine Seltenheit, daß sich zwei Anwälte eine Sekretariatsmitarbeiterin teilen. Dem Einzelanwalt sind derartige Einsparungsmodelle verwehrt. Soll sein Büro ganztags erreichbar sein, ist die Anstellung einer Vollzeitkraft nicht zu vermeiden.

Gewinn in etwa halten.[93] Der zunehmende Konkurrenzdruck ist damit ganz offensichtlich zu Lasten der Großkanzleien gegangen.

3. Stundenüberschuß differenziert nach Rechtsgebieten

Ebenfalls aufschlußreich ist die STAR-Untersuchung auch mit Blick auf Abhängigkeiten zwischen Spezialisierung und erzieltem Stundenüberschuß. Im Wirtschaftsjahr 1996/97 betrug der durchschnittliche Stundenüberschuß eines anwaltlichen „Generalisten" 43 DM (Basiswert = 100%). Stellt man ihm die Kollegen gegenüber, die eine Fachanwaltsbezeichnung führen, ergibt sich folgendes Bild:[94]

Fachanwaltsgebiet	Stundenüberschuß	Abweichung zum Basiswert
Familienrecht	60 DM	+ 39 %
Sozialrecht	65 DM	+ 51 %
Strafrecht	73 DM	+ 69 %
Steuerrecht	75 DM	+ 74 %
Arbeitsrecht	89 DM	+ 106 %
Verwaltungsrecht	96 DM	+ 123 %

Hieraus folgt, daß ein spezialisierter Sozialrechtler einen um die Hälfte höheren, ein spezialisierter Arbeitsrechtler sogar einen doppelt so hohen Überschuß erzielt wie der anwaltliche Generalist. Diese Zahlen verdeutlichen, daß eine Spezialisierung und der hiermit verbundene Konzentrationsprozeß innerhalb der Anwaltschaft wirtschaftlich Sinn macht.

93 Schmucker, BRAK-Mitt. 2000, 273 ff.
94 Schmucker/Lechner, BRAK-Mitt. 2000, 118 ff.

C. Grundlagen anwaltlicher Berufsausübung und Haftung

Rechtsgrundlagen der anwaltlichen Berufsausübung finden sich sowohl im europäischen Gemeinschaftsrecht als auch im nationalen Recht.

I. Europäisches Berufsausübungsrecht

Europarechtliche Vorschriften für die anwaltliche Berufsausübung sind im primären Gemeinschaftsrecht (EGV) und in den hierzu ergangenen Richtlinien enthalten.[95]

1. Primäres Gemeinschaftsrecht (EGV)

Der EGV garantiert die Niederlassungsfreiheit[96] und die Dienstleistungsfreiheit[97] innerhalb der EU-Mitgliedstaaten.

Die Niederlassungsfreiheit gewährt Anwälten das Recht, sich wirtschaftlich in einem Mitgliedstaat der EU im Rahmen einer Haupt- oder Zweigniederlassung dauerhaft zu betätigen. Demgegenüber bezieht sich die Dienstleistungsfreiheit auf eine selbständige Erwerbstätigkeit, die ein Anwalt lediglich *vorübergehend* von einer Niederlassung seines Herkunftsstaates[98] aus erbringt.[99]

---

95 Im folgenden wird der EGV in seiner Fassung des Vertrages von Amsterdam vom 02.10.1997 zugrundegelegt; von praktisch geringerer Bedeutung ist das Abkommen über den Europäischen Wirtschaftsraum (EWR) vom 02.05.1992 und das Anpassungsprotokoll vom 17.03.1993, das in Deutschland seit dem 01.01.1994 in Kraft ist. Das EWR-Abkommen garantiert die Niederlassungs- und Dienstleistungsfreiheit auch in den Nicht-EU-Staaten Europas. Vertragspartner des Abkommens sind Island, Liechtenstein und Norwegen (vgl. näher hierzu Franz, BB 2000, 989 (990).

96 Art. 43

97 Art. 49

98 Die Begriffe Herkunftsstaat und Aufnahmestaat werden im folgenden entsprechend der Definition der Standesregeln der Rechtsanwälte der Europäischen Gemeinschaft verwendet (abgedruckt in BRAK-Mitt. 1996, 245 ff.), soweit nicht anders angegeben. Nach Ziff. 1.6 der CCBE-Standesregeln bezeichnet „Herkunftsstaat" den Mitgliedstaat, zu dessen Anwaltschaft der Anwalt gehört. „Aufnahmestaat" bezeichnet den Mitgliedstaat, in dem der Anwalt eine grenzüberschreitende Tätigkeit verrichtet.

Nicht mehr von der Dienstleistungsfreiheit umfaßt ist die dauerhafte berufliche Niederlassung. Nach der Definition des Art. 50 EGV ist die Dienstleistungsfreiheit nur ein Auffangtatbestand, der durch andere Grundfreiheiten ausgeschlossen wird.[100]

Der Übergang zwischen vorübergehend dienstleistendem und bereits dauerhaft niedergelassenem Anwalt ist fließend.[101] Aus der Unterhaltung einer Kanzlei allein kann nach der Rechtsprechung des EuGH noch nicht zwingend eine berufliche Niederlassung abgeleitet werden.[102] Auch für den lediglich dienstleistenden Anwalt kann sich die Notwendigkeit ergeben, im Aufnahmestaat eine eigene Kanzlei zu unterhalten.

Beide Grundfreiheiten des EGV stehen unter dem Vorbehalt der Inländergleichbehandlung. Es gelten diejenigen Voraussetzungen, die der Aufnahmestaat für seine Angehörigen aufstellt.[103]

2. *EG-Richtlinien*

Die Vorschriften des EGV sind durch mehrere Richtlinien ergänzt worden, die von den Mitgliedstaaten in nationales Recht umgesetzt wurden.

a) Dienstleistungsrichtlinie

Zur Dienstleistungsfreiheit hatte der Rat bereits im Jahre 1977 die Dienstleistungsrichtlinie[104] erlassen. Danach konnten Anwälte, die in einem EU-Mitgliedstaat zugelassen waren, *vorübergehend* grenzüberschreitende Dienstleistungen in anderen Mitgliedstaaten erbringen. Das Recht zur Beratung und Vertretung umfaßte auch das nationale Recht des Aufnahmestaates. Allerdings war der ausländische Anwalt verpflichtet, einen sog. Einvernehmensanwalt im Aufnahmestaat zu bestellen, sofern vor dem Gericht Anwaltszwang herrschte.[105]

---

99 Vgl. Sieg, Internationale Anwaltshaftung, 34 ff. m.w.N.; Rabe, AnwBl 1992, 146. (147)

100 Sobotta/Kleinschnittger, EuZW 1998, 645 (646)

101 Sobotta/Kleinschnittger, EuZW 1998, 645 (646)

102 EuGH, EuZW 1996, 92 ff. - Gebhard

103 Artt. 43, 50 Abs. 3; hierzu EuGH, EuZW 1991, 542 ff.

104 RiLi 77/249/EWG vom 22.03.1977 betreffend die Erleichterung der tatsächlichen Ausübung des freien Dienstleistungsverkehrs der Rechtsanwälte innerhalb der Europäischen Gemeinschaften, ABLEG Nr. L 78 vom 26.03.1977, 17

105 Art. 5 der Richtlinie

Deutschland hatte die Dienstleistungsrichtlinie im Jahre 1980 mit dem RADG[106] in nationales Recht umgesetzt. Die Regelungen dieses inzwischen aufgehobenen Gesetzes sind mit lediglich marginalen Änderungen in das EuRAG inkorporiert worden.[107]

b) Hochschuldiplomrichtlinie

Im Jahre 1988 hatte der Rat daraufhin die Hochschuldiplomrichtlinie[108] erlassen. Mit ihr erfolgte eine allgemeine Regelung zur Anerkennung der Hochschuldiplome, die eine mindestens dreijährige Berufsausbildung abschlossen. Über diese Anerkennung des berufsqualifizierenden Abschlusses erfolgte der Zugang zur Anwaltschaft des Aufnahmestaates. Vorgeschaltet war in fast allen EU-Mitgliedstaaten das Bestehen einer Eignungsprüfung. Mit ihr wurde die Berechtigung erworben, die Berufsbezeichnung des Aufnahmestaates zu führen. Der ausländische Anwalt unterlag damit den gleichen Rechten und Pflichten, wie seine inländischen Kollegen.[109] Die Hochschuldiplomrichtlinie setzte einen grenzüberschreitenden Sachverhalt voraus. Inländer konnten deshalb nicht unter Berufung auf die Richtlinie die Anerkennung eines inländischen Diploms verlangen.[110]

Umstritten war lange Zeit, ob bereits erworbene Vorkenntnisse des Bewerbers zu berücksichtigen sind. Der EuGH führte unter Rückgriff auf den Grundsatz der Verhältnismäßigkeit aus, daß Erfahrungen und insbesondere Diplome der Kandidaten aus ihrer Tätigkeit in anderen EU-Mitgliedstaaten bei der Beurteilung der fachlichen Qualifikation berücksichtigt werden müssen.[111] Weitere Nachweise dürften nur im Falle fehlender Vergleichbarkeit der im jeweiligen Herkunftsstaat erworbenen Qualifikationen mit denen des Aufnahmestaates verlangt werden.[112] § 5 der deutschen Eignungsprüfungsverordnung[113] erlaubte demgemäß lediglich, bestimmte Teile der Eignungsprüfung zu erlassen, wenn entsprechende Prüfungs-

106 Rechtsanwaltsdienstleistungsgesetz vom 16.08.1980, BGBl. I, 1453 ff.

107 Im einzelnen C II 2

108 Richtlinie des Rates über eine allgemeine Regelung zur Anerkennung der Hochschuldiplome, die eine mindestens dreijährige Berufsausbildung abschließen, 89/48/EWG v. 21.12.1988, ABlEG 1989 Nr. L 19, 16

109 Ewig, NJW 1998, 248 (249)

110 Bedeutung hat dies für die neu eingerichteten Fachhochschulstudiengänge für Wirtschaftsrecht. Die Absolventen eines solchen Fachhochschulstudiums können deshalb nicht die inländische Zulassung zur Anwaltschaft verlangen (vgl. Sobotta/Kleinschnittger, EuZW 1998, 645 (647).

111 EuGH, EuZW 1991, 380 (380) - Vlassopoulou

112 EuGH, EuZW 1996, 92 (92) - Gebhard

113 BGBl. I 1990, 2881

zeugnisse nachgewiesen wurden. Diese Regelung erfaßte jedoch nur einen kleinen Teil der Nachweise weitergehender Kenntnisse und schloß insbesondere einen Nachweis durch rechtspraktische Arbeit aus.[114]

c) Niederlassungsrichtlinie 98/5/EG

Sowohl die Grundfreiheiten des EGV als auch die sie ergänzenden Richtlinien wurden dem Bedürfnis der anwaltlichen Praxis nicht gerecht. Für den Anwalt, der seine Mandantschaft für einen längeren Zeitraum ins Ausland begleiten wollte, war der Weg über eine Eignungsprüfung nach dem Recht des Aufnahmestaates eine hohe Hürde. Gleiches galt für den Anwalt, der für längere Zeit in einer kooperierenden Kanzlei Erfahrungen sammeln wollte. Größere Kanzleien mit Sitz in Belgien waren vorwiegend im Europarecht und nicht im nationalen belgischen Recht tätig. Ihre Mitglieder hatten in Belgien keine Möglichkeit, sich unter der Berufsbezeichnung ihres Herkunftsstaates niederzulassen.[115]

Im Jahre 1998 hat der Rat vor diesem Hintergrund die Niederlassungsrichtlinie[116] verabschiedet. Mit ihr werden die Hindernisse für eine anwaltliche Niederlassungsfreiheit weitgehend beseitigt. Sie stellt die praktische Berufsausübung des Anwalts auf eine Stufe mit berufsqualifizierenden Zugangsprüfungen. Nach der Niederlassungsrichtlinie können sich ausländische Anwälte unter der Berufsbezeichnung ihres Herkunftsstaates in allen Mitgliedstaaten der EU niederlassen. Sie können dort erstmals auch im Recht des Aufnahmestaates beraten und vertreten.[117] Diese Erleichterung erlaubt eine flexiblere Mandatsbetreuung in arbeitsteilig organisierten Kanzleien mit internationaler Ausrichtung. Der *EuGH* hat die Niederlassungsrichtlinie mit Entscheidung vom 07.11.2000[118] inzwischen als mit Art. 43 EGV für vereinbar erklärt, da die Interessen des Verbraucherschutzes und einer geordneten Rechtspflege gewahrt würden.

Der deutsche Anwalt kann damit in Frankreich im französischen Recht tätig sein, ohne zuvor Kenntnisse des französischen Rechts nachgewiesen zu haben. Er ist lediglich gehalten, die Berufsbezeichnung seines Herkunftsstaates zu führen,

---

114 Sobotta/Kleinschnittger, EuZW 1998, 645 (647)

115 Ewig, NJW 1999, 248 (249)

116 RiLi 98/5/EG zur Erleichterung der ständigen Ausübung des Rechtsanwaltsberufs in einem anderen Mitgliedstaat als dem, in dem die Qualifikation erworben wurde, ABlEG 1998, Nr. L 77, 36, abgedruckt in NJW 1999, 268 ff.; EuZW 1998, 523 ff.; die Hochschuldiplomrichtlinie bleibt durch die Niederlassungsrichtlinie unangetastet, Art. 10 Abs. 2; vgl. näher zur Niederlassungsrichtlinie Ewig, NJW 1999, 249 ff.; Sobotta/Kleinschnittger, EuZW 1998, 645 ff.

117 Art. 5 Abs. 1 RiLi 98/5/EG; hierzu Lörcher, Rechtsanwalts-Handbuch, H 3 Rn 19

118 EuGH, NJW 2001, 137 (138 f.)

die sich allerdings deutlich von derjenigen des Aufnahmestaates unterscheiden muß.[119]

Die Niederlassungsrichtlinie nimmt der bisherigen Abgrenzung zwischen (noch) dienstleistendem und (schon) niedergelassenem Anwalt die praktische Bedeutung. Diese weitgehende Liberalisierung dokumentiert das Vertrauen des europäischen Gesetzgebers in die Qualität anwaltlicher Dienstleistung.[120] Nach dreijähriger „effektiver und regelmäßiger" Tätigkeit im Recht des Aufnahmestaates, einschließlich des Gemeinschaftsrechts, unter der Berufsbezeichnung des Herkunftsstaates kann der ausländische Anwalt ohne weitere Prüfung dem Anwaltsstand des Aufnahmestaates beitreten. Ist die Voraussetzung einer dreijährigen Tätigkeit im Aufnahmestaat nicht gegeben, kommt eine Gleichstellung mit inländischen Anwälten nur in Betracht, wenn ein Antragsteller in anderer geeigneter Weise den Erwerb ausreichender Kenntnisse im Recht des Aufnahmestaates nachweist.

Aus der Gleichstellung folgt, daß ein Mandant aus der Berufsangabe „Rechtsanwalt" im Briefkopf zukünftig nicht mehr auf eine universitäre und berufspraktische Ausbildung nach deutschen Standards schließen kann.[121]

Der Aufnahmestaat kann wie bisher für die Vertretung vor Gericht das Einvernehmen mit einem dort zugelassenen Anwalt verlangen.[122] Auch nach der Niederlassungsrichtlinie bleibt der ausländische Anwalt dem Berufsrecht des Aufnahmestaates unterworfen.[123]

Die Niederlassungsrichtlinie legt zugleich Grundlagen für die gemeinschaftliche Berufsausübung, sofern eine solche im Aufnahmestaat gestattet ist.[124] Sie vermeidet den Begriff der Sozietät und spricht lediglich von „Gruppen". Der Richtlinie zufolge haben zwei oder mehr Anwälte, die in ihrem Herkunftsstaat gemeinsam tätig sind oder aus verschiedenen Herkunftsstaaten kommen, im Aufnahmestaat einen Rechtsanspruch auf gemeinsame Berufsausübung.[125] Der Aufnahmestaat muß ihnen gestatten, mit einheimischen Anwälten zusammenzuarbeiten. Ihnen müssen alle Formen gemeinsamer Tätigkeit zugänglich sein, die

---

119 z.B. Rechtsanwalt - avocat

120 So zu Recht Sobotta/Kleinschnittger, EuZW 1998, 645 (646)

121 Sobotta/Kleinschnittger, EuZW 1998, 645 (645)

122 Art. 5 Abs. 3 RiLi 98/5/EG; vgl. hierzu Lörcher, BRAK-Mitt. 1998, 9 (10).

123 Art. 6 Abs. 1 der RiLi 98/5/EG mit Erwägungsgrund 8; Ewig, NJW 1999, 248 (251); Lörcher, Rechtsanwalts-Handbuch, H 3 Rn 20; so muß der ausländische Anwalt etwa seinen Eintragungspflichten bei den zuständigen Behörden nachkommen und den Abschluß einer Berufshaftpflichtversicherung nachweisen. Hierbei ist bestehender Versicherungsschutz im Heimatstaat zu berücksichtigen (Art. 6 Abs. 3).

124 Art. 11 RiLi 98/5/EG

125 Art. 11 Nr. 2 und 3 RiLi 98/5/EG; Lörcher, BRAK-Mitt. 1998, 9 (11)

auch den Anwälten des Aufnahmestaates offenstehen.[126] Die Niederlassungsrichtlinie sieht grundsätzlich auch die Erweiterung bereits bestehender Formen gemeinsamer beruflicher Tätigkeit im Herkunftsstaat durch Einrichtung von Zweigstellen oder Niederlassungen im Aufnahmestaat vor.

Allerdings kann der Aufnahmestaat dies verbieten, wenn die im Herkunftsstaat geltenden Regeln für die gemeinsame Tätigkeit mit den Vorschriften des Aufnahmestaates unvereinbar sind. Grundvoraussetzung ist jedoch, daß diese Beschränkung durch Rücksichtnahme auf allgemeine Interessen gerechtfertigt ist. Als solche kommen in erster Linie Gründe eines übergeordneten Mandantenschutzes in Betracht.[127] Weitere Beschränkungen sind etwa für die Zulassung interprofessioneller Sozietäten möglich. Die Anforderungen an die Sozietätsfähigkeit richten sich dabei nach derjenigen Berufsordnung, die für den vergleichbaren inländischen Berufsangehörigen maßgebend ist. Die Niederlassungsrichtlinie wurde durch das EuRAG in nationales Recht umgesetzt.[128]

II. Nationales Berufsausübungsrecht

1. GG und BRAO

Das Grundgesetz erwähnt die Anwaltschaft lediglich in Art. 74 Nr. 1. Nach dieser Vorschrift steht dem Bund die konkurrierende Gesetzgebungskompetenz zu. Zur Rechtsanwaltschaft kann zugelassen werden, wer die Befähigung zum Richteramt nach dem DRiG erlangt hat, die Eingliederungsvoraussetzungen nach dem EuRAG erfüllt oder die Eignungsprüfung nach diesem Gesetz bestanden hat.[129] Für die Stellung des Anwalts in der deutschen Rechtspflege ist kennzeichnend, daß er ein unabhängiges Organ der Rechtspflege ist, einen freien Beruf[130] und kein Gewerbe ausübt. Das BVerfG hat wiederholt die Bedeutung der „freien Advokatur" für eine funktionierende Rechtsordnung hervorgehoben.[131] Der Anwalt ist der berufene Berater und Vertreter in allen Rechtsangelegenheiten.[132]

---

126 Sobotta/Kleinschnittger, EuZW 1998, 645 (649)
127 Art. 11 Nr. 5 RiLi 98/5/EG
128 Im einzelnen C II 2
129 § 4 BRAO
130 Vgl. im einzelnen Taupitz, Die Standesordnungen der freien Berufe, 11 ff.; Michalski, Das Gesellschafts- und Kartellrecht der berufsrechtlich gebundenen freien Berufe, 4 ff.
131 BVerfGE 63, 266 (287); Redeker, NJW 1987, 2610 ff.
132 Vgl. §§ 1-3 BRAO.

Die Berufsausübung des deutschen Anwalts ist zum überwiegenden Teil in der BRAO geregelt. Hierin werden sowohl Fragen des Berufs- und Organisationsrechts als auch solche des Anwaltsvertrags- und Haftungsrechts behandelt. Daneben ergeben sich Rechte und Pflichten des Anwalts aus zahlreichen Einzelgesetzen[133] und der anwaltlichen BerufsO.[134] Diese hat die früheren Richtlinien des anwaltlichen Standesrechts abgelöst, denen das BVerfG Rechtsnormqualität abgesprochen hatte.[135]

Ausländischen Anwälten kann die Erlaubnis für die Rechtsbesorgung auf dem Gebiet des ausländischen Rechts erteilt werden.[136] Eine für das Recht eines der EU-Mitgliedstaaten erteilte Erlaubnis erstreckt sich dabei auch auf das Recht der Europäischen Gemeinschaften. Eine Bedürfnisprüfung für die Erteilung der Erlaubnis findet nicht statt, wenn der Antragsteller Staatsangehöriger eines EU-Mitgliedstaates ist.[137] Damit sind für die Erlaubniserteilung lediglich subjektive Voraussetzungen des Antragstellers zu prüfen.[138]

2. *EuRAG als umfassendes Transformationsgesetz*

Deutschland hat die Niederlassungsrichtlinie durch das EuRAG in nationales Recht transformiert. Dieses Gesetz ist am 14.03.2000 in Kraft getreten.[139] Der Gesetzgeber hat die Umsetzung der Niederlassungsrichtlinie zum Anlaß genommen, die sondergesetzlichen Regelungen des RADG sowie des Eignungsprüfungsgesetzes in das EuRAG zu inkorporieren. Beide Sonderregelungen sind mit Inkrafttreten des EuRAG aufgehoben worden.[140] Die Auslegung, welche die bisherigen Sonderregelungen durch Rechtsprechung und Literatur erfahren haben,

---

133 z.B. § 3 Nr. 2 RBerG, §§ 78 ff. ZPO, §§ 137 ff. StPO, § 1 PartGG

134 Die anwaltliche BerufsO einschließlich der besonderen Berufspflichten im grenzüberschreitenden Verkehr sowie die Fachanwaltsordnung sind am 29.11.1996 von der Satzungsversammlung bei der Bundesrechtsanwaltskammer gemäß § 191d Abs. 3 BRAO beschlossen worden. Sie ist am 11.03.1997 in Kraft getreten und abgedruckt in BRAK-Mitt. 1999, 121 ff..

135 BVerfGE 76, 171 ff.; 196 ff.

136 Art. 1 § 1 Abs. 1 Nr. 6 RBerG

137 Art. 1 § 1 Abs. 2 RBerG

138 Zuverlässigkeit, persönliche Eignung, Sachkunde

139 Art. 1 des Gesetzes zur Umsetzung von Richtlinien der Europäischen Gemeinschaft auf dem Gebiet des Berufsrechts der Rechtsanwälte vom 09.03.2000, BGBl. 2000, 182 ff.

140 Art. 10 EuRAG; vgl zur Gesetzgebungsgeschichte des EuRAG Franz, BB 2000, 989 (989)

behalten ihre Gültigkeit, da lediglich redaktionelle Änderungen vorgenommen wurden.

Das EuRAG sieht insgesamt zwei Formen der Vollintegration und zwei Formen der Teileingliederung ausländischer EU-Anwälte in die deutsche Anwaltschaft vor. Nachfolgend soll ein kurzer Überblick über den wesentlichen Inhalt des EuRAG gegeben werden.

a) Teileingliederung durch Niederlasssung

§ 1 EuRAG legt den persönlichen Anwendungsbereich des Gesetzes fest. Begünstigt sind Staatsangehörige der EU-Mitgliedstaaten und der sonstigen Vertragsstaaten des EWR[141], die berechtigt sind, den Anwaltsberuf in ihrem Herkunftsstaat selbständig auszuüben. Die in Deutschland anerkannten Berufsbezeichnungen ausländischer Anwälte sind in einer abschließenden Anlage aufgeführt. Der persönliche Anwendungsbereich ist mit demjenigen des bisherigen RADG und des Eignungsprüfungsgesetzes identisch.[142] Selbständigkeit im Sinne des § 1 EuRAG bedeutet den Erwerb der vollen Anwaltsqualifikation einschließlich der erforderlichen praktischen Ausbildungszeiten. Nicht selbständig sind damit Personen aus EU-Mitgliedstaaten, die sich aufgrund von Sonderregelungen in ihren Herkunftsstaaten bereits vor Abschluß der Ausbildung als Anwalt bezeichnen dürfen.[143]

Begünstigte Personen sind nach § 2 EuRAG „europäische Rechtsanwälte".[144] Dieser Begriff stellt nicht selbst eine Berufsbezeichnung dar. Dem Anwalt ist es deshalb untersagt, hiermit zu werben und dadurch den irreführenden Eindruck einer besonderen Qualifikation zu erwecken.[145] Europäische Rechtsanwälte sind berechtigt, sich in Deutschland unter der Berufsbezeichnung ihres Herkunftsstaates *dauerhaft niederzulassen* und die Tätigkeit eines Rechtsanwaltes gemäß den §§ 1 bis 3 BRAO auszuüben („niedergelassene europäische Rechtsanwälte").[146] Herkunftsstaat meint nicht den Heimatstaat, sondern denjenigen Staat, in dem der Antragsteller als europäischer Rechtsanwalt zugelassen ist.[147]

Voraussetzung für eine Niederlassung in Deutschland ist die Aufnahme des ausländischen EU-Anwalts in die für den Ort seiner Niederlassung zuständige

141 Island, Liechtenstein und Norwegen
142 Franz, BB 2000, 989 (990)
143 So etwa der englische trainee solicitor und der barrister in pupillage oder der französische avocat stagiaire; näher hierzu Franz, BB 2000, 989 (990)
144 § 1 Abs. 1 EuRAG
145 § 5 Abs. 2 S. 2 EuRAG
146 § 2 Abs. 1 EuRAG
147 Franz, BB 2000, 989 (990)

deutsche Rechtsanwaltskammer. Eine solche Aufnahme ist ihrerseits davon abhängig, daß der Antragsteller bei der zuständigen Stelle seines Herkunftsstaates als europäischer Rechtsanwalt eingetragen ist.[148]

Nach § 4 Abs. 2 EuRAG ist die Berufsausübung in Deutschland an die Zulassung als europäischer Rechtsanwalt im Herkunftsstaat gekoppelt. Erlischt die Anwaltszulassung des Herkunftsstaates, wird die Aufnahme in die deutsche Rechtsanwaltskammer widerrufen.[149] Besteht vor deutschen Gerichten Anwaltszwang, braucht der niedergelassene europäische Rechtsanwalt keinen Einvernehmensanwalt einzuschalten. Künftig kann also ein spanischer Abogado oder ein italienischer Avvocato unter dieser Berufsbezeichnung in gleicher Weise wie sein deutscher Kollege in Deutschland tätig werden. Die bisherige Einschränkung, nicht im deutschen Recht tätig werden zu dürfen, ist damit gegenstandslos.[150]

Der niedergelassene europäische Rechtsanwalt hat nach § 5 Abs. 1 EuRAG die Berufsbezeichnung zu verwenden, die er im Herkunftsstaat nach dem dort geltenden Recht zu führen berechtigt ist.[151] Wem nach dem Recht des Herkunftsstaates bereits erlaubt ist, die Berufsbezeichnung „Rechtsanwalt" zu führen - dies ist in Österreich und im deutschsprachigen Teil Belgiens der Fall[152] - muß zum Zwecke der Unterscheidbarkeit von einem deutschen Anwalt zusätzlich die Berufsorganisation angeben, der er im Herkunftsstaat angehört.

Gemäß § 6 Abs. 1 EuRAG untersteht der niedergelassene europäische Rechtsanwalt wie bisher dem deutschen Berufsrecht. Ausgenommen von der pauschalen Verweisung auf die BRAO sind lediglich die Vorschriften über die Anwaltsgerichtsbarkeit, die Zulassung zur Rechtsanwaltschaft bei dem BGH sowie über Anwälte aus anderen Staaten. Der niedergelassene europäische Rechtsanwalt unterliegt damit insbesondere der Kanzleipflicht,[153] darf seine Kanzlei im Herkunftsstaat jedoch beibehalten.[154] Auch für die berufliche Zusammenarbeit ergeben sich keine Besonderheiten. Niedergelassene europäische Rechtsanwälte sind qua definitione Rechtsanwälte i.S. des § 59a BRAO. Sie können deshalb unter den gleichen Voraussetzungen eine berufsrechtliche - auch interprofessionelle - Verbindung eingehen wie ihre deutschen Kollegen.

§ 8 EuRAG enthält Regelungen über die Sozietät. Der niedergelassene europäische Rechtsanwalt ist auskunftspflichtig, wenn er im Herkunftsstaat einem Zu-

---

148 § 2 Abs. 2 EuRAG
149 § 5 Abs. 2 EuRAG
150 Klein, AnwBl 2000, 190 (191)
151 § 5 Abs. 1 S. 1 EuRAG
152 Vgl. die Anlage zu § 1 EuRAG.
153 § 27 ff. BRAO
154 § 29a BRAO

sammenschluß zur gemeinschaftlichen Berufsausübung angehört. Er hat der Landesjustizverwaltung die Bezeichnung des Zusammenschlusses und die Rechtsform anzugeben.[155]

b) *Volleingliederung durch dreijährige Tätigkeit*

Nach § 11 Abs. 1 EuRAG besteht die Möglichkeit der Volleingliederung in die deutsche Anwaltschaft. Voraussetzung hierfür ist eine dreijährige „effektive und regelmäßige" Tätigkeit als niedergelassener europäischer Rechtsanwalt in Deutschland „auf dem Gebiet des deutschen Rechts, unter Einschluß des Gemeinschaftsrechts". Diese Formulierung ist unpräzise, da es nach dem Wortlaut ausreichend sein kann, allein auf dem Gebiet des Gemeinschaftsrechts tätig zu sein. Mit der Vorstellung des Richtliniengebers, eine gleichwertige Qualifikation des niedergelassenen europäischen Anwalts mit seinem deutschen Kollegen zu gewährleisten, wäre eine solche Auslegung allerdings nicht vereinbar. Aus diesem Grunde wird im Schrifttum angenommen, eine alleinige Tätigkeit im Gemeinschaftsrecht sei nicht ausreichend.[156] Nur eine solche Auslegung trägt den berechtigten Erwartungen des Rechtsverkehrs Rechnung, daß ein im Inland als „Rechtsanwalt" auftretender Jurist über hinreichende Kenntnisse des deutschen Rechts verfügt.

Die §§ 11 Abs. 2 und 3 EuRAG regeln mit perfektionistischer Regelungsdichte, welche Unterbrechungstatbestände eine effektive und regelmäßige Tätigkeit entfallen lassen. Vereinfacht zusammengefaßt sind Unterbrechungen bis zu drei Wochen im Regelfall unschädlich, darüber hinaus ist eine Einzelfallentscheidung zu treffen.[157]

Wer die Voraussetzungen einer Volleingliederung nachweist, „wird" nach den Bestimmungen der §§ 6 bis 42 BRAO zur Anwaltschaft zugelassen. Der Landesjustizverwaltung steht hierbei kein Ermessen zu, da es sich um eine gebundene Vorschrift handelt.[158] Erfüllt ein Antragsteller die Voraussetzung einer dreijährigen Tätigkeit im deutschen Recht nicht, kann er in anderer Weise geeig-

---

155 § 8 Abs. 1 EuRAG in Umsetzung von Art. 11 Nr. 4 der Niederlassungsrichtline

156 Franz, BB 2000, 989 (995) m.w.N.; Feuerich/Braun, BRAO, § 11 EuRAG Rn 3 „im Recht des Aufnahmestaates"

157 § 11 Abs. 2 EuRAG

158 Mißverständlich insoweit Klein, AnwBl 2000, 190 (191), der der Landesjustizverwaltung ein „Ermessen" bei der Frage zugestehen will, ob eine Unterbrechung der Berufsausübung die Effektivität und Regelmäßigkeit der Tätigkeit negativ beeinflußt. Die Prüfung von Tatbestandsvoraussetzungen eröffnet allenfalls einen Beurteilungsspielraum, nie hingegen einen Ermessensspielraum.

nete Nachweise über hinreichende Kenntnisse des deutschen Rechts erbringen (Besuch von Seminaren, Fachgespräch).[159]

c) *Volleingliederung durch Eignungsprüfung*

Die Volleingliederung in die deutsche Anwaltschaft kann ein ausländischer Anwalt nach den §§ 16 bis 24 EuRAG wie bisher auch über eine Eignungsprüfung erreichen. Die bisherigen gesetzlichen Regelungen des Eignungsprüfungsgesetzes sind bis auf geringfügige redaktionelle Änderungen in das EuRAG übernommen worden.[160]

Eine Eignungsprüfung ermöglicht den Zugang zur deutschen Anwaltschaft, ohne zuvor unter der Berufsbezeichnung des Herkunftsstaates in Deutschland tätig gewesen zu sein. Wer die Prüfung - sie besteht aus einem schriftlichen und einem mündlichen Teil - bestanden hat, ist berechtigt, die Berufsbezeichnung „Rechtsanwalt" zu führen.

Eignungsprüfungen spielen in der Praxis bislang eine zu vernachlässigende Rolle. So legten im Jahre 1998/99 lediglich 207 (darunter auch nichtjuristische), im Jahre 1999/2000 immerhin 251 Kandidaten eine Eignungsprüfung in Deutschland ab.[161]

d) *Teileingliederung durch vorübergehende dienstleistende Tätigkeiten*

In die §§ 25 bis 35 EuRAG sind nunmehr die bisherigen Regelungen des RADG inkorporiert worden. Danach darf ein europäischer Anwalt wie bisher *vorübergehend* anwaltliche Dienstleistungen in Deutschland erbringen, ohne hier eine Niederlassung zu unterhalten. Er ist verpflichtet, hierbei die Berufsbezeichnung des Herkunftsstaates zu führen.[162] Bis auf die Vorschriften über die Zugehörigkeit zu einer Rechtsanwaltskammer und die Kanzleipflicht ist er in vollem Umfang dem deutschen anwaltlichen Berufsrecht unterworfen.[163] Beschränkungen der Vertretungsbefugnis, welche sich aus dem Erfordernis der Zulassung bei einem Gericht ergeben, gelten nur für die Vertretung vor dem BGH. Ein französischer avocat kann deshalb auch vor solchen Oberlandesgerichten auftreten, bei denen eine Singularzulassung besteht. Allerdings darf er in Berufungssachen vor einem Oberlandesgericht die Vertretung nur dann übernehmen, wenn er den Prozeß nicht bereits in der Vorinstanz geführt hat.

---

159 §§ 13 bis 15 EuRAG
160 Vgl. hierzu Franz, BB 2000, 989 (989).
161 BRAK-Mitt. 2000, 241 (241)
162 § 26 Abs. 1 EuRAG
163 § 27 Abs. 1 EuRAG

Anders als der niedergelassene europäische Rechtsanwalt muß der dienstleistende europäische Rechtsanwalt allerdings einen *Einvernehmensanwalt* einschalten.[164] Diesem obliegt es, darauf hinzuwirken, daß der dienstleistende europäische Rechtsanwalt bei der Vertretung oder Verteidigung von Mandanten die Erfordernisse einer geordneten Rechtspflege beachtet. Im Prozeß kann dem dienstleistenden europäischen Rechtsanwalt die Ausübung der Parteirechte überlassen werden. Der Einvernehmensanwalt wird nur aufgrund ausdrücklicher Vereinbarung auch Vertragspartner des Mandanten, steht im Regelfall also allein in vertraglicher Rechtsbeziehung zum dienstleistenden europäischen Rechtsanwalt.[165] Für Zustellungen muß der dienstleistende europäische Rechtsanwalt einen Rechtsanwalt benennen.[166] Dieser Zustellungsbevollmächtigte muß nicht identisch mit dem Einvernehmensanwalt sein.[167]

III. Haftungsgrund

Grundlage der Anwaltshaftung nach deutschem Recht kann entweder ein vertragliches oder gesetzliches Schuldverhältnis sein.

1. Vertragliche Haftung

Im Bereich vertragsrechtlicher Anwaltshaftung ist regelmäßig die Schlechterfüllung von Bedeutung. Haftungsgrundlage sind dann Ansprüche aus positiver Forderungsverletzung des Anwaltsvertrages. Dieser ist seinerseits ein entgeltlicher Geschäftsbesorgungsvertrag i.S. des § 675 BGB.[168] Besteht die Verpflichtung des Anwalts - wie regelmäßig - darin, Rechtsrat zu erteilen oder einen Prozeß zu führen, ist die Geschäftsbesorgung als Dienstvertrag zu qualifizieren.[169] Ausnahmsweise ist der Anwaltsvertrag Werkvertrag,[170] wenn Vertragsgegenstand die Auskunfterteilung über eine konkrete Frage oder die Erstellung eines Gutachtens ist.

Praktische Relevanz kommt dieser vertragsrechtlichen Einordnung nicht zu. Für Fälle positiver Forderungsverletzung sind die tatbestandlichen Voraus-

---

164 § 28 Abs. 1 EuRAG
165 § 28 Abs. 3 EuRAG
166 § 31 Abs. 1 EuRAG
167 § 31 Abs. 2 EuRAG
168 BGH, NJW 1994, 1405 (1405); MünchKomm-Müller-Glöge, BGB, § 611 Rn 86
169 Borgmann/Haug, Anwaltshaftung, Kap. III, 50 f.
170 Borgmann/Haug, Anwaltshaftung, Kap. III, 54 f.

setzungen für beide Vertragstypen jeweils identisch. Danach setzt die vertragsrechtliche Anwaltshaftung folgendes voraus[171]:

(1) Abschluß eines Anwaltsvertrages
(2) Pflichtverletzung des Anwalts
(3) Rechtswidrigkeit
(4) Verschulden des Anwalts, das jedoch zugunsten des Mandanten (widerlegbar) vermutet wird[172]
(5) Eintritt eines Schadens
(6) Kausalität

Die Haftung setzt zwar im Regelfall, jedoch nicht notwendig das Vorliegen eines Anwaltsvertrages voraus. Anknüpfungspunkt für eine Haftung kann auch ein Verschulden bei Vertragsschluß sein. Eine Haftung kommt insbesondere bei der Verletzung von vorvertraglichen Fürsorge-, Belehrungs- und Betreuungspflichten in Betracht.[173] So besteht unter bestimmten Voraussetzungen eine Verpflichtung, den Mandanten über die Höhe der anfallenden Gebühren zu belehren.[174]

Auch nach Beendigung des Mandats können dem Anwalt Pflichten obliegen. Nachwirkende Vertragspflichten ergeben sich zum einen aus dem Gesetz (Verschwiegenheitspflicht,[175] Herausgabe erlangter Unterlagen,[176] Rechenschaftslegung,[177] Aufbewahrung von Handakten[178]). Daneben besteht eine über die Mandatsbeendigung hinausgehende Pflicht, über laufende prozessuale Fristen aufzuklären.[179]

Zu beachten ist, daß der niedergelassene europäische Rechtsanwalt auch haftungsrechtlich seinem deutschen Kollegen gleichgestellt ist. Es gilt für ihn nicht etwa ein besonderer Verschuldensmaßstab.[180]

Der niedergelassene europäische Rechtsanwalt ist auch berechtigt, in Deutschland die Bezeichnung des beruflichen Zusammenschlusses anzugeben, dem er im Herkunftsstaat angehört. Er ist jedoch verpflichtet, daneben auch die Rechtsform dieses Zusammenschlusses anzugeben.[181]

---

171 Louven, VersR 1997, 1050 (1051); Hartstang, Anwaltsrecht, 539 ff.; Vollkommer, Anwaltshaftungsrecht, Rn 220 ff.
172 §§ 282, 285 BGB analog
173 Zugehör, Handbuch der Anwaltshaftung Rn 173 ff.
174 Zugehör, Handbuch der Anwaltshaftung Rn 173
175 §§ 203, 204 StGB
176 §§ 667, 675 BGB
177 §§ 666, 675 BGB
178 § 50 Abs. 2 BRAO
179 Zugehör, Handbuch der Anwaltshaftung Rn 193
180 Franz, BB 2000, 989 (993)
181 § 8 Abs. 3 EuRAG

Ansprüche aus unerlaubter Handlung gegen einen Anwalt scheiden regelmäßig aus. § 823 Abs. 1 BGB setzt die Verletzung eines absoluten Rechts voraus. Die primäre Vermögensschädigung selbst ist nicht haftungsbegründend.[182]

Die Verletzung eines absolut geschützten Rechts kommt etwa bei der Zwangsvollstreckung in schuldnerfremde Gegenstände in Betracht. Hierbei ist nach der Rechtsprechung die Rechtswidrigkeit jedoch dann nicht indiziert, wenn trotz fahrlässiger Verkennung der Rechtslage die Einleitung der Zwangsvollstreckung subjektiv redlich war. Ein solches Verhalten des Anwalts hat nach der Rechtsprechung infolge seiner verfahrensrechtlichen Zulässigkeit die Vermutung der Rechtmäßigkeit für sich. Der Betroffene muß die Verletzung seines Rechtsgutes ohne deliktsrechtliche Sanktion hinnehmen und wird auf die verfahrensrechtlichen Möglichkeiten verwiesen, sich gegen die ungerechtfertigte Inanspruchnahme gegenüber dem vollstreckenden Gegner zu wehren.[183]

Im Ergebnis läuft diese Rechtsprechung auf einen Haftungsausschluß für fahrlässiges Verhalten des Anwalts hinaus.

In Ausnahmefällen kommt eine Verletzung des allgemeinen Persönlichkeitsrechts in Betracht. Zu denken ist etwa an eine Verletzung der anwaltlichen Verschwiegenheitspflicht, die ihrerseits zu einer Offenbarung von Daten aus der Intimsphäre des Mandanten führt. Die Intimsphäre genießt grundsätzlich absoluten Persönlichkeitsschutz.[184]

§ 823 Abs. 2 BGB als weitere deliktsrechtliche Anspruchsnorm läßt eine primäre Vermögensschädigung ausreichen, verlangt aber zusätzlich die Verletzung eines Schutzgesetzes. Weder die Bestimmungen der BRAO noch der anwaltlichen BerufsO bezwecken gerade den Schutz des Mandanten, sondern sind reine berufsrechtliche Ordnungsvorschriften. Lediglich Straftatbestände[185] kommen als Schutzgesetze in Betracht, setzen jedoch ein vorsätzliches Handeln des Anwalts voraus. Als Beispiel mag die Unterschlagung von Mandantengeldern dienen.[186]

Auch Ansprüche nach § 826 BGB erfordern einen entsprechenden Schädigungsvorsatz. Regelmäßig werden deliktische Ansprüche des Mandanten mit vertraglichen Ansprüchen konkurrieren, so daß dem Deliktsrecht keine eigenständige Bedeutung zukommt. So stellt etwa die Unterschlagung von Mandan-

---

182 Palandt-Thomas, BGB, § 823 Rn 178

183 Zugehör, Handbuch der Anwaltshaftung Rn 1623 ff. m.w.N.

184 BGH, NJW 1999, 2893 (2894)

185 Aufzählung in Betracht kommender Straftatbestände bei Zugehör, Handbuch der Anwaltshaftung Rn 1701 ff.

186 Instruktiv BGH, BRAK-Mitt. 1999, 257 (257)

tengeldern stets auch eine positive Forderungsverletzung des Anwaltsvertrages dar.

Aufgrund der geringen Praxisrelevanz von Vorsatztaten im Bereich der Anwaltshaftung kann eine weitergehende Erörterung deliktsrechtlicher Anspruchsgrundlagen unterbleiben.

IV. Anwendbares Recht bei grenzüberschreitender Tätigkeit

Bei grenzüberschreitender gemeinschaftlicher Berufsausübung von Anwälten ist vorab festzustellen, welches nationale Recht auf einen Haftungsfall anwendbar ist. Insoweit ist in Literatur und Rechtsprechung fast alles streitig. Übereinstimmung besteht nur darin, daß zwischen dem anwendbaren Berufsrecht und dem Haftungsrecht zu unterscheiden ist.[187]

Als Beispiel mag folgender Fall dienen:

> Ein deutscher Unternehmer wendet sich an das Düsseldorfer Büro einer internationalen Sozietät mit weiteren Büros in Deutschland, allen EU-Staaten und den USA. Er bittet um Begutachtung, ob er unter steuerrechtlichen Gesichtspunkten eine Tochtergesellschaft in Deutschland oder in Spanien errichten soll. Der Mandant wird falsch beraten und erleidet einen kausalen Schaden. Eine Rechtswahlvereinbarung wurde nicht getroffen. Nach welcher Rechtsordnung bemißt sich die Haftung der einzelnen Sozien?

Das maßgebliche Sachrecht ist in diesem Fall nach deutschem Internationalen Privatrecht zu bestimmen, da deutsche Gerichte nach der lex fori deutsches Kollisionsrecht anwenden.[188] Als Vorfrage ist zu klären, welchem Statut der Sachverhalt unterfällt. Denkbar ist eine gesellschaftsrechtliche oder eine vertragsrechtliche Anknüpfung.

1. Gesellschaftsstatut

Für gesellschaftsrechtliche Fragestellungen einschließlich der persönlichen Haftung ihrer Gesellschafter gilt das Gesellschaftsstatut, das in Deutschland nicht gesetzlich geregelt ist. Art. 37 Nr. 2 EGBGB bestimmt insoweit lediglich, daß die Kollisionsnormen für vertragliche Schuldverhältnisse in den Artt. 27 ff. EGBGB nicht anwendbar sind.

---

187 Zugehör, Handbuch der Anwaltshaftung Rn 381
188 BGH, NJW 1996, 54 (54)

Nach überwiegender Auffassung werden gesellschaftsrechtliche Fragestellungen nach dem Recht des Staates beurteilt, in dem sich der Sitz der effektiven Hauptverwaltung der Gesellschaft befindet (*Sitztheorie*). Maßgebend ist dabei nicht die lediglich nominelle Festlegung des Sitzes im Gesellschaftsvertrag, sondern der Ort, an dem die grundlegenden Entscheidungen in laufende Geschäftsführungsakte umgesetzt werden.[189] Die Sitztheorie gilt nicht nur für juristische Personen, sondern auch für Gesellschaftsformen mit eigener Organisation, wie etwa für Partnerschaften oder Joint ventures.[190]

Nach der Gegenansicht (*Gründungstheorie*) genügt es, daß die Gesellschaft ordnungsgemäß dort registriert ist, wo sie ihren Satzungssitz hat.[191]

Ob die Sitztheorie mit dem europäischem Gemeinschaftsrecht, insbesondere der Niederlassungsfreiheit von Gesellschaften gem. Art. 43 EGV vereinbar ist, wird in der Literatur sehr kontrovers beurteilt.[192] Auch die *Centros*-Entscheidung des EuGH[193] hat keine endgültige Klärung gebracht.[194] Hierin hatte das Gericht die Nichteintragung der Zweigniederlassung einer in England und Wales eingetragenen Briefkastengesellschaft in das dänische Handelsregister als Verstoß gegen Art. 43 EGV gewertet. Eine in England registrierte private ltd. company mit einem Gesellschaftskapital von 200 britischen Pfund hatte beabsichtigt, unter Umgehung dänischer Kapitalaufbringungsregeln ihre Geschäfte ausschließlich von der zu errichtenden Niederlassung aus zu betreiben. Diese Entscheidung betraf die Niederlassungsfreiheit einer nach dänischem Internationalen Privatrecht, das der Gründungstheorie folgt, *wirksam* gegründeten Auslandsgesellschaft. Der EuGH ging entsprechend der Vorlagefrage des dänischen Gerichts von der Anwendbarkeit dänischen Internationalen Privatrechts und damit von der Wirksamkeit der Gesellschaftsgründung aus. Der EuGH vermied es, den EU-Mitgliedstaaten die Wahl eines bestimmten Anknüpfungspunktes für das Gesellschaftsstatut vorzuschreiben.

Der BGH[195] hat daraufhin die Frage einer Vereinbarkeit der Sitztheorie mit Art. 43 EGV dem EuGH zur Vorabentscheidung vorgelegt.[196] Dem Vorlagebe-

---

189 BGH, NJW 1986, 2194 (2195); Staudinger-Großfeld, Internationales Gesellschaftsrecht, Rn 13 und 685 ff.; Zugehör, Handbuch der Anwaltshaftung, Rn 381

190 Palandt-Heldrich, BGB, (IPR) Anh zu Art. 12 EGBGB Rn 20

191 Meilicke, DB 1999, 627 (628); Behrens, EuZW 2000, 385 (385)

192 Bejahend etwa Kindler, NJW 1999, 1993 (1996) ff.; Bungert, BB 1999, 1841 (1842); ablehnend etwa Sandrock, BB 1999, 1337 (1341); Meilicke, DB 1999, 627 (627)

193 EuGH, NJW 1999, 2027 ff.

194 Umfangreiche Nachweise bei Palandt-Heldrich, BGB, (IPR) Anh zu Art. 12 EGBGB Rn 2

195 BGH, EuZW 2000, 412 ff.

schluß liegt der Fall einer in den Niederlanden gegründeten Kapitalgesellschaft zugrunde, die Gewährleistungsansprüche gegen einen Vertragspartner in Deutschland geltend macht. Die Gesellschaft hatte vor Klageerhebung ihren tatsächlichen Verwaltungssitz nach Deutschland verlegt und ist damit nach der herrschenden Sitztheorie weder rechts- noch parteifähig.

Auch bei Anwendung der Sitztheorie sind Rück- oder Weiterverweisungen des Sitzstaates zu beachten. Dies gilt insbesondere dann, wenn der Sitzstaat seinerseits der Gründungstheorie folgt.[197]

Im obigen Beispielsfall führt die Anwendung der Sitztheorie nicht zu einem eindeutigen Ergebnis. Der tatsächliche Verwaltungssitz läßt sich bei einer internationalen Sozietät häufig nicht bestimmen. Es ist für diese Gesellschaftsform geradezu charakteristisch, daß die ihr angehörenden Sozietäten gleichberechtigt und damit nicht weisungsgebunden sind. Aus diesem Grunde findet sich auf den Briefköpfen der großen internationalen Sozietäten auch keine Angabe zum Sitz einer Geschäftsleitung.

2. *Vertragsstatut*

Die bislang h.M. will die Haftung der BGB-Gesellschaft dem Vertragsstatut unterwerfen,[198] sofern die Vertragsparteien keine nach Art. 27 EGBGB vorrangige Rechtswahlvereinbarung treffen. Fehlt es - wie häufig - an einer ausdrücklichen oder stillschweigenden Rechtswahlvereinbarung, ist das Recht des Staates anzuwenden, mit dem der Vertrag die engsten Verbindungen aufweist.[199] Gemäß Art. 28 Abs. 2 S. 2 EGBGB gilt die Vermutung, daß der Vertrag die engsten Verbindungen zum Recht des Staates aufweist, in welchem die (Anwalts)Gesellschaft ihre Hauptniederlassung unterhält. Ist die Leistung nach dem Vertrag von einer anderen als der Hauptniederlassung zu erbringen, gilt das Recht der jeweiligen Zweigniederlassung. Das Vertragsstatut wird - in Abgrenzung zum Gesellschaftsstatut - für anwendbar gehalten, weil die BGB-Gesellschaft nicht über eine eigene

---

196 Das Erfordernis einer Vorlage zum EuGH wird von Roth, ZIP 2000, 1597 (1599) verneint.

197 Palandt-Heldrich, BGB, (IPR) Anh zu Art. 12 EGBGB Rn 4 m.w.N.

198 Zugehör, Handbuch der Anwaltshaftung, Rn 171 (anders unter Rn 381, wo auf Art. 28 Abs. 1 S. 1 EGBGB abgestellt wird)

199 Art. 28 Abs. 1 S. 1 EGBGB; MünchKomm-Martiny, EGBGB, Art. 37 Rn 46; Sieg, Internationale Anwaltshaftung, 190 ff.; Henssler, JZ 1994, 178 (185); a.A Heß, NJW 1999, 2485 (2485), der Art. 28 Abs. 5 EGBGB anwenden will mit der Folge, daß der Ort der primären (kollektiven) Rechtsverfolgung maßgeblich ist.

Organisation verfüge.[200] Die vertragsrechtliche Qualifikation wird dabei zumeist aus § 51a Abs. 2 S. 1 BRAO abgeleitet, der lautet:

> „Die Mitglieder einer Sozietät haften aus dem zwischen ihr und dem Auftraggeber bestehenden Vertragsverhältnis als Gesamtschuldner."

Folgt man der h.M., die Art. 28 Abs. 2 EGBGB als sedes materiae ansieht, sieht man sich mit der gleichen Schwierigkeit wie bei Anwendung des Gesellschaftsstatuts konfrontiert. Hier wie dort läßt sich bei der internationalen Sozietät regelmäßig nicht entscheiden, welches Büro die Haupt- und welches die Zweigniederlassung ist.

Unabhängig hiervon ist auch fraglich, ob an der h.M. noch festgehalten werden kann, nachdem der BGH die BGB-Gesellschaft ausdrücklich für rechts- und parteifähig angesehen hat. In seiner Entscheidung vom 29.01.2001[201] hat das Gericht die bislang vorherrschende Doppelverpflichtungstheorie ausdrücklich abgelehnt und die Gesellschafterhaftung als *akzessorische* Haftung qualifiziert. Dieses neue Verständnis von der Rechtsnatur der BGB-Gesellschaft wird nicht folgenlos bleiben. § 51a Abs. 2 S. 1 BRAO ist als Anknüpfungspunkt für eine vertragsrechtliche Qualifikation nämlich nur auf dem Boden der Doppelverpflichtungslehre verständlich. Nur bei ihr ist Raum für eine vertragsrechtliche Verpflichtung (auch) der Gesellschafter. Wer die Haftung der BGB-Gesellschafter mit dem BGH jedoch als akzessorisch beschreibt, muß in § 51a Abs. 2 S. 1 BRAO einen deklaratorischen *gesetzlichen* Haftungstatbestand sehen. Für eine vertragsrechtliche Anknüpfung bleibt insoweit kein Raum, da vertragliche und gesetzliche Haftung einander im Alternativverhältnis gegenüberstehen. Tertium non datur.

Unter der Ägide des Vertragsstatuts hilft somit nur ein Rückgriff auf die Auffangtatbestände der Artt. 28 Abs. 1 und 5 EGBGB, wonach maßgeblich das Recht des Staates ist, zu dem der Vertrag die jeweils engsten Verbindungen aufweist. Im obigen Beispielsfall dürfte danach deutsches Recht anzuwenden sein, da die Mandatsanbahnung in Deutschland erfolgte und der Mandant selbst in Deutschland ansässig ist.

Für Anwältsverträge mit Verbrauchern sind die Besonderheiten des Art. 29 EGBGB zu beachten. Legt der Anwalt bei Vertragsschluß allgemeine Vertragsbedingungen zugrunde, die eine Rechtswahlklausel enthalten, gilt § 12 AGBG. Ausnahmsweise können auch Artt. 6, 27 Abs. 3 oder 34 EGBGB zur Anwendbarkeit eines abweichenden Rechts führen.

---

200 Art. 27 ff. EGBGB; vgl. hierzu Zugehör, Handbuch der Anwaltshaftung Rn 381
201 ZIP 2001, 330 (336)

V. Berufshaftpflichtversicherung

1. Inhalt der Versicherungspflicht

Seit dem 01.01.1995 sind Anwälte gesetzlich verpflichtet, eine Berufshaftpflichtversicherung abzuschließen und zu unterhalten.[202] Die Zulassung zur Anwaltschaft ist davon abhängig, daß der Anwalt den Abschluß einer Versicherung nachweist oder zumindest eine vorläufige Deckungszusage des Versicherers vorlegt.[203] Der Versicherer ist verpflichtet, der Landesjustizverwaltung und der Rechtsanwaltskammer die Beendigung des Versicherungsvertrages sowie den Versicherungsschutz beeinträchtigende Änderungen unverzüglich mitzuteilen.[204] Auf diese Weise wird sichergestellt, daß die Versicherung auch nach Zulassung zur Anwaltschaft bestehen bleibt. Fehlender Versicherungsschutz führt zwingend zum Widerruf der Anwaltszulassung.[205]

Die Verpflichtung, eine Berufshaftpflichtversicherung zu unterhalten, trifft auch den von seiner Residenzpflicht befreiten Anwalt, der eine Kanzlei nur im Ausland errichtet hat. Niedergelassene europäische Rechtsanwälte müssen ebenfalls für ihre Tätigkeit in Deutschland eine Berufshaftpflichtversicherung nach § 51 BRAO unterhalten. Eine Befreiung hiervon ist nur zulässig, wenn eine nach den Vorschriften des Herkunftsstaates abgeschlossene Versicherung oder Garantie nachgewiesen wird, deren Bedingungen und Deckungsumfang gleichwertig sind.[206]

Eine haftungsrechtliche Besonderheit gilt nach § 8 EuRAG für den niedergelassenen europäischen Rechtsanwalt, der in seinem Herkunftsstaat einer Berufsausübungsgesellschaft angehört, bei welcher die persönliche Haftung ausgeschlossen ist. Ein solcher rechtsformabhängiger Haftungsausschluß ist nur wirksam, wenn ein Haftpflichtversicherungsschutz besteht, der demjenigen der Anwalts-GmbH in § 59j BRAO entspricht. Der Versicherungsschutz muß sich somit auf mindestens 5 Mio. DM belaufen und auch nach seinen Versicherungsbedingungen dem deutschen Recht äquivalent sein. Fehlt es hieran, unterliegt der nie-

---

202 § 51 BRAO; Inkrafttreten des Gesetzes zur Neuordnung des Berufsrechts der Rechtsanwälte vom 02.09.1994 (BGBl. I, 2278); bis zu diesem Zeitpunkt bestand lediglich eine standesrechtliche Pflicht zum Abschluß einer Berufshaftpflichtversicherung mit einer Mindestdeckung von 100.000 DM (RichtlRA 1977; vgl. hierzu Taupitz, Die Standesordnungen der freien Berufe, 387).

203 § 12 Abs. 2 BRAO

204 § 51 Abs. 6 BRAO

205 § 14 Abs. 2 Nr. 9 BRAO

206 § 7 Abs. 1 EuRAG

dergelassene europäische Rechtsanwalt der unbeschränkten persönlichen Haftung.

Die gesetzliche Versicherungspflicht wird möglicherweise dazu führen, daß die Gerichte noch mehr als bisher geneigt sind, Haftungsvoraussetzungen großzügig anzunehmen oder Haftungsfolgen strenger zu bemessen.[207] Der Haftpflichtanspruch des geschädigten Mandanten begründet keinen direkten Anspruch gegen den Versicherer.[208] Der Geschädigte kann aufgrund eines Haftpflichturteils allerdings den Versicherungsanspruch des Anwalts pfänden und sich zur Einziehung überweisen lassen.

2. *Umfang des Versicherungsschutzes*

Der Umfang des Versicherungsschutzes ergibt sich aus den §§ 51, 59j BRAO. Abgedeckt werden Vermögensschäden, die aufgrund anwaltlicher Berufstätigkeit zu Haftpflichtansprüchen gegen den Anwalt führen. Die Versicherungswirtschaft hat die Versicherungsbedingungen inzwischen vereinheitlicht. Sie sind in den im wesentlichen gleichlautenden „Allgemeinen Versicherungsbedingungen für die Vermögensschadenhaftpflichtversicherung von Rechtsanwälten und Patentanwälten" (AVB-A) der Versicherer enthalten, die nach der Deregulierung des Versicherungswesens nicht mehr vom Bundesaufsichtsamt für das Versicherungswesen genehmigt werden müssen.[209] Aus der „Risikobeschreibung für die Vermögensschadenhaftpflichtversicherung von Rechtsanwälten" folgt, daß in der Standardversicherung die in § 1 Abs. 2 BRAGO bezeichneten Tätigkeiten mitversichert ist.[210] Umfaßt ist auch die Tätigkeit als Notarvertreter bis zu 60 Tagen innerhalb eines Versicherungsjahres. Nach einer Selbstbindung der Vermögensschadenhaftpflichtversicherer ist schließlich die Tätigkeit als Mediator mitversichert.[211]

---

207 Von Bar, RabelsZ 44 (1980), 455 (479 f.) spricht von dem Phänomen der „Versicherungs-Haftungs-Spirale".

208 Henssler/Prütting-Stobbe, BRAO, § 51 Rn 21

209 Zugehör, Handbuch der Anwaltshaftung Rn 1808 m.w.N.; abgedruckt bei Feuerich/Braun, BRAO, § 51 Rn 11

210 Tätigkeit als Vormund, Betreuer, Pfleger, Verfahrenspfleger, Nachlaßpfleger, Testamentsvollstrecker, Konkurs-, Insolvenz-, Gesamtvollstreckungsverwalter, Vergleichsverwalter, gerichtlich bestellter Liquidator, Sequester, Sachwalter, Mitglied des Gläubigerausschusses oder Gläubigerbeirates, Nachlaßverwalter, Zwangsverwalter, Treuhänder, Schiedsrichter, Praxisabwickler, Zustellungsbevollmächtigter

211 Feuerich/Braun, BRAO, § 51 Rn 9 m.w.N.

Die Mindestversicherungssumme variiert und beträgt für den Einzelanwalt 500.000 DM, für die Anwalts-GmbH bereits 5 Mio. DM.[212] Die Mindestversicherung stellt den Höchstbetrag der dem Versicherer in jedem einzelnen Schadensfall obliegenden Leistung dar. Üblicherweise beinhaltet der Versicherungsvertrag eine Serienschadenklausel, wonach sämtliche Pflichtverletzungen bei Erledigung eines einheitlichen Auftrags als einheitlicher Versicherungsfall gelten. Es steht dann die Versicherungssumme für alle sich daraus ergebenden Haftpflichtansprüche nur einmal zur Verfügung.[213]

Die jährliche Prämienbelastung zwischen Einzelanwalt und Ein-Mann-Anwalts-GmbH variiert aufgrund der unterschiedlichen Mindestdeckungssummen erheblich, wie sich aus nachfolgender Übersicht[214] ergibt:

Rechtsform	Deckungssumme	Prämie
Einzelanwalt	500.000,00 DM	1.759,00 DM
Einzelanwalt	2.000.000,00 DM	3.461,00 DM
Ein-Mann-GmbH	5.000.000,00 DM	6.083,00 DM

Danach ist die Versicherungsprämie für die Ein-Mann-Anwalts-GmbH um rund das Dreifache höher als für den Einzelanwalt.

Im Bereich der Pflichtversicherung kann zwischen Versicherer und Anwalt eine Selbstbeteiligung vereinbart werden. Diese darf 5.000 DM pro Versicherungsfall als Höchstgrenze nicht überschreiten.[215] Wird eine höhere Versicherung als die Pflichtversicherung von 500.000 DM abgeschlossen, ist ein Selbstbehalt in unbeschränkter Höhe möglich.[216]

Wenig Beachtung hat bislang § 12 der AVB-A gefunden. Diese Vorschrift lautet:

---

212 Einzelheiten werden im Zusammenhang mit den jeweiligen Berufsausübungsgesellschaften erörtert.

213 Eine solche Vereinbarung ist nach §§ 51 Abs. 2, 59j Abs. 1 zulässig; näher hierzu Henssler/Prütting-Stobbe, BRAO, § 51 Rn 54.

214 Auskunft der Gerling-Berufshaftpflichtversicherung vom Oktober 1999 unter Zugrundelegung einer prozentual gestaffelten Selbstbeteiligung bis zur Höchstgrenze von 5.000 DM

215 §§ 51 Abs. 5, 59j Abs. 1 BRAO

216 Vergleichbare Regelungen über eine Berufshaftpflichtversicherung enthält das Berufsrecht der Steuerberater (§§ 67 StBerG i.V.m. 52 DVO). Für Wirtschaftsprüfer gilt allerdings eine deutlich höhere Mindestversicherungssumme von 2 Mio. DM. Bei Prüfung einer AG, die Aktien unter amtlicher Notierung ausgegeben hat, erhöht sich die Mindestversicherungssumme auf 8 Mio. DM (§§ 54 Abs. 1 WPO, 323 Abs. 2 HGB).

„§ 12 Sozien
Als Sozien gelten Berufsangehörige, die ihren Beruf nach außen gemeinschaftlich ausüben, ohne Rücksicht darauf, ob sie durch Gesellschaftsvertrag oder einen anderen Vertrag verbunden sind...“

Die Formulierung „Als Sozien gelten“ beinhaltet eine Fiktion. Durch den Verzicht auf das Vorliegen eines Gesellschaftsvertrages werden nicht nur angestellte und frei mitarbeitende Anwälte mit einbezogen. Möglich ist auch eine Erweiterung auf Mitglieder von Bürogemeinschaften und Kooperationen, soweit nach außen der Anschein einer gemeinschaftlichen Berufsausübung erweckt wird.

Der Versicherungsfall eines Sozius nach § 12 AVB-A gilt dabei als Versicherungsfall aller Sozien. Der Versicherer tritt für alle zusammen lediglich mit einer einheitlichen Durchschnittsleistung ein. Die Durchschnittsleistung wird in der Weise berechnet, daß zunächst für jeden einzelnen Sozius die auf ihn allein entfallende Leistungspflicht berechnet wird (sog. fiktive Leistung). Sodann wird die Summe der fiktiven Leistungen durch die Zahl aller Sozien geteilt.

Die Anwendung des § 12 AVB-A kann zu erheblichen Deckungslücken im Versicherungsschutz führen: Ist etwa das Mitglied A einer zweiköpfigen Bürogemeinschaft/Kooperation mit 1 Mio. DM, das Mitglied B jedoch nur in Höhe der Mindestversicherung (500.000 DM) berufshaftpflichtversichert, beträgt die Durchschnittsleistung lediglich 750.000 DM.[217] Werden A und B als Scheinsozien[218] gesamtschuldnerisch zu 1 Mio. DM Schadensersatz verurteilt, tritt eine Unterdeckung auch für A in Höhe von 250.000 DM ein, obwohl er bei isolierter Betrachtung ausreichend versichert ist. Diese Regelung gilt, obwohl A im Rahmen einer Bürogemeinschaft/Kooperation keine Möglichkeit hat, den Versicherungsschutz des B zu beeinflussen.

3. Risikoausschlüsse

Risikoausschlüsse im Versicherungsschutz sind nach § 51 Abs. 3 Nr. 1 BRAO für Fälle wissentlicher Pflichtverletzung des Anwalts oder nach § 51 Abs. 3 Nr. 5 BRAO für Ersatzansprüche wegen Veruntreuung durch Personal, Angehörige oder Sozien möglich. Diese regelmäßig vereinbarten Risikoausschlüsse führen zu einer für den Mandanten kaum akzeptablen Ungereimtheit. Da von Vorsatztätern regelmäßig keine Befriedigung zu erwarten ist, gehen die geschädigten Mandanten zumeist leer aus. Sie werden damit gerade dann nicht geschützt, wenn sie des Schutzes am meisten bedürfen.

---

217 1 Mio. DM + 500.000 DM = 1,5 Mio. DM : 2 = 750.000 DM
218 Vgl. hierzu E I 2b.

Für Vorsatztaten eines Notars, die infolge des Risikoausschlusses bei Vorsatztaten nicht unter die allgemeine Berufshaftpflichtversicherung nach § 19a BnotO fallen, müssen die Notarkammern eine sog. Vertrauensschadenversicherung unterhalten.[219] Hierbei handelt es sich um eine Versicherung für fremde Rechnung i.S. der §§ 74 ff. VVG. Die Mindestversicherungssumme beträgt 500.000 DM.

Einen noch darüber hinausgehenden Schutz gewährt der auf freiwilliger Basis errichtete Vertrauensschadenfonds der Notarkammern.[220] Dieser Fonds ist eine von der Bundesnotarkammer unabhängige, selbständige Einrichtung in Form eines nicht rechtsfähigen Zweckvermögens des öffentlichen Rechts, welcher der Rechtsaufsicht der Länder untersteht. Aus diesem Fonds werden freiwillige Leistungen bei Schäden infolge vorsätzlicher Amtspflichtverletzung erbracht, die nicht durch die Vertrauensschadenversicherung abgedeckt sind. Durch vorsätzliche Amtspflichtverletzung eines Notars Geschädigte sind deshalb im Regelfall abgesichert.

Der Gesetzgeber hat davon abgesehen, das Institut der Vertrauensschadenversicherung auf die Anwaltschaft auszudehnen. Zur Einrichtung eines Vertrauensschadenfonds auf freiwilliger Grundlage hat sich die Bundesrechtsanwaltskammer bislang nicht entschließen können. Die einzelnen Rechtsanwaltskammern können eine solche Versicherung abschließen, sind hierzu jedoch nicht verpflichtet.[221]

Für die anwaltliche Praxis bedeutsamer als Vorsatztaten sind folgende Risikoausschlüsse im Bereich der Standardversicherung:

- Haftpflichtansprüche aus Tätigkeiten von in anderen Staaten eingerichteten oder unterhaltenen Kanzleien.[222] Dieser Ausschluß gilt insbesondere für überörtliche Sozietäten mit ausländischen Büros. Der Grund für diesen Risikoausschluß liegt darin, daß "vor Ort" Versicherungsschutz genommen werden soll, zumal in vielen Staaten ohnehin eine Versicherungspflicht besteht. Außerdem kann für Auslandsrisiken ggf. eine niedrigere Versicherungssumme vereinbart werden.[223] Allerdings ist der Versicherungsschutz grundsätzlich örtlich nicht beschränkt. Es ist deshalb unerheblich, ob die Pflichtverlet-

219 § 67 Abs. 3 Nr. 3 BnotO; die allgemeine Berufshaftpflichtversicherung mit einer Mindestversicherungssumme von 1 Mio. DM ist in § 19a BnotO geregelt. Diese gilt nur für den Fall nicht wissentlicher Pflichtverletzung.

220 Dieser Fonds wurde bereits im Jahre 1981 gegründet, vgl. Schippel, BNotO, § 67 Rn 39 m.w.N.; Rechtsgrundlage hierfür ist nunmehr § 67 Abs. 4 Nr. 3 BnotO.

221 Feuerich/Braun, BRAO, § 53 Rn 44 m.w.N.

222 § 51 Abs. 3 Nr. 2 BRAO

223 Feuerich/Braun, BRAO, § 51 Rn 17

zung bei einer Beratung über deutsches oder europäisches Recht im In- oder Ausland begangen wurde.[224]

- Haftpflichtansprüche aus Tätigkeiten im Zusammenhang mit außereuropäischem Recht.[225] Diesem Risikoausschluß ist im Umkehrschluß zu entnehmen, daß der Versicherungsschutz die berufliche Befassung mit europäischem Recht einschließt. Dem liegt die Vermutung zugrunde, daß die Anwendung europäischen Rechts zum Standard eines deutschen Anwalts gehört.[226]
- Haftpflichtansprüche aus der Anwaltstätigkeit vor außereuropäischen Gerichten.[227] Dieser Risikoausschluß gilt auch dann, wenn es sich sachlich um europäisches Recht handelt. Er ist unabhängig davon, nach welchem Recht vor diesen Gerichten geurteilt wird.[228] Auch bei Anwendbarkeit deutschen Rechts infolge einer Rechtswahlvereinbarung besteht deshalb kein Versicherungsschutz

Wird der Anwalt in einem Bereich tätig, für welchen die vorgenannten Haftungsausschlüsse in der Standardversicherung greifen, ist er zum Abschluß einer ergänzenden Versicherung verpflichtet. Dies bleibt in der Praxis aus Unkenntnis häufig unberücksichtigt, da nur die Standardversicherung als obligatorisch angesehen wird.

Die Verpflichtung zu einer Erweiterung des Versicherungsschutzes ergibt sich jedoch zwanglos aus § 51 Abs. 1 S. 1 BRAO. Danach ist der Anwalt verpflichtet, eine Berufshaftpflichtversicherung zur Deckung „der sich aus seiner Berufstätigkeit ergebenden Haftpflichtgefahren" abzuschließen.[229] Eine Beschränkung auf den Umfang der Standardversicherung läßt sich aus dieser Formulierung nicht ableiten.

---

224 Henssler/Prütting-Stobbe, BRAO, § 51 Rn 65
225 § 51 Abs. 3 Nr. 3 BRAO
226 Borgmann/Haug, Anwaltshaftung, Kap. VIII, 255; kritisch Feuerich/Braun, BRAO, § 51 Rn 18
227 § 51 Abs. 3 Nr. 4 BRAO
228 Bogmann/Haug, Anwaltshaftung, Kap. VIII Rn 14
229 Feuerich/Braun, BRAO, § 51 Rn 10

D. Anwaltliche Berufsausübungsgesellschaften und rechtsformabhängige Haftung

Berufsausübungsgesellschaften sind gekennzeichnet durch eine gemeinschaftliche Berufsausübung der an ihr beteiligten Berufsträger. Diese Zweckbindung unterscheidet sie von anderen Formen beruflicher Zusammenarbeit, deren Vergemeinschaftung sich auf organisatorische Rahmenbedingungen beschränkt, die der eigentlichen Berufsausübung vorgelagert sind (Bürogemeinschaft, Kooperation). Im folgenden soll untersucht werden, in welcher Rechtsform Anwälte sich aus Sicht des Gesellschaftsrechts zusammenschließen können und aus Sicht des Berufsrechts zusammenschließen dürfen.

Dabei werden grundlegende, alle Gesellschaftsformen berührende Fragen im Zusammenhang mit der „traditionellen" Sozietät in der Rechtsform der BGB-Gesellschaft erörtert. Anders als in den Berufsrechten der Steuerberater und Wirtschaftsprüfer setzt § 59a BRAO den Begriff der Sozietät nicht mit der BGB-Gesellschaft gleich, sondern spricht lediglich allgemein von „beruflicher Zusammenarbeit".[230] Bei Einführung der Berufsrechtsnovelle 1995[231] stellte der Gesetzgeber hierzu unmißverständlich folgendes klar[232]:

> „Die Vorschriften über die gemeinsame Berufsausübung und die interprofessionelle Zusammenarbeit sind nicht zwingend verknüpft mit der Gesellschaft bürgerlichen Rechts als Form der Zusammenarbeit. Zur Frage, in welcher Rechtsform die gemeinsame Berufsausübung zulässig ist, treffen sie keine Aussage, sondern lassen insoweit bereits Raum für weitere Entwicklung."

Auch die anwaltliche BerufsO hat den Begriff der Sozietät zum pars pro toto für sämtliche zulässigen Formen beruflicher Zusammenschlüsse erklärt.[233] Es ist kein Grund ersichtlich, warum dies nicht auch für den Sozietätsbegriff des § 59a BRAO gelten soll. Die Sozietät ist damit insgesamt als *Oberbegriff* auch für andere Rechtsformen beruflicher Zusammenarbeit anzusehen und schließt neben der Partnerschaft auch Kapitalgesellschaften mit ein.[234]

---

230 Vgl. §§ 56 StBerG, 44b Abs. 1 WPO.

231 Gesetz vom 02.09.1994, BGBl. I, 2278 ff.; in Kraft seit dem 01.01.1995

232 BT-Ds. 12/4933, 23

233 § 33 Abs. 1 der anwaltlichen BerufsO

234 A.A. BayObLG, NJW 1995, 199 (200); Römermann/Spönemann, NZG 1998, 15 (15); Hartung/Holl-Römermann, Anwaltliche BerufsO, § 8 Rn 52 und v. § 30 Rn 9 sowie Meilicke/Graf v. Westphalen-Lenz, PartGG, § 1 Rn 115, die nur die Perso-

I. BGB-Gesellschaft (traditionelle Sozietät)

Wie die empirischen Untersuchungen gezeigt haben, ist vorherrschende Gesellschaftsform anwaltlicher Zusammenarbeit immer noch die BGB-Gesellschaft.[235] § 59a Abs. 1 BRAO erlaubt ausdrücklich den Zusammenschluß „in einer Sozietät zur gemeinschaftlichen Berufsausübung". Der Gesetzgeber konnte dabei auf einen gefestigten Begriffsinhalt dieser Zusammenschlußform zurückgreifen.

1. Geschichtliche Entwicklung

Anwaltliche Zusammenschlüsse sind bereits seit dem Beginn des 19. Jahrhunderts bekannt.[236] Gleichwohl fanden sie keinen Eingang in die erste Rechtsanwaltsordnung von 1878.[237] Die Tätigkeit des Advokaten (Schriftsatzverfassers) und des Procurators (Prozeßvertreter vor Gericht) unterlag zuvor einer strengen landesrechtlichen Reglementierung. Die Bezeichnung „Anwalt" setzte sich erst zu Beginn des 19. Jahrhunderts durch. Ein gesellschaftsrechtlicher Zusammenschluß hätte die obrigkeitsstaatliche Kontrolle zumindest erschwert und galt deshalb als unerwünscht.[238]

Hierin spiegelt sich das traditionell individualistische Berufsbild des Anwalts wider. Kennzeichnend hierfür war die Vorstellung von einer fremdnützigen, nicht auf Gewinnerzielung ausgerichteten Tätigkeit, der ein besonderes Vertrauensverhältnis des Rechtsuchenden zu „seinem" Anwalt zugrundelag.

Es war das erklärte gesetzgeberische Ziel bei der Einführung der ersten Rechtsanwaltsordnung, verloren gegangenes Vertrauen in den anwaltlichen Berufsstand wiederzugewinnen. Dessen Angehörigen haftete seit dem 18. Jahrhundert der Ruf von „Winkel- und Teufelsadvokaten"[239] an, mit einem Hang zu „Unehrlichkeit, Bestechlichkeit und Formalistik".[240] Die Gegner anwaltlicher Zu-

---

nengesellschaft als „Sozietät" bezeichnen. Diese Auffassung läßt unberücksichtigt, daß der Regelungsgegenstand des § 59a BRAO (berufliche Zusammenarbeit) eine Festlegung auf Personengesellschaften gerade nicht enthält, mithin rechtsformneutral ist. Da die für die Anwalts-GmbH geltenden Bestimmungen der §§ 59 e und f BRAO auf die Sozietät in § 59a BRAO verweisen, ergeben sich im Ergebnis nur geringfügige Unterschiede, die an den jeweiligen Stellen kenntlich gemacht werden.

235 B II 3 a.E.

236 Plass, Diss., 2 m.w.N.

237 RGBl. 1878, 177 ff.

238 Kaiser/Bellstedt, Die Anwaltssozietät, 33

239 Plass, Diss., 1

240 Borgmann/Haug, Anwaltshaftung, Kap. I, 2

sammenschlüsse befürchteten eine mechanische Betriebsamkeit und geschäftsmäßige Routine anstelle besserer Leistungen.[241]

Die Rechtsanwaltsordnung von 1959[242] bestimmte erstmals in ihren beiden Eingangsparagraphen, daß der Rechtsanwalt ein freies und unabhängiges Organ der Rechtspflege ist. Der Gesetzgeber übernahm damit den individualistischen Charakter der Vorläuferregelung und verzichtete ganz auf Vorschriften über die gemeinsame Berufsausübung. Die hiermit verbundenen Fragen wurden allein dem Standesrecht überlassen.

2. *Begriff*

Die Sozietät in der Rechtsform der BGB-Gesellschaft war bis zur Berufsrechtsnovelle des Jahres 1995 - abgesehen von einer vierjährigen Sonderregelung für die neuen Bundesländer - nicht gesetzlich definiert.[243] Die gesetzgeberische Lükke wurde in der Vergangenheit von der Rechtsprechung geschlossen. Danach setzte der Zusammenschluß zu einer BGB-Gesellschaft voraus, daß jeder Sozius den Anwaltsvertrag mit Wirkung für und gegen alle Sozien abschließen und eine gesamtschuldnerische Haftung vereinbaren kann.[244] Dieser Definitionsversuch verkennt, daß die gesamtschuldnerische Haftung nicht Voraussetzung, sondern Rechtsfolge eines bestimmten Auftretens als Sozietät ist. Sie kann damit nicht begriffsbildend für die Sozietät sein.[245]

Ein näheres Eingehen hierauf ist entbehrlich, weil sich der Sozietätsbegriff nunmehr aus einer Zusammenschau der §§ 59a Abs. 1 und 2 BRAO ergibt.[246] Danach ist die Sozietät ein

(1) Zusammenschluß mit einer gemeinschaftlichen Kanzlei
(2) zur gemeinschaftlichen Berufsausübung,

---

241 Nachweise bei Henssler/Prütting-Hartung, BRAO, § 59a Rn 2

242 BGBl. I 1959, 565

243 Das Rechtsanwaltsgesetz (RAG) war vom 15.09.1990 bis 03.09.1994 in Kraft. Es wurde aufgehoben durch die Berufsrechtsnovelle vom 02.09.1994. Der maßgebliche § 39 Abs. 3 lautete: „Eine Sozietät liegt vor, wenn sich Rechtsanwälte auf vertraglicher Basis zur gemeinsamen Berufsausübung und gemeinsamen Kostentragung und Haftung zusammengeschlossen haben. Die Auftragsannahme erfolgt in diesen Fällen gemeinsam."

244 BGH, NJW 1991, 49 (50); zustimmend Odersky, AnwBl 1991, 238 (242)

245 Kleine-Cosack, BRAO, § 59a Rn 8

246 Wie hier Feuerich/Braun, BRAO, § 59a Rn 1; nach Kleine-Cosack, BRAO, § 59a Rn 4 und Henssler/Prütting-Hartung, BRAO, § 59a Rn 17 stellt § 59a BRAO keine Legaldefinition dar.

(3) bei dem jeder Sozius nur im Rahmen der eigenen beruflichen Befugnisse tätig wird.

a) Zusammenschluß mit gemeinsamer Kanzlei

Mit dem Erfordernis einer gemeinschaftlichen Kanzlei in der ersten Alternative des § 59a Abs. 2 BRAO übernimmt das Gesetz ausdrücklich die in § 28 Abs. 1 der früheren RichtlRA genannte Voraussetzung. Kanzlei oder der synonym gebrauchte Begriff Büro[247] bedeutet die Zusammenfassung der für die Berufsausübung erforderlichen personellen und sachlichen Betriebsmittel.[248] Die Unterhaltung einer gemeinsamen Kanzlei setzt dabei funktional voraus, daß sie organisatorisch als Einheit geführt wird.

Das Erfordernis einer gemeinsamen Kanzlei erlaubt eine Abgrenzung der BGB-Gesellschaft zur Kooperation. Die Zusammenarbeit auf schlicht vertraglicher Grundlage im Rahmen einer Kooperation vollzieht sich außerhalb eines gemeinsamen Büros. Die berufliche Zusammenarbeit ist in diesem Fall durch eine parallele Mandatsbearbeitung an unterschiedlichen Orten gekennzeichnet.[249]

Der Anwalt muß seine Kanzlei an dem Gerichtsort seiner Zulassung einrichten. Er muß der Öffentlichkeit seinen Willen offenbaren, bestimmte Räumlichkeiten als Kanzlei zu verwenden und dort anwaltliche Dienste anbieten.[250] Dazu gehört als Mindestvoraussetzung ein Praxisschild mit entsprechender Eintragung im Telefonverzeichnis.[251] Ein Obdachlosenasyl als Kanzleianschrift ist nicht ausreichend.[252]

b) Gemeinschaftliche Berufsausübung

Der Zusammenschluß in einer Sozietät dient der gemeinschaftlichen Berufsausübung. Hierdurch grenzt sich die Sozietät von der Bürogemeinschaft ab, die durch ein Nebeneinander statt eines Miteinander in der Berufsausübung charakterisiert werden kann. Durch die Zweckrichtung gemeinsamer Berufsausübung wird die individualistische Basis anwaltlicher Tätigkeit verlassen und eine Berufsausübungs-BGB-Gesellschaft gegründet.[253]

---

247 Duden, Band 1, 394
248 Vgl. § 5 der anwaltlichen BerufsO.
249 Hierzu näher unter E II
250 Zuck, BRAK-Mitt. 1992, 66 (72)
251 Feuerich/Braun, BRAO, § 27 Rn 5
252 Zuck, BRAK-Mitt. 1992, 66 (72) unter Hinweis auf eine Entscheidung des AnwZ (B) v. 23.07.1990
253 Vgl. statt aller nur Hartung/Holl-Römermann, Anwaltliche BerufsO, v. § 30 Rn 21.

Zum Teil wird in der neueren Literatur vorausgesetzt, die gemeinschaftliche Berufsausübung müsse auf eine gewisse Dauer angelegt sein, um die Sozietät von anlaßbezogenen Kooperationen abgrenzen zu können.[254] Diese seien berufsrechtlich unbedenklich, auch wenn an ihnen nichtsozietätsfähige Berufsträger i.S. des § 59a Abs. 1 BRAO beteiligt seien. Das Erfordernis einer gewissen Perpetuierung der Berufsausübung erweist sich bei genauerem Hinsehen jedoch als untaugliches Abgrenzungskriterium. Auch für den Begriff der Kooperation ist nach § 8 der anwaltlichen BerufsO erforderlich, daß sie auf eine gewisse Dauer angelegt ist.[255]

Abgesehen hiervon gibt auch der Gesetzeswortlaut für ein derartiges ungeschriebenes Tatbestandsmerkmal nichts her. Die in der Rechtswirklichkeit mitunter schwierige Abgrenzung zwischen (noch) unbedenklicher bloßer Kooperation und (bereits) unzulässiger Sozietät bei interprofessionellen Zusammenschlüssen läßt sich nur unter Rückgriff auf das Vorliegen einer gemeinsamen Kanzlei lösen. Hierauf wird im Zusammenhang mit der Kooperation näher einzugehen sein.

c) Tätigkeit im Rahmen der eigenen beruflichen Befugnisse

Anwälten ist nicht nur die Assoziierung untereinander, sondern auch mit den in § 59a Abs. 1 BRAO genannten Berufsträgern erlaubt. Die Sozien dürfen dabei jedoch nur im Rahmen eigener beruflicher Befugnisse tätig werden. Aufgrund dieses Berufsrechtsvorbehalts besteht nur ein eingeschränkter Erfüllungsanspruch des Mandanten. Zur Mandatsbearbeitung verpflichtet sind nur diejenigen Sozien, welche die berufsrechtliche Befugnis zur Vertragserfüllung besitzen.[256]

Der Grund hierfür ist darin zu sehen, daß die Verpflichtung eines Steuerberaters oder Wirtschaftsprüfers zu einer ihm nicht gestatteten Besorgung fremder Rechtsgeschäfte zur Nichtigkeit des Mandatsvertrages führen würde.[257] Der Mandatsvertrag wäre selbst dann im Ganzen nichtig, wenn er zugleich eine erlaubte Tätigkeit mit umfaßt.

Bei verständiger Würdigung der beiderseitigen Interessen wollen die Vertragsparteien eine derartige Gefährdung des Vertragsverhältnisses aber gerade vermeiden.[258] Assoziierte Steuerberater oder Wirtschaftsprüfer, die nicht zugleich über eine Doppelqualifikation als Anwalt verfügen, werden deshalb im Falle eines anwaltlichen Mandats nicht zur Erfüllung verpflichtet. Umgekehrt

---

254 Ewer, AnwBl 2000, 71 (73)
255 S. hierzu näher E II 1.
256 BGH, NJW 2000, 1333 (1334)
257 Art. 1 § 1 RBerG i.V.m. § 134 BGB
258 §§ 133, 157 BGB

entfällt eine vertragliche Verpflichtung des Anwalts, wenn ein Wirtschaftsprüfer für die Sozietät ein Mandat über eine auf Erteilung eines Testats gerichtete Abschlußprüfung annimmt.[259]

Von der berufsrechtlich eingeschränkten Leistungspflicht ist die Frage der Haftung zu unterscheiden, auf die gesondert einzugehen ist.[260]

d) Gemeinsame Entgegennahme von Aufträgen und Honoraren als ungeschriebenes Begriffsmerkmal

Auf das Erfordernis einer „gemeinsamen Entgegennahme von Aufträgen und Entgelten" i.S. des § 28 Abs. 1 der früheren RichtlRA hat der Gesetzgeber verzichtet. Den Gesetzesmaterialien ist ein Grund hierfür nicht zu entnehmen. Die Beibehaltung dieser Voraussetzung als ungeschriebenes Begriffsmerkmal ist aus Haftungsgründen erforderlich. Auch die Bürogemeinschaft ist qua definitione an die Unterhaltung einer gemeinsamen Kanzlei gebunden. Die (innere) Zweckrichtung einer gemeinschaftlichen Berufsausübung bleibt dem Mandanten als Bürointernum regelmäßig verschlossen. Somit bedarf es weiterer, für Dritte aufgrund äußeren Verhaltens erkennbarer Abgrenzungskriterien, um die Sozietät definitorisch von der Bürogemeinschaft abzugrenzen.

Erst die gemeinsame Entgegennahme von Aufträgen und Honoraren als äußeres Anknüpfungsmerkmal erlaubt eine derartige Abgrenzung. Durch sie wird für den Mandanten der Wille zu einer überindividuellen Leistung erkennbar. Erst dieses Inaussichtstellen einer gemeinsamen Leistung rechtfertigt die gesamtschuldnerische Haftung von Mitgliedern einer Bürogemeinschaft nach den Grundsätzen der Scheinsozietät.[261]

Die Entgegennahme von Honoraren wird im Regelfall, aber nicht notwendig, über ein gemeinsames Konto erfolgen. Ausreichend ist die Vereinnahmung auf ein Konto, das nur auf den Namen eines Sozius lautet. Voraussetzung ist aber, daß alle anderen Sozien die Zahlung auf das Konto eines Kontoinhabers mit schuldbefreiender Wirkung gegen sich gelten lassen. Weitergehende Anforderungen an die Entgegennahme der Honorare würden zu einer sachlich nicht gerechtfertigten Bevormundung der Anwälte führen. Ihnen muß die Regelung des Innenverhältnisses überlassen bleiben.[262]

---

259 Kaiser/Bellstedt, Die Anwaltssozietät, 43

260 D I 7b

261 Vgl. hierzu E I 2c.

262 Henssler/Prütting-Hartung, BRAO, § 59a Rn 25; a.A. Feuerich/Braun, BRAO, § 59a Rn 8, wonach die Angabe eines Kontos, das nur auf den Namen eines Sozius lautet, das Vorliegen einer Sozietät in Frage stellt.

3. *Typologische Ausprägungen*

Die traditionelle Sozietät in der Rechtsform der BGB-Gesellschaft tritt im Rechtsverkehr in unterschiedlichen Formen auf. Folgende Gestaltungsformen lassen sich in der Praxis nachweisen:

a) *Mischsozietät*

Als Mischsozietät wird der Zusammenschluß von Anwälten in Gerichtsbezirken mit Singularzulassung bezeichnet, von denen mindestens einer nur bei einem Untergericht, ein anderer nur bei einem Obergericht zugelassen ist. Die Zulässigkeit einer Mischsozietät war bis zum Inkrafttreten der Berufsrechtsnovelle 1995 streitig.[263] Kritiker hielten der Mischsozietät entgegen, mit ihr würden die mit der Singularzulassung verfolgten Ziele umgangen. Werde das Berufungsverfahren vor dem Oberlandesgericht von dort zugelassenen Anwälten der gleichen Sozietät geführt, die bereits das erstinstanzliche Verfahren betreut hat, könne von einem „Vier-Augen-Prinzip" nicht mehr die Rede sein.[264]

In § 59a Abs. 1 S. 2 BRAO heißt es nunmehr klarstellend, „die Bestimmungen, die die Vertretung bei Gericht betreffen, stehen (dem Zusammenschluß in einer Sozietät) nicht entgegen." Damit ist die Mischsozietät gesetzlich verankert.[265]

b) *Überörtliche Sozietät*

Nach der zweiten Alternative des § 59a Abs. 2 S. 1 BRAO kann eine Sozietät auch in mehreren Kanzleien betrieben werden. Voraussetzung ist, daß in ihnen zumindest ein Mitglied der Sozietät verantwortlich tätig ist, für das die Kanzlei den Mittelpunkt seiner beruflichen Tätigkeit bildet. Damit steht auch die Zulässigkeit der früher umstrittenen[266] überörtlichen Sozietät außer Frage. Der über-

---

263 Bejahend BGH NJW 1995, 1841 (1841); OLG Düsseldorf, AnwBl 1995, 193 (194)

264 In diesem Sinne etwa Kleine-Cosack, BRAO, § 59a Rn 27

265 Feuerich/Braun, BRAO, § 59a Rn 16

266 Die Gründung einer überörtlichen Sozietät war von der Rechtsprechung zunächst als mit dem Berufsrecht unvereinbar angesehen worden, da sie gegen das Lokalisierungsgebot, die Residenzpflicht sowie das Zweigstellenverbot verstoße (BGH, NJW 1981, 2477 (2477); aus dem umfangreichen Schrifttum zustimmend etwa Feuerich, AnwBl 1989, 360 (362). Später gab der BGH in BGHZ 108, 290 (294) in Anlehnung an Salger, NJW 1988, 186 (187) seine bisherige Rechtsprechung ausdrücklich für den Fall auf, daß die beteiligten Anwälte bei bestimmten Gerichten zugelassen blieben, ihre Wohnsitzpflicht sowie die Pflicht erfüllten, am Ort ihrer Zulassung eine Kanzlei zu unterhalten. Unzulässig blieb ein überörtlicher Zusammenschluß nach

örtlichen Sozietät verwandt ist die intraurbane Sozietät, die in Ballungszentren anzutreffen ist. Ihre Besonderheit besteht darin, daß innerhalb derselben Gemeinde eine Sozietät mehrere Kanzleien unterhält.[267]

Nach dem eindeutigen Gesetzeswortlaut („Mitglied der Sozietät“) ist die verantwortliche Tätigkeit einem der Sozien zugewiesen, der damit die Aufsicht über die Kanzlei innehaben muß. Eine Delegation dieser Aufsichtsfunktion auf angestellte oder frei mitarbeitende Anwälte ist ausgeschlossen.[268]

Unzulässig ist insbesondere die gleichzeitige verantwortliche Tätigkeit eines Sozius in mehreren Kanzleien. Diese widerspricht dem Zweigstellenverbot.[269] Zweigstelle ist jede Kanzlei, die neben einer bereits bestehenden Kanzlei eingerichtet oder unterhalten wird. Mit Eingehung einer überörtlichen Sozietät wird die Kanzlei der auswärtigen Sozien für die beteiligten Anwälte jedoch noch nicht zu einer Zweigstelle. Vielmehr können auch bei einer überörtlichen Sozietät die beteiligten Anwälte weiterhin gemäß §§ 18, 27 BRAO „ihre“ Kanzlei jeweils an dem Ort des Gerichtes haben, bei dem sie zugelassen sind.[270]

Die Kanzleien der beteiligten Anwälte werden auch nicht dadurch zu Zweigstellen, daß in einer Kanzlei Mandate für den assoziierten, andernorts residierenden Anwalt entgegengenommen werden. Eine - unzulässige - Zweigstelle ist erst anzunehmen, wenn der Anwalt eine weitere Kanzlei zu einem tatsächlichen Mittelpunkt seiner beruflichen Tätigkeit, mithin zu einer „Niederlassung“ macht.[271]

Die Rechtsprechung sieht keinen Verstoß gegen den Gleichheitsgrundsatz des Art. 3 Abs. 1 GG darin, daß § 29 a BRAO Anwälten gestattet, in anderen Staaten weitere Kanzleien einzurichten.[272] Diese Vorschrift habe lediglich den Zweck, die Möglichkeiten für die internationale Betätigung und Zusammenarbeit der Anwälte zu verbessern. Aufgrund der zunehmenden internationalen Verflechtung der Wirtschaft sei der Bedarf an fachkundigem Rat über fremdes Recht im In- und Ausland stark angewachsen. Durch eine grenzüberschreitende Dienstlei-

---

dieser Entscheidung jedoch weiterhin dann, wenn ein beteiligter Anwalt die zweite Kanzlei zu einem tatsächlichen Mittelpunkt seiner beruflichen Tätigkeit machte. Nach dieser Rechtsprechung vor dem Inkrafttreten der Berufsrechtsnovelle 1995 war eine überörtliche Sozietät nur zulässig, wenn jeder Sozius ermächtigt und zugleich auch verpflichtet war, den Anwaltsvertrag mit Wirkung für und gegen alle Sozien abzuschließen und damit eine gesamtschuldnerische Haftung zu begründen; kritisch Kleine-Cosack, BRAO, § 59a Rn 26, der die Kriterien der Rechtsprechung für „kaum praktikabel, noch weniger kontrollierbar und leicht zu umgehen“ hält.

267 BGH, NJW 1994, 2288 (2288)

268 Feuerich/Braun, BRAO, § 59a Rn 9; Vorbrugg/Salzmann, AnwBl 1996, 129 (131)

269 § 28 Abs. 1 BRAO

270 BGHZ 108, 290, (294)

271 BGH, ZIP 1998, 1044 (1046)

272 BGH, ZIP 1998, 1044 (1046)

stungstätigkeit könne er nicht ausreichend gedeckt werden. Rechtsuchende benötigten vielfach, auch soweit es um die Beratung in Fragen des ausländischen Rechts geht, an ihrem Aufenthaltsort ständig ansprechbare, fachkundige Berater. Für Zweigstellen inländischer Kanzleien sei demgegenüber ein vergleichbarer Bedarf der Rechtsuchenden zu verneinen.

Dessen ungeachtet wird in den neuen Bundesländern nicht selten eine neu eröffnete Kanzlei zunächst von angestellten oder frei mitarbeitenden Anwälten geführt, um die Marktchancen zu sondieren.[273] Beschränkt sich die Überwachung derartiger Neugründungen darauf, jeweils abwechselnd einen der Sozien für bestimmte Tage in die neugegründete Kanzlei zu entsenden, bildet diese nicht den „Mittelpunkt" ihrer beruflichen Tätigkeit. *Zuck*[274] spricht in diesem Zusammenhang plastisch von „umherziehenden" Anwälten.

Gleichsam unzulässig ist es, die Tätigkeit eines Sozius auf den rein organisatorischen Bereich zu beschränken oder lediglich als Unterstützung der Nicht-Sozien im Einzelfall auszugestalten. Gefordert ist vielmehr eine Einbindung des Sozius in das Tagesgeschehen der Kanzlei, die zu einer umfassenden Bearbeitung von Anwaltsmandaten führt. Bei Zweifeln besteht für die Rechtsanwaltskammer Veranlassung, gemäß § 24 Abs. 2 der anwaltlichen BerufsO die Vorlage des Sozietätsvertrages zu verlangen.[275]

Im Ergebnis werden deutsche Anwälte aufgrund des Zweigstellenverbotes auf die überörtliche Sozietät als Gestaltungsform verwiesen. Da mit ihr zwangsläufig eine gesamtschuldnerische Haftung verbunden ist, bleibt das Zweigstellenverbot rechtspolitisch zweifelhaft.

c) Sternsozietät

§ 59a Abs. 1 S. 1 BRAO gestattet Anwälten den Zusammenschluß mit Angehörigen sozietätsfähiger Berufe in *„einer"* Sozietät. Der Gesetzgeber hat diesem Wort ausdrücklich die Bedeutung eines Zahlwortes und nicht die eines unbestimmten Artikels beigemessen[276] und will damit sog. Sternsozietäten verhindern.

---

273 Auf das Bestehen einer überörtlichen Sozietät darf nur hingewiesen werden, wenn eine solche wirklich besteht. Die Anwaltskammern können nach §§ 73 II Nr. 4, 56, 57 BRAO die Vorlage des Sozietätsvertrages oder in Ermangelung eines solchen entsprechende Erklärungen aller Sozien verlangen.

274 Zuck, NJW 1987, 3033 (3035)

275 Feuerich/Braun, BRAO, § 59a Rn 9

276 Vgl. zum Verständnis des Wortes „einer" als Zahlwort BT-Ds. 12/4993, 33; ebenso Busse, NJW 1999, 3017 (3022); Zuck, NJW 1999, 263 (265); Henssler, ZIP 1998, 2121 (2123); nunmehr auch Feuerich/Braun, BRAO, § 59a Rn 11 nach abweichender Auffassung in der Vorauflage.

Die Gegenauffassung[277] verkennt, daß der Gesetzgeber mit der Regelung des § 59e Abs. 2 BRAO zur Anwalts-GmbH das Verständnis als Zahlwort bekräftigt hat. Nach dieser Vorschrift ist es den Gesellschaftern einer Anwalts-GmbH untersagt, ihren in der Gesellschaft ausgeübten Beruf in einem „*weiteren*" beruflichen Zusammenschluß auszuüben. Diese Formulierung ist ausweislich der Gesetzesmaterialien bewußt als Parallelregelung zu § 59a Abs. 1 S. 1 BRAO gewählt worden.[278]

Das Verbot der Sternsozietät soll nach dem Willen des Gesetzgebers vornehmlich eine „Vermehrung" oder „Teilung" der anwaltlichen Berufstätigkeit verhindern.[279] Es gilt auch für eine weitere Beteiligung an einer ausländischen Berufsausübungsgesellschaft[280] und zieht damit enge Grenzen für konzernähnliche anwaltliche Verbindungen. Derartige Beratungsnetzwerke meist international tätiger Gesellschaften sollen offenbar verhindert werden. Nach dem Wortlaut des Gesetzes ist damit auch die in der Praxis nicht seltene Konstellation unzulässig, als Anwalt hauptberuflich in einer Steuerberatungs- oder Wirtschaftsprüfungsgesellschaft und nebenberuflich noch in einer Anwaltssozietät tätig zu sein.[281]

Im Widerspruch zur gesetzlichen Regelung erklärte § 31 Abs. 2 der anwaltlichen BerufsO a.F. seit dem 01.12.1998 zunächst die Mitgliedschaft von Anwälten in zwei personenidentischen Gesellschaften für zulässig.[282] Anlaß für die Konstruktion teilidentischer Gesellschaften war der steuerlich motivierte Wunsch, die „Infizierung" des nicht der Gewerbesteuer unterliegenden Anwaltseinkommens durch gewerbliche Einkünfte (Konkursverwaltung,[283] treuhänderische Tätigkeit[284]) zu vermeiden.[285] Das Bundesjustizministerium hat diese Bestimmung nicht genehmigt und damit ihr Inkrafttreten verhindert.[286]

---

277 Römermann, NJW 1998, 2249 (2252)

278 BR-Ds. 1002/97, 15

279 BT-Ds. 12/4993, 33

280 A.A. Hellwig, ZHR 161 (1997), 337 (364), der das Verbot der Sternsozietät auf nationale Sozietäten beschränken will. Diese Auffassung findet indes keine Stütze im Gesetz.

281 Haarmann, FS 50 Jahre Arbeitsgemeinschaft der Fachanwälte für Steuerrecht (1999), 515 (518); Henssler, ZIP 1998, 2121 (2121)

282 Kammermitteilung für den Oberlandesgerichtsbezirk Braunschweig Nr. 10/99, 6

283 BFH, BStBl. II 1994, 936 (938)

284 BFH, NJW 1990, 2089 (2089)

285 Steuerlicher Hintergrund für die sog. Abfärbetheorie ist folgender: Der als Einzelanwalt tätige Freiberufler kann Einkünfte aus freiberuflicher Tätigkeit nach § 18 EStG und Einkünfte aus gewerblicher Tätigkeit nach § 15 EStG getrennt steuerlich erklären. Die Einkünfte aus Konkursverwaltertätigkeit oder Treuhandtätigkeit für Bauherrengemeinschaften sind dabei gewerbesteuerpflichtig, die Einkünfte aus freiberuflicher Tätigkeit gewerbesteuerfrei. Bei Personengesellschaften besteht die Möglichkeit einer Einkünftetrennung gemäß § 15 Abs. 3 EStG nicht. Bei ihnen un-

Ebenfalls im Widerspruch zur gesetzlichen Regelung bestimmt § 31 S. 1 der anwaltlichen BerufsO,[287] daß sich ein Anwalt mit einem nichtanwaltlichen sozietätsfähigen Berufsträger i.S. des § 59a Abs. 1 BRAO nur dann verbinden dürfe, wenn auch dieser keinem weiteren beruflichen Zusammenschluß angehört. War danach zwar der Anwalt nur Mitglied einer einzigen Sozietät, aber die mit ihm assoziierten Nichtanwälte (Steuerberater, Wirtschaftsprüfer) ihrerseits Mitglieder einer weiteren Sozietät, sollte die Bildung einer Sozietät unzulässig sein.

Der BGH hat die anwaltliche BerufsO insoweit für nichtig erklärt, da es an einer Ermächtigungsgrundlage fehle.[288] Die §§ 191a Abs. 2 i.V.m 59b BRAO ermächtigten den Satzungsgeber der anwaltlichen BerufsO zur Regelung der beruflichen Rechte und Pflichten für die "Ausübung" des Anwaltsberufs. Mit § 31 S. 1 der anwaltlichen BerufsO werde jedoch eine statusbildende Entscheidung getroffen, da die Zulässigkeit der Mitgliedschaft in einer Berufsausübungsgesellschaft für die beruflichen Entwicklungsmöglichkeiten der Anwälte von wesentlicher Bedeutung sei. Ein solches Bestimmungsrecht sei dem Gesetzgeber vorbehalten, der hiervon mit Verabschiedung des § 59a Abs. 1 BRAO in abschließendem Sinne Gebrauch gemacht habe.[289] Danach seien nur Anwälte gehindert, sich in einer weiteren Berufsausübungsgesellschaft zusammenzuschließen. Sozietätshindernde Beteiligungsverbote für nichtanwaltliche Berufsträger (Steuerberater, Wirtschaftsprüfer) enthalte diese Vorschrift demgegenüber nicht.[290]

Es ist sicher kein Ruhmesblatt für die Berufsvertretung der deutschen Anwaltschaft, wenn sie sich gleich zweimal bescheinigen lassen muß, die selbst erlassene Berufsordnung verstoße gegen das Gesetz. Zugleich legt gerade dieser Umstand beredtes Zeugnis ab von den Schwierigkeiten, welche das Verbot der Sternsozietät der Anwaltschaft bereitet. Auch der Gesetzgeber ist nicht frei von

---

terliegen sowohl die gewerblichen als auch die freiberuflichen Einkünfte in vollem Umfang der Gewerbesteuer. Dieses steuerlich unerwünschte und sachlich nicht zu rechtfertigende Ergebnis läßt sich nach der finanzgerichtlichen Rechtsprechung nur dadurch lösen, daß die unterschiedlichen Tätigkeiten in verschiedenen Personengesellschaften ausgeübt werden, die auch personenidentisch sein können (BFH, NJW 1998, 3447 (3448); vgl. hierzu auch BMF-Schreiben vom 15.03.1996, DB 1996, 1160 (1160).

286 In der Satzungsversammlung der Bundesrechtsanwaltskammer vom 21./22.03.1999 wurde einer hiergegen gerichteten Klage keine Erfolgsaussicht beigemessen (Zuck, NJW 1999, 263 (265).

287 Neufassung abgedruckt in BRAK-Mitt. 1999, 121 ff.

288 ZIP 1999, 1360 (1361)

289 BGH, ZIP 1999, 1360 (1362)

290 AGH Nordrhein-Westfalen, ZIP 1998, 2161 (2162); zustimmend Haarmann in FS 50 Jahre Arbeitsgemeinschaft der Fachanwälte für Steuerrecht (1999), 515 (518); eingehend zum Regelungsspielraum des Satzungsgebers bei der Normierung berufsbeschränkender Pflichten Henssler, ZIP 1998, 2121 (2123).

Kritik. Gegen die gesetzliche Regelung des Verbots der Sternsozietät in § 59a Abs. 1 BRAO bestehen nämlich durchgreifende verfassungsrechtliche Bedenken unter dem Gesichtspunkt des Gleichbehandlungsgrundsatzes des Art. 3 Abs. 1 GG. Hierauf wird in Teil G dieser Arbeit im Gesamtzusammenhang mit den Berufsrechten der Steuerberater und Wirtschaftsprüfer näher eingegangen.

Nach Inkrafttreten des EuRAG ist auch die Europarechtskonformität des Verbots der Sternsozietät zweifelhaft geworden. Nach Art. 11 Nr. 1 und 2 der Richtlinie 98/5/EG haben Anwälte aus EU-Staaten das Recht, in Deutschland eine Berufsausübungsgesellschaft zu gründen, auch wenn sie bereits Mitglied einer anderen Berufsausübungsgesellschaft in ihrem Herkunftsstaat sind. Zwar sieht Art. 11 Nr. 1 der Richtlinie eine Vorbehaltsklausel vor, wonach die Assoziierungsmöglichkeit in einer Zweigstelle ausnahmsweise ausgeschlossen ist, wenn der Aufnahmestaat sie nach nationalem Recht nicht gestattet und diese nationalen Vorschriften im allgemeinen Interesse zum Schutz der Mandanten und Dritter gerechtfertigt sind. Die Eingehung einer weiteren Berufsausübungsgesellschaft führt jedoch nicht zur Errichtung einer Zweigstelle, so daß die Vorbehaltsklausel nicht anwendbar ist. Das insoweit nur auf deutsche Anwälte anwendbare Verbot der Sternsozietät im nationalen Recht führt damit zu einer *Inländerdiskriminierung*, da sich deutsche Anwälte bei einem rein nationalen Sachverhalt nicht auf die Richtlinie 98/5/EG berufen können. Eine Inländerdiskriminierung ist allenfalls über Art. 3 Abs. 1 GG angreifbar.[291]

d) Doppelstöckige Sozietät

Das Verbot der Mehrfachmitgliedschaft gilt nicht für die doppelstöckige Sozietät.[292] Bei ihr schließen sich zwei örtliche Sozietäten zu einer überörtlichen Obergesellschaft zusammen. Gesellschafter der Obergesellschaft sind die örtlichen Sozietäten, die als Organisationseinheiten und Innengesellschaften fortbestehen. In dieser Fortexistenz ihrer Mitglieder unter einem gemeinsamen Dach unterscheidet sich die doppelstöckige von der einfachen überörtlichen Sozietät.

Die Sozien sind über ihre örtlichen Sozietäten zugleich Mitglieder der Obergesellschaft. Die Anwälte dürfen nur noch im Namen der Obergesellschaft tätig werden, da sie andernfalls gegen das berufsrechtliche Verbot der Mehrfachmitgliedschaft verstoßen.[293]

Häufig sind doppelstöckige Sozietäten keine echten Sozietäten, sondern reine Briefkopfgemeinschaften mehrerer örtlicher Sozietäten. Diese zeichnen sich al-

291 Kilian, NJW 2001, 326 (328) m.w.N.
292 Henssler/Prütting-Hartung, BRAO, § 59a Rn 20 u. 51
293 Vgl. § 59a Abs. 1 S. 1 BRAO (in „*einer*“ Sozietät).

lenfalls durch gemeinsame Koordinierungsausschüsse bzw. Nutzung von Organisationsmitteln (EDV, Datenbanken) oder Werbemitteln (Mandantenrundschreiben) aus. In ihnen findet letztlich keine gemeinsame Mandatsbearbeitung oder gemeinsame Vereinnahmung von Honoraren statt. Sie ähneln eher einer Bürogemeinschaft. Jede örtliche Sozietät ist dann ein eigenes Profitcenter innerhalb der Obergesellschaft.

e) Internationale Sozietät

Die grenzüberschreitende Zusammenarbeit zwischen Anwälten gewinnt angesichts der Internationalisierung der Wirtschaft immer größere Bedeutung.[294] Die §§ 59a Abs. 3, 206 BRAO erlauben deshalb den Zusammenschluß mit ausländischen Anwälten in einer internationalen Sozietät. Die internationale Sozietät tritt regelmäßig in allen Staaten unter einheitlichem Namen auf.[295]

Der Zusammenschluß muß nicht selbst eine Hauptniederlassung darstellen. Zulässig ist auch die Gründung einer Zweigniederlassung im Ausland, in welcher Berufskollegen unterschiedlicher Nationalität tätig sind.

In der Praxis bestehen neuerdings auch Mischformen beruflicher Zusammenschlüsse. So bestehen Teilsozietäten, bei denen die ihr angehörenden Büros aus verschiedenen Staaten nur ganz bestimmte Rechtsgebiete (z.B. EG-Recht) in einem gemeinsamen Büro (meist in Brüssel) gemeinsam bearbeiten. Die Heimatbüros bleiben dabei jeweils selbständig.[296]

Im deutschen Recht ist sedes materiae für die Zulässigkeit internationaler Sozietäten § 59a Abs. 3 Nr. 1 BRAO. Danach können Sozietäten mit Anwälten aus Mitgliedstaaten der Europäischen Union oder anderen Staaten gebildet werden, die gemäß § 206 BRAO berechtigt sind, sich in Deutschland niederzulassen.

Das Bundesjustizministerium hat im Wege der Rechtsverordnung folgende Länder als kompatibel i. S. des § 206 Abs. 1 BRAO bestimmt: Argentinien, Brasilien, Japan, Neuseeland, Polen, Türkei, Ungarn und die USA. Eine besondere zahlenmäßige Bedeutung hat diese Vorschrift nicht erlangt. Im August 1999 waren lediglich 40 Angehörige aus Ländern der Welthandelsorganisation in Deutschland niedergelassen.[297] Die Möglichkeit der Rechtsbesorgung ist für diesen Personenkreis auf das Recht des Herkunftsstaates und das Völkerrecht beschränkt. Eine beratende oder forensische Tätigkeit im deutschen oder europäischen Recht ist diesen Angehörigen mithin untersagt. Ihre Berufstätigkeit hat

---

294 BGH ZIP 1998, 1044 (1046); Sobotta/Kleinschnittger, EuZW 1998, 645 (649)
295 Schneider, AnwBl 1991, 565 (566)
296 Schneider, AnwBl 1991, 565 (566)
297 Feuerich/Braun, BRAO, § 206 Rn 7

zwingend unter der Berufsbezeichnung des Herkunftsstaates zu erfolgen. Eine lediglich dienstleistende Berufstätigkeit ohne Begründung einer Niederlassung ist diesem Personenkreis versagt.[298]

Kompatible Berufsangehörige anderer Staaten, die weder unter das EuRAG noch unter § 206 Abs. 1 BRAO fallen, dürfen nur dann rechtsbesorgend in Deutschland tätig werden, wenn die Gegenseitigkeit verbürgt ist.[299] Für diesen Fall gilt eine Beschränkung auf das Recht des Herkunftsstaates. Auch diese Angehörigen dürfen nur unter der Berufsbezeichnung ihres Herkunftsstaates tätig werden und müssen vom Bundesjustizministerium für kompatibel erklärt werden. Von dieser Verordnungsermächtigung wurde bislang kein Gebrauch gemacht.

Wie bei Anwälten hängt auch die interprofessionelle Sozietätsfähigkeit ausländischer Steuerberater und Wirtschaftsprüfer davon ab, ob ihnen ein Zeugnisverweigerungsrecht zusteht und ihre Akten vor Beschlagnahme sicher sind. Weiterhin müssen diese Berufsangehörigen eine in der Ausbildung und in den Befugnissen nach den Bestimmungen des StBerG und der WPO entsprechende Tätigkeit ausüben. Diese Voraussetzungen erfüllen derzeit Steuerberater und Wirtschaftsprüfer in Österreich, Frankreich, Großbritannien und Italien.[300] Ebenfalls werden deutsche Standards von Wirtschaftsprüfern in Belgien, Dänemark, Finnland, Griechenland, Großbritannien, Irland, Italien, Luxemburg, Norwegen, Österreich, Portugal und Schweden erfüllt.[301]

4. *Gesellschafterkreis*

Anwälte dürfen sich nur untereinander und mit bestimmten anderen Freiberuflern in einer Sozietät zum Zwecke gemeinsamer Berufsausübung verbinden.[302] Solchen fachübergreifenden Zusammenschlüssen werden aufgrund höherer Leistungsfähigkeit der Sozien erhebliche Wettbewerbsvorteile prognostiziert.[303] Im

298 Feuerich/Braun, BRAO, § 206 Rn 6

299 § 206 Abs. 2 BRAO

300 Kuhls/Meurers/Maxl/Schäfer/Goez, StBerG, § 56 Rn 53 ff.

301 Feuerich/Braun, BRAO, § 59a Rn 19

302 § 59a Abs. 1 BRAO

303 Pritchard, Kanzleien in Deutschland 2000/2001, 20; Henssler, NJW 1993, 2137 (2144); Hommerich, AnwBl 1990, 410 (414); nicht selten wendet sich der Mandant mit Rechtsfragen zunächst an seinen Steuerberater, weil ihn mit diesem ein Dauermandat verbindet. Der Steuerberater wird seinen Mandanten sodann in aller Regel an einen fachlich qualifizierten Anwalt der eigenen Sozietät weiterempfehlen.

folgenden ist zu untersuchen, welche Grenzen es für eine interprofessionelle Zusammenarbeit gibt.

a) Zusammenschlußverbote

Nach § 59a Abs. 1 BRAO „dürfen" sich Anwälte mit Mitgliedern von Anwalts- und Patentanwaltskammern, Steuerberatern, Steuerbevollmächtigten, Wirtschaftsprüfern und vereidigten Buchprüfern in einer Sozietät verbinden. Der Kreis der sozietätsfähigen Berufe ist abschließend geregelt.[304] Es ist Anwälten deshalb untersagt, sich etwa mit Ärzten, Architekten, Ingenieuren, Maklern oder Unternehmensberatern[305] zu gemeinschaftlicher beruflicher Zusammenarbeit in einer Sozietät zu verbinden. Mit diesen Berufsgruppen ist lediglich eine parallele Mandatsbearbeitung außerhalb einer gemeinsamen Kanzlei möglich.

Nicht ausgeschlossen ist auch die Gründung einer anlaßbezogenen Arbeitsgemeinschaft, die ihrerseits eine BGB-Gesellschaft ist. Diese kann selbst Vertragspartner des Mandanten werden. Zu beachten ist in jedem Fall, daß sich die gemeinsame Mandatsbearbeitung außerhalb einer gemeinsamen Kanzlei vollzieht, da anderenfalls eine nach § 59a Abs. 1 BRAO gesetzwidrige Sozietät nicht sozietätsfähiger Berufsgruppen entsteht.

b) Berufspolitische Kritik

Die Beschränkung des Gesellschafterkreises auf Freiberufler der rechts- und wirtschaftsberatenden Disziplinen sieht sich erheblicher Kritik ausgesetzt.[306] Eine wirtschaftlich erfolgreiche Gründung von Unternehmen oder ihre Restrukturierung erfordert den Sachverstand von Unternehmensberatern. Für einen komplizierten Arzthaftpflichtprozeß benötigt der Anwalt medizinische Kenntnisse und ein Grundverständnis naturwissenschaftlicher Zusammenhänge. Ähnliches gilt für den Bauprozeß, der planerischen und ingenieurwissenschaftlichen Sachverstand erfordert, sowie für den Bereich der Informationstechnologie. Ist dem Anwalt z.B. nicht bekannt, in welchem Umfang bei der Pflege oder Neuinstallation bestimmter Software ein damit betrauter externer Techniker oder Program-

304 AGH Baden-Württemberg, BRAK-Mitt. 1995, 169 (170); Loewer, BRAK-Mitt. 1994, 186 (190); Feuerich/Braun, BRAO, § 59a Rn 15; Henssler-Prütting, BRAO, § 59a Rn 72

305 AGH Baden-Württemberg, BRAK-Mitt. 1995, 169 (170) für Unternehmensberater; Henssler/Prütting-Hartung, BRAO, § 59a Rn 72; zur Diskussion über die Notwendigkeit einer Erweiterung der sozietätsfähigen Berufe vgl. etwa Kleine-Cosack, BRAO, § 59a Rn 13; Ewer, AnwBl 1995, 161 ff. und AnwBl 2000, 71 ff.

306 Umfassend hierzu Michalski/Römermann, PartGG, § 1 Rn 124; Gotzens, Diss., 141

mierer Einblick in personenbezogene Daten erhält, wird er seinen Mandanten mit Blick auf eine mögliche Strafbarkeit gemäß § 203 StGB wegen Verstoßes gegen die Verschwiegenheitspflicht nicht kompetent beraten können.[307] Spezialisierte Anwälte bedienen sich deshalb zunehmend des know-hows dieser Berufsgruppen, ohne welches eine sachgerechte Prozeßführung, mediative Streitschlichtung oder streitverhindernde Rechtsgestaltung ausgeschlossen ist.

Inzwischen sind auch die Grenzen von reiner Rechtsberatung und allgemeiner Wirtschaftsberatung fließend geworden. Häufig ist nicht die Lösung bestimmter Details eines regelungsbedürftigen Lebenssachverhalts gefragt, sondern vielmehr ein „Projektmanagement". Bei komplexen Sachverhalten mit einem erheblichen Planungsaufwand ist der Anwalt zunehmend als Mitgestalter und weniger als Rechtsberater angesprochen. Ihm obliegt es, im Zusammenwirken mit anderen Berufsträgern eine Lösung „aus einer Hand" anzubieten. Als Beispiel mag die Erstellung eines Klinikkonzeptes dienen, an dem Anwälte, Ärzte, Architekten, Wirtschaftsprüfer und Steuerberater gemeinsam mitwirken.[308]

Die Alternative zu einer Assoziierung - die Bildung einer Arbeitsgemeinschaft oder eine parallele Mandatsbearbeitung - ist beschwerlich. Es kommt zu Reibungsverlusten infolge von Informationsdefiziten. Kurze, klärende Gespräche „auf dem Gang" des gemeinsamen Büros sind nicht möglich. Nicht selten entwickelt sich erst aus der erleichterten Kontaktaufnahme innerhalb der Sozietät eine überindividuelle schöpferische Leistung. Dies erklärt, warum interprofessionelle Zusammenschlüsse auf dem Vormarsch sind.

Zudem ist angesichts der technischen Möglichkeiten des Datenaustausches in vernetzten Systemen eine Abgrenzung zwischen (zulässiger) Arbeitsgemeinschaft und (unzulässiger) Zusammenarbeit mit gemeinsamer Kanzlei zunehmend fragwürdig. Der Zugriff auf fremde Daten setzt heute keine gemeinsame Kanzlei als Basis einer beruflichen Zusammenarbeit mehr voraus. Daten sind überall und zu beliebiger Zeit verfügbar und damit nicht mehr an einen räumlichen Bezugspunkt gebunden.

c) *Verfassungsmäßigkeit der Zusammenschlußverbote*

Die abschließende Regelung des Gesellschafterkreises in § 59a Abs. 1 BRAO stellt einen Eingriff in den Schutzbereich der Berufsfreiheit des Art. 12 Abs. 1 GG dar. Betroffen ist nicht die Berufswahl als solche, sondern lediglich die Be-

307 Ewer, AnwBl 2000, 71 (72)
308 Stobbe, NJW 1991, 2041 (2048); in diesem Sinne auch Busse, AnwBl 1994, 482 (486)

rufsausübungsfreiheit, die auch die unternehmerische Organisationsfreiheit mit umfaßt.[309]

Die Berufsfreiheit kann durch Gesetz oder aufgrund eines Gesetzes eingeschränkt werden. Hierzu bedarf es nach der Rechtsprechung eines vorrangigen Gemeinwohlinteresses.[310] Zur Erreichung dieses Zweckes muß die Regelung geeignet, erforderlich und verhältnismäßig sein. Geeignetheit ist zu bejahen, wenn mit Hilfe der angestrebten Regelung der beabsichtigte Erfolg gefördert werden kann.[311] Erforderlich ist eine Regelung dann, wenn eine andere, gleich wirksame einschränkende Regelung nicht zur Verfügung steht.[312] Schließlich muß die einschränkende Regelung verhältnismäßig i.e.S., mithin für den Betroffenen zumutbar sein. Hierfür gilt, daß das Gemeinwohlinteresse umso schwerer wiegen muß, je empfindlicher in die Berufsfreiheit eingegriffen wird.[313]

Von der h.M. werden zur Rechtfertigung der anwaltlichen Zusammenschlußverbote im wesentlichen drei Argumente genannt. Diese werden im folgenden nach Maßgabe der verfassungsrechtlichen Vorgaben überprüft:

aa) Das Argument beruflicher Unabhängigkeit

Zusammenschlußverbote werden von der h.M. mit der Verpflichtung des Anwalts zu beruflicher Unabhängigkeit begründet.[314] Der Anwalt ist verpflichtet, seine berufliche und persönliche Unabhängigkeit nach allen Seiten zu wahren.[315] Dies schließt auch die Unabhängigkeit im Rahmen eines gesellschaftsrechtlichen Zusammenschlusses ein.

Gegen Zusammenschlußverbote wenden *Kaiser/Bellstedt*[316] ein, die Beschränkung der Assoziierungsmöglichkeit auf Freiberufler sei überhaupt nicht begründbar. An dieser Kritik ist im Ausgangspunkt richtig, daß Art. 12 Abs. 1 GG ein Abwehrrecht auch gegen berufsrechtliche Festlegungen durch den Gesetzgeber gewährt. Die Kritik übersieht jedoch, daß die Berufsfreiheit nicht

---

309 BVerfGE 50, 290 (363); Maunz/Dürig/Herzog/Scholz-ders., GG, Art 12 Rn 185; der ebenfalls nach seinem Schutzbereich betroffene Art. 9 Abs. 1 GG (Versammlungsfreiheit) ist daneben subsidiär, vgl. BVerfGE 54, 237 (251); 50, 290 (353).

310 BVerfGE 30, 292 (316); 7, 377 (405)

311 BVerfGE 81, 156 (192)

312 BVerfGE 70, 1 (28); 61, 291 (314); näher hierzu Maunz/Dürig/Herzog/Scholz-ders., GG, Art. 12 Rn 318

313 BVerfGE 81, 156 (195); 30, 292 (316)

314 Lingenberg/Hummel/Zuck/Eich-Zuck, Kommentar zu den Grundsätzen des anwaltlichen Standesrechts, § 30 Rn 29

315 Feuerich/Braun, BRAO, § 1 Rn 20 m.w.N.

316 So aber Kaiser/Bellstedt, Die Anwaltssozietät, 30; dagegen Michalski/Römermann, NJW 1996, 3233 (3234)

schrankenlos gewährleistet wird. Der Einzelne hat deshalb kein Recht, sich ein eigenes Berufsbild zu schaffen und hierauf gestützt eine gesetzgeberische Einschränkung zu unterbinden. Vielmehr verfügt der Gesetzgeber auch im Rahmen des Art. 12 Abs. 1 GG verfassungsrechtlich über ein hohes Maß an eigener Konkretisierungskompetenz für die Ausgestaltung eines Berufes.[317] Er darf ein Berufsbild rechtlich festlegen und damit die freie Berufswahl verengen oder ganz ausschließen.[318] Der Adressat der berufsrechtlichen Regelungen muß den gewählten Beruf grundsätzlich in der Form hinnehmen, wie ihn der Gesetzgeber ausgestaltet hat. Verfassungswidrig sind berufsrechtliche Regelungen deshalb erst, wenn der Gesetzgeber gegen das Willkürverbot verstößt.[319] Der Grundsatz „in dubio pro libertate" gilt deshalb nur und soweit, wie der Gesetzgeber von seiner Konkretisierungskompetenz keinen Gebrauch macht.

Die Verpflichtung zu beruflicher Unabhängigkeit folgt aus § 3 Abs. 1 BRAO. Sie ergibt sich unabhängig davon bereits aus dem Umstand, daß der Anwalt einen „freien" Beruf ausübt. Anders als eine gewerbliche Tätigkeit zeichnet sich die freiberufliche Tätigkeit durch Besonderheiten aus, wenngleich es an einer justiziablen Definition fehlt.[320] Der Gesetzgeber hat diese Besonderheiten in § 1 Abs. 2 PartGG wie folgt umschrieben:

> „Die Freien Berufe haben im allgemeinen auf der Grundlage besonderer beruflicher Qualifikation oder schöpferischer Begabung die persönliche, eigenverantwortliche und fachlich unabhängige Erbringung von Dienstleistungen höherer Art im Interesse der Auftraggeber und der Allgemeinheit zum Inhalt."

Mit dem Hinweis auf eine Dienstleistung höherer Art im Interesse (auch) der Allgemeinheit nimmt der Gesetzgeber auf einen vorgegebenen Zentralwert Bezug („Rechtspflege").[321] Den Anwalt kennzeichnet darüber hinaus, daß ihm der Mandant ein besonderes Vertrauen entgegenbringt. Dieses Vertrauen beruht im wesentlichen auf einer erheblichen Wissensdistanz zum Laien und damit auf der besonderen beruflichen Qualifikation des Anwalts.[322] Er gehört einem verkammer-

---

317 Maunz/Dürig/Herzog/Scholz-ders., GG, Art. 12 Rn 261 und 271

318 BVerfGE 54, 301 (314); 13, 97 (106)

319 Eingehend zur Typisierungs- und Fixierungskompetenz des Gesetzgebers Maunz/Dürig/Herzog/Scholz-ders., GG, Art. 12 Rn 271 m.w.N.

320 BVerfGE 10, 354 (364); 11, 105 (117)

321 Vgl. § 1 BRAO.

322 Demgegenüber dürfte der häufig betonte Verzicht auf ein vorrangiges Gewinnstreben eher einer idealisierenden berufsethischen Überhöhung des Anwaltsberufes entspringen (in diesem Sinne auch Michalski, Das Gesellschafts- und Kartellrecht der berufsrechtlich gebundenen freien Berufe, 118).

ten Berufsstand an und ist einer eigenständigen Berufsaufsicht unterworfen, um ein bestimmtes Berufsethos aufrechtzuerhalten.[323]

Eine zentralwertbezogene Berufsausübung setzt die Unabhängigkeit des Anwalts voraus. Der Anwalt darf keinen Bindungen unterliegen, die seine berufliche Entscheidungsfreiheit gefährden könnten. Er soll nicht zu einem Verhalten gezwungen werden, das mit dem Gesetz oder den anwaltlichen Berufspflichten unvereinbar ist. Die Unabhängigkeit besteht zum einen gegenüber der Justizverwaltung. Der Anwalt ist Organ der „Rechtspflege“, nicht etwa der Justiz. Ihren Ausdruck findet diese Staatsunabhängigkeit nicht zuletzt in der autonomen Berufsaufsicht durch die Rechtsanwaltskammer mit ihrer Berufsgerichtsbarkeit. Seine Unabhängigkeit hat der Anwalt darüber hinaus gegenüber jedermann zu wahren, wie etwa das Vertretungsverbot für Syndikusanwälte belegt.[324] Auch innerhalb einer Berufsausübungsgesellschaft muß der Gesellschaftsvertrag so ausgestaltet sein, daß keiner der beteiligten Anwälte seine berufliche Unabhängigkeit verliert.[325]

Das Erfordernis anwaltlicher Unabhängigkeit bietet damit zunächst einen plausiblen Anknüpfungspunkt für anwaltliche Zusammenschlußverbote. Die grundsätzliche Verschiedenheit von freiberuflicher und gewerblicher Tätigkeit rechtfertigt es, einer Vermischung beruflicher Zusammenarbeit zu begegnen. Hierdurch läßt sich eine „Kommerzialisierung“ anwaltlicher Berufsausübung vermeiden.

Damit sind die Zusammenschlußverbote des § 59a Abs. 1 BRAO verfassungsgemäß, soweit sie eine Assoziierung nur mit Freiberuflern sicherstellen wollen. Der Ausschluß beruflicher Zusammenarbeit mit Gewerbetreibenden (etwa Unternehmensberater oder Makler) ist deshalb verfassungsrechtlich unbedenklich.

bb) Das Argument der Artverwandtschaft

Als weiteres Argument für die Zulässigkeit von Zusammenschlußverboten in § 59a BRAO führt die h.M. die Artverwandtschaft anwaltlicher Tätigkeit mit rechts- und wirtschaftsberatenden Disziplinen an.[326]

---

323 Michalski, Das Gesellschafts- und Kartellrecht der berufsrechtlich gebundenen freien Berufe, 15 ff.

324 § 46 BRAO, wonach der Anwalt, der in einem ständigen Dienstverhältnis steht, seinen Arbeitgeber vor Gericht nicht anwaltlich vertreten darf

325 Boele, Diss., 1

326 Lingenberg/Hummel/Zuck/Eich-Zuck, Kommentar zu den Grundsätzen des anwaltlichen Standesrechts, § 30 Rn 29

Nicht sozietätsfähig sind danach etwa der Arzt, Architekt oder Ingenieur, obwohl diese Berufsgruppen ebenfalls Leistungen höherer Art erbringen. Sie sind - anders als Unternehmensberater und Makler - in den Katalog freier Berufe des § 1 Abs. 2 PartGG aufgenommen und unterliegen einer eigenständigen Berufsaufsicht. Der Vertrauensaspekt ist dabei in der Beziehung zwischen (nicht sozietätsfähigem) Arzt und Patient noch stärker ausgeprägt als im Verhältnis zwischen (sozietätsfähigem) Steuerberater und Mandant. Der Grund hierfür liegt darin, daß die steuerberatende Tätigkeit letztlich „nur" vermögensrechtliche Aspekte berührt. Es bedarf deshalb der Prüfung, ob das Kriterium der Artverwandtschaft geeignet ist, berufliche Zusammenschlüsse mit anderen Freiberuflern auszuschließen.

Die Prüfung hat auszugehen vom Gegenstand anwaltlicher Tätigkeit: der Erbringung einer Dienstleistung.[327] Diese ist so kompetent wie möglich zu erbringen, wenn sie wirksame Interessenvertretung und Beitrag zur Rechtspflege sein soll. Der Mandant bedarf weniger des Schutzes vor einer möglichen Verletzung der Verschwiegenheitspflicht als vielmehr des Schutzes vor fehlerhafter Beratung.

Ausgehend von dem Ziel einer möglichst kompetenten Beratung, auf die der Mandant vertraut, muß es dem Anwalt selbst überlassen bleiben, welcher Spezialisten er sich bei der Lösung komplexer Fragestellungen bedient. Dies kann im Einzelfall ein Arzt, Architekt, Ingenieur, aber auch jeder andere Freiberufler sein. Genau diese Wahlmöglichkeit wird dem Anwalt durch die Zusammenschlußverbote des § 59a Abs. 1 BRAO genommen. Die gesetzliche Regelung stellt damit den Dienstleister und nicht das Ergebnis seiner Tätigkeit - die Dienstleistung - in den Mittelpunkt.

Das Argument der Artverwandtschaft bestimmter Berufsgruppen offenbart einen nicht mehr zeitgemäßen Ansatz. Das besondere Vertrauensverhältnis zwischen Anwalt und Mandant ist gefährdet, wenn dieser nicht mehr davon ausgehen kann, daß der Anwalt den sachlichen Hintergrund des Mandats versteht.

Es muß dem Anwalt deshalb möglich sein, auf das Grundlagenwissen auch der nicht rechts- oder wirtschaftsberatend tätigen Disziplinen zurückzugreifen. Soweit der Anwalt an einer dauerhaften beruflichen Zusammenarbeit mit diesem Personenkreis gehindert wird, gehen Zusammenschlußverbote zu Lasten der Qualität anwaltlicher Dienstleistung. Dies führt im Ergebnis zu einer Schlechterstellung des Mandanten, an dessen Schutz dem Gesetzgeber in besonderer Weise gelegen sein muß.

---

327 So im Regelfall der anwaltlichen Beratung oder Vertretung vor Gericht, vgl. C III 1.

Die Artverwandtschaft der in § 59a Abs. 1 BRAO genannten Berufsgruppen kann deshalb die Zusammenschlußverbote im bisherigen Umfang nicht begründen.

cc) Das Argument der Wahrung des Berufsgeheimnisses

Die Zusammenschlußverbote des § 59a Abs. 1 BRAO werden von der h.M. auch mit der Gefahr einer Verletzung des anwaltlichen Berufsgeheimnisses begründet.[328] Befürchtet wird, daß etwa der Arzt, Architekt oder Ingenieur als Zeuge in einem Prozeß des Anwaltssozius aussagen könnte. Zugleich unterlägen auch die Akten des Anwaltssozius der Beschlagnahme, wenn eine Assoziierung mit diesen Berufsgruppen zulässig wäre.[329]

Diesem Argument liegt die richtige Überlegung zugrunde, daß die Sozietät ihrer ganzen Zielrichtung nach auf Gedankenaustausch angelegt ist. Erst dieser Austausch ermöglicht eine überindividuelle schöpferische Leistung, die sich in einer verbesserten anwaltlichen Dienstleistung niederschlagen kann. Dies schließt naturgemäß die Kenntnis auch der nichtanwaltlichen Sozien von geheimhaltungsbedürftigen Tatsachen und die Einsichtnahme in Anwaltsakten ein.

Eine Gefährdung des Berufsgeheimnisses ist im Falle einer Assoziierung allerdings mit Blick auf bestimmte Berufsgruppen von vornherein ausgeschlossen. So bestehen mit Blick auf den Schutz des Berufsgeheimnisses bei Ärzten keine Unterschiede zu Anwälten.[330] Gleichwohl ist nach § 59a Abs. 1 BRAO eine Sozietät mit Ärzten ausgeschlossen.

Für andere Disziplinen ist hingegen näher zu untersuchen, ob eine Gefährdung des Berufsgeheimnisses eintritt, wenn der Kreis sozietätsfähiger Berufsträger über den jetzigen Wortlaut der Vorschrift erweitert wird. Zu denken ist etwa an Architekten und Ingenieure. Diese sind regelmäßig freiberuflich tätig, können sich jedoch nicht unmittelbar auf das Berufsgeheimnis schützende strafrechtliche und strafprozessuale Bestimmungen berufen.[331]

Die Prüfung hat von den drei Regelungsbereichen auszugehen, durch welche der Schutz des Berufsgeheimnisses gesetzlich gewährleistet wird:

- das Zeugnisverweigerungsrecht[332]
- die Beschlagnahmefreiheit von Akten[333] und die

---

328 Begründung zum Regierungsentwurf der BRAO-Novelle BT-Ds. 12/4993, 34; Vorbehalt der Koalitionsarbeitsgruppe beim Bundeskabinett, EuZW 1992, 543 (544); Stobbe, NJW 1991, 2041 (2048); Hartstang, Anwaltsrecht, 54

329 Michalski/Römermann, NJW 1996, 3233 (3234)

330 §§ 203 Abs. 1 Nr. 1 StGB, 53 Abs. 1 Nr. 3 StPO

331 Vgl. §§ 203 StGB, 53 StPO, in denen beide Berufsgruppen nicht genannt sind.

332 §§ 53 ff. StPO

- Verschwiegenheitspflicht.[334]

(1) Zeugnisverweigerungsrecht

Für die Zulässigkeit von Zusammenschlußverboten könnte sprechen, daß den nicht in § 59a Abs. 1 BRAO genannten Berufsgruppen kein spezifisches Zeugnisverweigerungsrecht gemäß § 53 StPO zusteht. Weder Architekten noch Ingenieure sind in dem abschließenden[335] Gesetzeskatalog genannt.

Ebenfalls kein Zeugnisverweigerungsrecht besteht nach bisher h.M. für ausländische Anwälte, auch wenn ihnen im Herkunftsstaat ein solches Recht zusteht. Danach kann sich zwar der deutsche Anwalt einer internationalen Sozietät vor Gericht auf § 53a StPO berufen, nicht hingegen sein ausländischer Sozius.[336] Begründet wird diese Ungleichbehandlung damit, der Gesetzgeber habe das Privileg des Zeugnisverweigerungsrechts an formalisierte Voraussetzungen geknüpft, die jederzeit leicht überprüfbar sein müßten. Angesichts der Globalisierung anwaltlicher Tätigkeit ist diese Auffassung jedoch nicht mehr haltbar. Soweit ausländische Anwälte Dienstleistungen im Inland erbringen dürfen,[337] müssen ihnen die gleichen Rechte zustehen wie ihren deutschen Kollegen. Diese Verpflichtung zur Gleichstellung folgt bereits aus Art. 3 Abs. 3 GG, wonach eine Benachteiligung aus Gründen der Herkunft unzulässig ist.[338]

Unabhängig von diesen gesetzlichen Wertungswidersprüchen ist das anwaltliche Berufsgeheimnis aber auch bei einer Erweiterung des Gesellschafterkreises nicht gefährdet. *Michalski/Römermann*[339] haben zutreffend darauf hingewiesen, daß auch anderen als den in § 59a Abs. 1 BRAO genannten Personen ein abgeleitetes Zeugnisverweigerungsrecht zusteht. Dieses läßt sich aus einer berufsbezogenen *Gehilfeneigenschaft* im Verhältnis zum mandatsbetreuenden Anwalt herleiten. Nach § 53a StPO können Gehilfen von Anwälten das Zeugnis verweigern. Gehilfen sind alle Personen, die eine Tätigkeit ausüben, die in unmittelbarem Zusammenhang mit der Berufsausübung des Anwalts stehen. Die

---

333 § 97 StPO
334 § 203 StGB
335 Die Rechtsprechung hat eine analoge Anwendung des Zeugnisverweigerungsrechts auf andere Berufsgruppen stets abgelehnt, vgl. BVerfGE 38, 312 (321). Da der Staat mit dem Zeugnisverweigerungsrecht auf eine vollständige Wahrheitsermittlung verzichte, sei eine restriktive Auslegung geboten.
336 Löwe/Rosenberg-Dahs, StPO (24. Auflage), § 53 Rn 29 m.w.N.
337 Rechtsanwaltsdienstleistungsgesetz (RADG) vom 16.08.1980, BGBl. I, 1453 ff.;
338 Löwe/Rosenberg-Dahs, StPO, § 53 Rn 6 m.w.N.
339 NJW 1996, 3233 (3235)

gelegentliche Mithilfe reicht aus.[340] Ein abhängiges Beschäftigungsverhältnis oder eine Weisungsunterworfenheit ist nicht Voraussetzung.[341]

Werden einem in Sozietät mit einem Anwalt tätigen, nicht in § 59a Abs. 1 BRAO genannten Berufsträger deshalb geheimhaltungsbedürftige Informationen bekannt, steht ihm bereits aufgrund seiner Gehilfeneigenschaft ein Zeugnisverweigerungsrecht zu.[342] Damit kann eine Gefährdung des Zeugnisverweigerungsrechts die Zusammenschlußverbote des § 59a Abs. 1 BRAO in ihrem bisherigen Umfang nicht rechtfertigen.

(2) Beschlagnahmefreiheit von Akten

Weiterhin wird für eine Gefährdung des anwaltlichen Berufsgeheimnisses die Beschlagnahmefreiheit von Anwaltsakten angeführt.

Die Beschlagnahmeverbote des § 97 StPO dienen dem Zweck, eine Umgehung des Zeugnisverweigerungsrechts zu verhindern. Der staatliche Zugriff auf Beweismaterial soll unabhängig davon unterbunden werden, ob es sich im Gewahrsam des Zeugnisverweigerungsberechtigten selbst oder seines Gehilfen befindet. Dies stellt der gesetzliche Verweis in § 97 Abs. 4 StPO auf die für Gehilfen geltende Vorschrift des § 53a StPO klar.[343]

Nach herrschender Ansicht genügt Mitgewahrsam der Sozien an Akten.[344] Somit sind Akten auch dann geschützt, wenn nur einem Sozius das Zeugnisverweigerungsrecht zusteht.[345] Mitgewahrsam liegt bei allen Mitgliedern einer Sozietät vor, da für diese die Unterhaltung einer gemeinschaftlichen Kanzlei Voraussetzung ist.[346] In einer gemeinschaftlichen Kanzlei wiederum hat jeder Sozius die Möglichkeit des ungehinderten Zugriffs auf Akten und ist damit Gewahrsamsinhaber.

Deshalb kann auch die Beschlagnahmefreiheit von Akten die Zusammenschlußverbote des § 59a Abs. 1 BRAO in ihrem bisherigen Umfang nicht begründen.

---

340 Löwe/Rosenberg-Dahs, StPO, § 53a Rn 2

341 Kleinknecht/Meyer-Goßner, StPO, § 53a Rn 2

342 Michalski/Römermann, NJW 1996, 3233 (3235); dieser wird etwa bei rein zufälliger Kenntnisnahme Dritter (z.B. Reinigungskräfte, Wartungspersonal von EDV-Geräten, Pförtner) fehlen.

343 Kleinknecht/Meyer-Goßner, StPO, § 97 Rn 1

344 Löwe/Rosenberg-Schäfer, StPO, § 97 Rn 18

345 Löwe/Rosenberg-Schäfer, StPO, § 97 Rn 18

346 § 59a Abs. 2 BRAO

(3) Verschwiegenheitspflicht

Schließlich werden Zusammenschlußverbote damit begründet, daß § 203 StGB die Verletzung von Privatgeheimnissen nur für bestimmte Berufsgruppen unter Strafe stellt.[347]

Hieran ist richtig, daß die in dieser Vorschrift nicht genannten Berufsträger im Falle einer Assoziierung mit einem Anwalt keiner eigenständigen Schweigepflicht unterliegen. Gleichwohl ergibt sich eine Einbeziehung dieser Berufsgruppen in den strafrechtlichen Gebotsbereich auch hier aus ihrer Gehilfeneigenschaft i.S. des § 203 Abs. 3 StGB.[348] Für den Gehilfenbegriff gelten die obigen Ausführungen zum Zeugnisverweigerungsrecht entsprechend.

Stützt man die anwaltliche Schweigepflicht nicht auf das Strafrecht, sondern auf die berufsrechtliche Regelung des § 43a Abs. 2 BRAO, könnten sich allerdings Schutzlücken für den Mandanten ergeben. Nach dieser Vorschrift bezieht sich die Pflicht des Anwalts zur Verschwiegenheit auf alles, was ihm in Ausübung seines Berufs bekannt geworden ist. Sie geht damit über § 203 Abs. 1 Nr. 3 StGB hinaus, der lediglich den Schutz fremder *Geheimnisse* gewährleistet. Als geheim sind dabei Tatsachen anzusehen, die nur einem beschränkten Personenkreis bekannt sind und an deren Geheimhaltung der Betroffene ein schutzwürdiges Interesse hat.[349]

Das berufsrechtliche Sanktionensystem der BRAO[350] gilt nur für Mitglieder der Rechtsanwaltskammern und enthält keine Regelungen für Gehilfen des Anwalts. Eine abschließende Regelung war vom Gesetzgeber auch nicht intendiert. Denn dieser hat gemäß § 59b Abs. 2 Nr. 1c BRAO die Anwaltschaft ausdrücklich dazu ermächtigt, die Verschwiegenheitspflicht detailliert in der anwaltlichen BerufsO zu regeln.[351] Von dieser gesetzlichen Ermächtigung hat der Satzungsgeber mit § 2 Abs. 4 der anwaltlichen BerufsO Gebrauch gemacht. Danach ist der Anwalt verpflichtet,

---

347 Der Katalog der zur Verschwiegenheit verpflichteten Berufsgruppen ist weiter gefaßt als derjenige des § 53 StPO über das Zeugnisverweigerungsrecht. So unterliegen z.B. Tierärzte und Berufspsychologen der Schweigepflicht, ohne daß ihnen ein Zeugnisverweigerungsrecht zusteht.

348 Michalski/Römermann, NJW 1996, 3233 (3236); Schönke/Schröder-Lenckner, StGB, § 203 Rn 64; a.A. Leipziger Kommentar-Jähnke, StGB, § 203 Rn 107

349 Vgl. Tröndle/Fischer, StGB, § 203 Rn 2.

350 Rügerecht des Vorstands der Rechtsanwaltskammer (§ 74), anwaltsgerichtliche Maßnahmen: Warnung, Verweis, Geldbuße, zeitweises Berufsverbot, Ausschließung aus der Rechtsanwaltschaft (§ 114)

351 So zu Recht Pfordte/Gotzens, BRAK-Mitt. 1997, 82 (84)

„...seine Mitarbeiter und alle sonstigen Personen, die bei seiner beruflichen Tätigkeit mitwirken, zur Verschwiegenheit ausdrücklich zu verpflichten und anzuhalten.“

Die Verletzung dieser Belehrungspflicht unterliegt dem gleichen berufsrechtlichen Sanktionensystem wie die Verletzung der Verschwiegenheitspflicht durch den Anwalt selbst. Dies schließt nicht aus, daß trotz entsprechender Belehrung nichtanwaltliche Berufsträger im Einzelfall gegen die Verschwiegenheitspflicht verstoßen. Die Möglichkeit, daß ein derartiger Verstoß mangels Anwendbarkeit der anwaltlichen BerufsO berufsrechtlich nicht geahndet werden kann, ist ein zureichender Grund für Zusammenschlußverbote. Zu berücksichtigen ist, daß unterhalb der Ebene der Strafbarkeit nur in seltenen Fällen zivilrechtliche Ansprüche geltend gemacht werden können. Da vertragliche Rechtsbeziehungen nicht bestehen, kommen nur deliktsrechtliche Ansprüche in Betracht.[352]

Auch wenn Verletzungen der Verschwiegenheitspflicht die Ausnahme sein werden, besteht ein Interesse daran, die Verschwiegenheit durch ein präventiv wirkendes Sanktionensystem umfassend zu gewährleisten. Dieses Interesse bildet den rechtfertigenden Grund dafür, denjenigen Personen, die keinem Berufsrecht unterworfen sind, eine berufliche Zusammenarbeit mit Anwälten zu untersagen.

Demgegenüber kann der Hinweis auf die Gefährdung der Verschwiegenheitspflicht nicht begründen, warum eine Assoziierung mit Berufsträgern unzulässig sein soll, die sowohl strafrechtlich als auch berufsrechtlich einer Verschwiegenheitspflicht unterliegen (etwa Ärzte).

dd) Ergebnis

Die h.M. vermag die Zusammenschlußverbote des § 59a Abs. 1 BRAO nicht in vollem Umfang zu rechtfertigen. Sie sind wegen Verstoßes gegen das Willkürverbot verfassungswidrig, soweit sie auch für Freiberufler (etwa Ärzte) gelten, die einer vergleichbaren berufsrechtlichen Pflicht zur Wahrung des Berufsgeheimnisses unterliegen wie Anwälte.[353] Der gleiche Maßstab ist auch für die Zusammenarbeit aus Sicht des ärztlichen Berufsrechts anzulegen. Auch § 23 b S. 1 MBO-Arzt,[354] der eine berufliche Zusammenarbeit von Ärzten mit Nichtärzten

---

352 Vgl. hierzu C III 2.

353 So im Ergebnis auch Gotzens, Diss., 203; ihm zufolge ist § 59a BRAO verfassungskonform dahingehend auszulegen, daß die Aufzählung der hierin genannten Berufsträger nicht abschließend ist. Dieses Ergebnis erscheint angesichts des klaren Wortlauts des § 59a BRAO *„dürfen sich...zusammenschließen“* und der Quellenlage zweifelhaft.

354 Abgedruckt in Eggesiecker, Die Partnerschaftsgesellschaft für Freie Berufe, Abschnitt E

nur erlaubt, wenn keine Heilbehandlung am Menschen ausgeübt wird, ist deshalb verfassungswidrig.

ee) Sonderfall: Anwaltsnotar

Anwaltsnotare sind in ihrer Eigenschaft als Anwalt sozietätsfähig, nicht hingegen in ihrer Eigenschaft als Notar.[355] Die gesellschaftsrechtliche Verbindung findet ihre Grenze an der Personenbezogenheit des Notaramtes, das nicht teilbar oder übertragbar ist. Der Sozietätsvertrag kann sich deshalb nur auf den wirtschaftlichen und organisatorischen Rahmen beziehen, innerhalb dessen der Notar sein Amt selbständig und eigenverantwortlich auszuüben hat.[356]

Ungeklärt war lange Zeit die Frage, ob sich ein Anwaltsnotar mit einem Wirtschaftsprüfer assoziieren darf. Der BGH hatte diese Frage verneint und dies mit einer Unvereinbarkeit der widerstreitenden Berufsbilder begründet. Zweck des Sozietätsverbots sei, bereits den Anschein einer Gefährdung des durch Unabhängigkeit und Unparteilichkeit gekennzeichneten Leitbildes des Notaramtes zu vermeiden.[357]

Das daraufhin angerufene BVerfG hat dieses Sozietätsverbot als mit Art. 3 Abs. 1 GG unvereinbar angesehen.[358] Eine Unterscheidung zwischen sozietätsfähigen Steuerberatern und nicht sozietätsfähigen Wirtschaftsprüfern/vereidigten Buchprüfern entbehre des sachlichen Grundes. Beiden Berufsgruppen komme neben der Interessenvertretung eine unabhängige Organstellung in der Rechtspflege zu.[359]

Bemerkenswert hieran ist, daß sich die Gesetzeslage zwischen den Jahren 1989, als das BVerfG eine Sozietät zwischen Anwaltsnotaren und Wirtschaftsprüfern ausdrücklich für unzulässig erklärte, [360] und 1998 nicht geändert

---

355 Feuerich/Braun, BRAO, § 59a Rn 2; BT-Ds. 12/4999, 33

356 Schippel, BNotO, § 9 Rn 2

357 BGH, AnwBl 1996, 45 (46); nach § 59a Abs. 1 S. 3 BRAO a.F. war Rechtsanwälten, die zugleich Notare sind, anders als anderen Rechtsanwälten die Eingehung einer Sozietät mit einem Wirtschaftsprüfer „nur bezogen auf ihre anwaltliche Berufstätigkeit" erlaubt. Nach Auffassung des BGH war hieraus nur zu schließen, daß aus Sicht des anwaltlichen Berufsrechts keine Hinderungsgründe gegen eine Assoziierung sprechen. Für eine Assoziierung hätte es dem BGH zufolge auch einer Erlaubnisnorm im notariellen Berufsrecht bedurft, an der es fehlte.

358 BVerfG, BB 1998, 1379 (1380)

359 Das BVerfG stellte insbesondere auf folgende Gemeinsamkeiten ab: Verkammerung, Berufsgerichtsbarkeit, parallele Regelung der Berufspflichten, Verbot gewerblicher Tätigkeit (BVerfG, BB 1998, 1379 (1380); kritisch zu dieser Entscheidung Lerch, NJW 1999, 401 (402)

360 BVerfGE 80, 269 (279)

hat. Dies belegt, daß auch das BVerfG ein und denselben Sachverhalt zu unterschiedlichen Zeiten anders bewertet. Wörtlich führt das Gericht aus:

"daß Gesetze altern und daß sie in einem veränderlichen Umfeld sozialer Verhältnisse, gesellschaftspolitischer Anschauungen und rechtlicher Rahmenbedingungen stehen, das Auswirkungen auf ihr Verständnis haben kann."[361]

Inzwischen ist der Gesetzgeber der verfassungsrechtlichen Rechtsprechung gefolgt. Dem Anwaltsnotar ist eine gemeinsame Berufsausübung auch mit Wirtschaftsprüfern erlaubt.[362]

Gleichzeitig wurden die notariellen Mitwirkungsverbote verschärft, um die Unparteilichkeit des Notars zu wahren.[363] Nunmehr besteht ein Beurkundungsverbot, sofern der Notar oder ein mit ihm verbundener Sozius mit dem Gegenstand der Beurkundung bereits vorbefaßt war.[364] Dieses Mitwirkungsverbot trifft insbesondere überörtliche Sozietäten. Je mehr Sozien einer überörtlichen Sozietät angehören, desto größer ist die Wahrscheinlichkeit, daß es zu einer beurkundungshindernden Vorbefassung kommt. Dies gilt nicht nur für zweiseitige, sondern auch für einseitige Beurkundungen, wie etwa die Testamentserrichtung.[365]

5. *Gesellschafterstellung*

a) *Sozietätsfähigkeit von Gesellschaften*

Nach einer im Schrifttum vertretenen Ansicht soll auch ein gesellschaftsrechtlicher Zusammenschluß Mitglied einer Sozietät sein können.[366] Nach der Gegenansicht scheitert ein solcher Zusammenschluß bereits am Wortlaut des § 59a Abs. 1 BRAO. Hierin sei eine Assoziierung ausdrücklich nur mit Mitgliedern einer Rechtsanwaltskammer, Steuerberatern, Steuerbevollmächtigten, Wirtschaftsprüfern und vereidigten Buchprüfern erlaubt. Zulässig sei deshalb lediglich ein Zusammenschluß von natürlichen Personen. Gesellschaftsrechtliche Zusammenschlüsse erfüllten diese Voraussetzung nicht.

---

361 BB 1998, 1379 (1379)
362 § 9 Abs. 2 BNotO
363 BGBl. I 1998, 2585; hierzu Eylmann, NJW 1998, 2929 (2931) m.w.N.
364 § 3 Abs. 1 Nr. 7 BeurkG; ausgenommen ist nur die Vorbefassung im gemeinsamen Auftrag aller an der Beurkundung Beteiligten.
365 Lerch, NJW 1999, 401 (402)
366 Henssler, AnwBl 2000, 77 (78); Kaiser/Bellstedt, Die Anwaltssozietät, 41

Der zuletzt genannten Auffassung ist de lege lata zuzustimmen. Eine erweiternde Auslegung über den Wortlaut hinaus auf gesellschaftsrechtliche Zusammenschlüsse scheitert daran, daß § 59a Abs. 1 BRAO abschließend ist. Diese Auffassung wird bestätigt durch einen Blick in das Gesetzgebungsverfahren zur Einführung der Anwalts-GmbH. In der Begründung des ersten Referentenentwurfes vom 19.03.1997[367] heißt es:

„...Die Vorschrift knüpft dabei an die Regelungen des § 59a Abs. 1 S. 1, Abs. 3 BRAO an. Es sollen ausschließlich natürliche Personen Gesellschafter kraft Rechtsgeschäft werden können..."

b) Verbot auswärtiger Kapitalbeteiligung

Weitere Beschränkungen der Gesellschafterstellung folgen aus dem anwaltlichen Berufsrecht:[368]

„Am wirtschaftlichen Ergebnis anwaltlicher Tätigkeit dürfen Dritte, die mit dem Rechtsanwalt nicht zur gemeinschaftlichen Berufsausübung verbunden sind, nicht beteiligt sein."

Diese Vorschrift bezweckt den Ausschluß von Dritteinflüssen auf die Sozietät. Sie dient dem Ziel, die anwaltliche Unabhängigkeit zu wahren.[369]

Sinn und Zweck des Verbots der Drittbeteiligung verbieten auch eine mittelbare Beteiligung am Unternehmenserfolg, etwa in Form einer stillen Beteiligung oder Unterbeteiligung. Zwecks Meidung von Umgehungsversuchen sind deshalb auch partiarische Darlehen oder Gewinnabführungsverträge unzulässig.

Fraglich ist, ob Ausnahmen für ehemalige, nicht mehr in der Sozietät tätige Sozien statthaft sind.[370] Diese sind nach ihrem Ausscheiden nicht mehr zu gemeinschaftlicher Berufsausübung mit anderen Sozien verbunden. Für die Zulässigkeit einer rein kapitalmäßigen Beteiligung spricht, daß sich diese auf die zuvor geleistete berufliche Tätigkeit in der Sozietät zurückführen läßt. Die Gewährung einer „Alterspension" stellt häufig einen Ausgleich für den während der Zeit der Sozietätszugehörigkeit geschaffenen good will der Praxis dar und begründet keinen die anwaltliche Unabhängigkeit gefährdenden „Dritteinfluß".

---

367 Abgedruckt in ZIP 1997, 1518 (1519)

368 § 27 S. 1 der anwaltlichen BerufsO

369 Gail/Overlack, Anwaltsgesellschaften, Rn 89 f.; Henssler/Prütting-Henssler, BRAO, § 7 PartGG Rn 27 f.; a.A. Meilicke/Graf von Westphalen, PartGG , § 7 Rn 16

370 So etwa Henssler, AnwBl 2000, 77 (78)

Davon geht auch § 27 S. 2 der anwaltlichen BerufsO aus, wonach ein Beteiligungsverbot „Dritter“ nicht für

„...Mitarbeitervergütungen, Versorgungsbezüge, Vergütungen für die Übernahme der Kanzlei und Leistungen (gilt), die im Zuge einer Auseinandersetzung oder Abwicklung der beruflichen Zusammenarbeit erbracht werden.“

Danach ist eine fortbestehende Kapitalbeteiligung ausgeschiedener Sozien berufsrechtlich unbedenklich.

c) Erfordernis aktiver Berufsausübung

Aus dem Wortlaut des § 59a Abs. 1 BRAO „zur gemeinschaftlichen Berufsausübung“ läßt sich schließen, daß sich nur assoziieren darf, wer in der Gesellschaft auch berufstätig ist. Allerdings fehlt es an berufsrechtlichen Bestimmungen, wonach ein Gesellschafter bei Einstellung seiner beruflichen Tätigkeit aus der Gesellschaft ausscheiden muß. Damit ist auch ein Gesellschafter im Ruhestand anzuerkennen.

Auch für die aktiven Sozien besteht keine Verpflichtung, die gesamte Bandbreite beruflicher Tätigkeit zu verwirklichen. So können einzelne Sozien schriftstellerisch, andere ausschließlich als Referenten tätig sein. Ebenfalls ausreichend ist es, wenn sich ein Sozius als „Managing Partner“ allein auf die Geschäftsführung konzentriert. Aufbau und Aufrechterhaltung einer Organisationsstruktur sind notwendige Vorbedingungen für die eigentliche „Sacharbeit“ der übrigen Sozien. Die Entscheidung darüber, welche Mandate angenommen und von welchem Sozius in welcher Form bearbeitet werden, weisen einen unmittelbaren Bezug zur anwaltlichen Berufsausübung auf. Es ist nicht Sinn des § 59a Abs. 1 BRAO, die Möglichkeit interner Aufgabenteilung zu unterbinden. Auch die bloße Mandatsakquisition oder Mandantenpflege wird man noch als Berufsausübung zu qualifizieren haben, da beides unabdingbare Voraussetzungen anwaltlicher Tätigkeit sind.

d) Berufsrechtliche Mehrheitserfordernisse bei interprofessioneller Sozietät

Der Sozietät als BGB-Gesellschaft sind berufsrechtliche Mehrheitserfordernisse fremd. Weder das anwaltliche Berufsrecht noch die Berufsrechte der Steuerberater und Wirtschaftsprüfer sehen vor, daß bestimmte Berufsgruppen innerhalb der Sozietät über die Anteils- oder Stimmenmehrheit verfügen müssen.[371] Eine

371 Die Rechtslage ist insoweit identisch mit derjenigen der Partnerschaft. Vgl. zur abweichenden Regelung bei der Anwalts-GmbH jedoch § 59e BRAO, wonach die

gleichberechtigte Zusammenarbeit aller drei Berufsgruppen ist in dieser Gesellschaftsform also möglich. Diese Freiheit der Gruppenbildung ermöglicht eine flexible Ausrichtung nach den jeweiligen Markterfordernissen.

Etwas anderes gilt allenfalls unter dem Gesichtspunkt des Irreführungsverbots.[372] Tritt eine BGB-Gesellschaft nach außen als „Anwalts- und Steuerberatersozietät" auf, muß ihr aus jeder Berufsgruppe zumindest ein Vertreter angehören.

6. *Geschäftsführung/Vertretung*

a) *Gesetzliches Regelungsmodell*

Die Sozietät in der Rechtsform der BGB-Gesellschaft dient dem Zweck gemeinschaftlicher Berufsausübung.[373] Die Geschäftsführung einer BGB-Gesellschaft obliegt nach dem dispositiven Gesetzesrecht grds. allen Gesellschaftern gemeinschaftlich.[374] Jeder Gesellschafter kann der Vornahme eines Geschäfts durch einen anderen widersprechen mit der Folge, daß dieses Geschäft unterbleiben muß.[375] Durch Gesellschaftsvertrag kann einem oder mehreren Gesellschaftern unter Ausschluß der übrigen Alleingeschäftsführungsbefugnis eingeräumt werden.[376]

Die Geltung dieser gesellschaftsrechtlichen Regelungen auch für die traditionelle Anwaltssozietät in der Rechtsform der BGB-Gesellschaft ist - soweit ersichtlich - bislang nicht in Frage gestellt worden. Der gesetzliche Regelungsrahmen erlaubt aufgrund seines hohen Abstraktionsniveaus allerdings keine präzisen Antworten auf Einzelfragen der anwaltlichen Berufsausübung. Mit der Anwendbarkeit der §§ 705 ff. BGB ist deshalb nur wenig gewonnen.[377]

Mehrheit der Geschäftsanteile und Stimmrechte den anwaltlichen Gesellschaftern zustehen muß; näher hierzu unter G I.

372 § 3 UWG

373 Vgl. D I 2b.

374 § 709 BGB

375 § 711 BGB

376 § 710 BGB

377 So zu Recht Henssler, NJW 1993, 2137 (2138)

b) *Vorrang des Berufsrechts - das Gebot sozietätsinterner Unabhängigkeit*

Das gesellschaftsrechtliche Regelungsmodell kann in Konflikt mit dem berufsrechtlichen Gebot anwaltlicher Unabhängigkeit treten.[378] Der Anwalt ist verpflichtet, seine berufliche und persönliche Unabhängigkeit nach allen Seiten zu wahren.[379] Sie kann innerhalb einer Sozietät in unterschiedlicher Weise berührt sein. Zunächst sind Beschränkungen denkbar, die nicht die Berufsausübung selbst betreffen. Ein Sozius kann zulässigerweise von der Geschäftsführung für Hilfsgeschäfte, die der eigentlichen Berufsausübung vorgelagert sind, ausgeschlossen werden. Ihm kann etwa untersagt werden, Miet- oder Arbeitsverträge für die Sozietät abzuschließen.

Problematischer sind Beschränkungen, die einen unmittelbaren Zusammenhang mit der eigentlichen Berufsausübung aufweisen. Fraglich ist etwa, ob ein Mandatsverhältnis gegen den Willen eines einzelnen Sozius begründet oder dieser in der Gesellschafterversammlung in wesentlichen Fragen anwaltlicher Berufsausübung überstimmt werden darf. In der Literatur haben vor allem *Gail/Overlack* [380] einen Konflikt zwischen Selbstbestimmung und Mehrheitswillen verneint. Sie trennen strikt zwischen Geschäftsführungstätigkeit und anwaltlicher Berufsausübung. Die Unterwerfung unter einen Mehrheitswillen betrifft nach dieser Auffassung nur die Geschäftsführungstätigkeit, während die eigentliche Berufsausübung unangetastet bleibt.

Diese Ansicht vermag nicht zu überzeugen. Die anwaltliche Berufsausübung kann nicht allein als gesellschaftsvertragliche Beitragsleistungspflicht qualifiziert werden, weil sie zugleich Erbringung der geschuldeten Geschäftsführungspflicht ist. Die Gegenansicht verkennt, daß die BGB-Gesellschaft eine Berufsausübungsgesellschaft ist. Die Tätigkeit ihrer Mitglieder beschränkt sich nicht darauf, lediglich die äußeren Rahmenbedingungen für die anwaltliche Berufsausübung zu schaffen. Vielmehr schließt Geschäftsführung die anwaltliche Berufsausübung mit ein.[381]

Beschränkungen anwaltlicher Berufsausübung lassen sich allerdings mit der beruflichen Unabhängigkeit auch der übrigen Sozien begründen.[382] Sie sind einer gesellschaftsrechtlichen Verbindung immanent. Im Falle freiwilliger Selbstunterwerfung sind Beschränkungen deshalb von jedem Sozius zu beachten. So ist es etwa zulässig, die Mandatsannahme an die Zustimmung anderer Sozien zu kop-

---

378 § 3 Abs. 1 BRAO

379 Vgl. oben D I 4c aa).

380 Anwaltsgesellschaften, 44

381 Vgl. auch BT-Ds. 12/6152, 19, welche die freie Berufsausübung als „Hauptinhalt der Geschäftsführung" charakterisiert.

382 Henssler/Prütting-Henssler, BRAO, Anh. § 59a Rn 9

peln. Ebenfalls unbedenklich ist das „Vier-Augen-Prinzip", wonach Schriftsätze der Gegenzeichnung eines weiteren Sozius bedürfen.[383] Die berufsrechtliche Weisungsunabhängigkeit korrespondiert in diesen Fällen mit der Möglichkeit autonomer Selbstbindung. Aus dem Gebot der anwaltlichen Unabhängigkeit läßt sich keine Beschränkung gesellschaftsrechtlicher Selbstbindung ableiten. Zustimmungserfordernisse, die Unterwerfung unter einen Mehrheitswillen sowie eine festgelegte Spezialisierung der Berufsausübung sind in Kauf zu nehmen. Anders läßt sich die mit einem Zusammenschluß verbundene Zielvorstellung - Steigerung der individuellen Leistungsfähigkeit - nicht erreichen.

Schwieriger zu bestimmen sind die Grenzen autonomer Selbstbindung im Einzelfall. Eine definitorische Grenzziehung ist angesichts der zahlreichen Möglichkeiten, im Einzelfall auf die Willensbildung des einzelnen Sozius einzuwirken, nicht möglich. Maßgeblich kann nur die Intensität des Eingriffs sein. Wird in den Kernbereich anwaltlicher Berufsausübung eingegriffen, ist die anwaltliche Unabhängigkeit verletzt.

Noch keinen Eingriff in den Kernbereich stellt die Zuweisung bestimmter Aufgaben dar. Die Unabhängigkeit des Anwalts beschränkt sich auf den Inhalt des Arbeitsergebnisses, und auch dies nur, soweit der Anwalt es nach außen zu vertreten hat.[384] Ein angestellter Anwalt kann deshalb angewiesen werden, eine Strafverteidigung zu übernehmen, einen bestimmten Vergleich zu schließen oder nach Vorgabe einer bestimmten Rechtsansicht einen unterschriftsreifen Schriftsatz vorzulegen.[385] Ihm kann schließlich die Sachbearbeitung insgesamt entzogen werden. Diese Grundsätze gelten auch für den anwaltlichen Sozius, soweit er sich im Gesellschaftsvertrag freiwillig einem Mehrheitswillen unterworfen hat. In diesem Fall hat er sich des Widerspruchsrechts nach § 711 BGB begeben und der Mehrheitsentscheidung zu folgen.

Ein unzulässiger Eingriff in den Kernbereich anwaltlicher Berufsausübung liegt erst vor, wenn einem Sozius die Berufsausübung insgesamt untersagt wird. Diese ist zentraler Inhalt der Mitgliedschaft innerhalb einer BGB-Gesellschaft. Die Einschränkung durch einen Mehrheitswillen überschreitet die Grenze zulässiger Selbstbindung. Nur besondere Umstände können es im Einzelfall rechtfertigen, einem Sozius die Berufsausübung zu untersagen, etwa wenn anders ein dro-

---

383 Henssler/Prütting-Henssler, BRAO, Anh. § 59a Rn 9

384 Schlosser, JZ 1995, 345 (346); eine abhängige Beschäftigung des Anwalts im Rahmen eines Angestelltenverhältnisses schließt die Unabhängigkeit nicht aus, sofern dessen sachliche und wirtschaftliche Freiheit gewährleistet wird (Lingenberg/Hummel/Zuck/Eich-Zuck, Kommentar zu den Grundsätzen des anwaltlichen Standesrechts, § 81 Rn 38 ff.).

385 Derartige Weisungsrechte waren in der Vergangenheit unbestritten (vgl. etwa Schlosser, JZ 1995, 346 (347 m.w.N.).

hender Schaden von der Gesellschaft nicht abzuwenden ist. Ein dauerhafter Ausschluß von der Berufsausübung ist aber nur im Wege der Ausschließung aus der Gesellschaft möglich.

Unzulässig sind auch Weisungen, durch deren Befolgung der Sozius gegen berufsrechtliche oder strafrechtliche Pflichten verstoßen würde. Sie sind rechtlich unbeachtlich, da sie die Stellung des Anwalts als Organ der Rechtspflege verletzen.[386] Wer sich als Anwalt selbst gesetzwidrig verhält, kann keinen Beitrag zu dem Zentralwertbezug der Rechtspflege leisten. Unbeachtlich sind Weisungen auch dann, wenn sie mit dem anwaltlichen Gewissen nicht vereinbar sind. Hierzu ist etwa die Verpflichtung zu zählen, gegen einen anwaltlich vertretenen, säumigen Gegner generell Versäumnisurteil zu beantragen.[387]

7. *Haftungsfragen*

a) Gesamtschuldnerische Haftung

§ 51a Abs. 2 S. 1 BRAO bestimmt, daß die Mitglieder einer Sozietät „aus dem zwischen ihr und dem Auftraggeber bestehenden Vertragsverhältnis als Gesamtschuldner haften". Damit wird die nach wie vor umstrittene Frage, wie die persönliche Gesellschafterhaftung bei der BGB-Gesellschaft dogmatisch zu begründen ist,[388] für die Anwaltssozietät bedeutungslos. Die gesamtschuldnerische Haftung ergibt sich nunmehr unmittelbar aus dem Gesetz selbst.

Die Neuregelung verlangt nach ihrem Wortlaut keine gesellschaftsvertragliche Bindung zwischen dem handelnden und dem in Anspruch genommenen Anwalt.[389] Vorausgesetzt ist lediglich ein „Vertragsverhältnis" zwischen der Sozie-

---

386 § 1 BRAO

387 Schlosser, JZ 1995, 345 (347)

388 Nach der *Akzessorietätstheorie*, der sich inzwischen auch der BGH mit Entscheidung vom 29.01.2001 angeschlossen hat (ZIP 2001, 330 (336) haften die Gesellschafter lediglich akzessorisch für die Verbindlichkeiten der BGB-Gesellschaft; aus der Literatur etwa Reiff, ZIP 1999, 517 (526); neuerdings auch Ulmer, ZIP 1999, 554 (564) m.w.N. unter Aufgabe seiner bisherigen Ansicht; Dauner-Lieb DStR 1998, 2014 (2018); K. Schmidt, Gesellschaftsrecht,1786.
Nach der *Doppelverpflichtungstheorie* verpflichtet der handelnde Gesellschafter durch die Abgabe doppelter Verpflichtungserklärungen die „Gesellschaft" (als gesamthänderisch gebundenes Sondervermögen) und inhaltsgleich auch die Gesellschafter persönlich (Soergel/Siebert-Hadding, BGB, § 714 Rn 9 und 11; Berndt/Boin NJW 1998, 2854 (2859).

389 Henssler/Prütting-Hartung, BRAO, § 59a Rn 35; Borgmann/Haug, Anwaltshaftung, Kap. VII, 235

tät und dem Mandanten, das auch über Nichtsozien, wie angestellte oder freie Mitarbeiter nach den Regelungen des Vertretungsrechts begründet werden kann. Ihre eigentliche Bedeutung entfaltet die gesetzliche Regelung für Mitglieder einer Bürogemeinschaft. Erwecken diese nach außen den Anschein einer beruflichen Zusammenarbeit im Rahmen einer Sozietät,[390] kommt das anwaltliche Mandat mit allen Mitgliedern der Bürogemeinschaft zustande. Diese werden nach der Neuregelung, wie schon bisher nach der Rechtsprechung und h.M., wie echte Sozien als Gesamtschuldner behandelt.[391]

Ihre Rechtfertigung findet die Anordnung einer gesamtschuldnerischen Haftung in der Inanspruchnahme letztlich enttäuschten Vertrauens. Der Mandant kann sich nur an äußerlich erkennbaren Merkmalen orientieren und hieraus Schlüsse ziehen. Das interne Vertragsverhältnis seines anwaltlichen Vertragspartners bleibt ihm mangels Publizität regelmäßig verschlossen.[392]

Die Voraussetzungen einer gesamtschuldnerischen Haftung aller (Schein) Sozien werden im folgenden erörtert.

aa) Handeln im Namen der Sozietät

Ein Vertragsverhältnis mit der Sozietät setzt nach § 164 BGB zunächst ein Handeln in ihrem Namen voraus. Tritt ein Sozius bei Vertragsschluß ausdrücklich im Namen der Sozietät auf, ergeben sich keine Zurechnungsfragen. In der Rechtswirklichkeit bedienen sich die Beteiligten indes nur selten ausdrücklicher Erklärungen. Im Regelfall ist deshalb für eine Mandatszuordnung auf die allgemeinen Kriterien der Auslegung von Willenserklärungen abzustellen. Es ist zu fragen, wie die Erklärung der Mandatsannahme eines Sozius von dem Mandanten nach Treu und Glauben verstanden werden mußte.[393]

(1) Vermutung zugunsten des Gesamtmandats

Nach überwiegender Auffassung besteht eine Vermutung dafür, daß ein Sozius seine auf den Abschluß eines Mandats gerichtete Willenserklärung im Namen der Sozietät abgibt.[394] Dies gilt auch im Falle eines Zusammenschlusses zu einer

390 Z.B. durch Verwendung gemeinsamer Drucksachen (Briefpapier, Vollmachtsformulare, Bürobroschüre) oder ein gemeinsames Kanzleischild

391 BGH, NJW 1978, 996 (996); Kornblum, AnwBl 1973, 153 (154)

392 Borgmann/Haug, Anwaltshaftung, Kap. VII, 235

393 BGH, VersR 1978, 444 (445)

394 BGH, NJW-RR 1988, 1299 (1299); in BGH 1971, 1801 (1803) heißt es hierzu: „Es würde einer Sozietät schlecht anstehen, dem Mandanten gegenüber als eine Sozietät, der er besonderes Vertrauen entgegenbringen darf, aufzutreten, dann aber, wenn es

überörtlichen Sozietät.[395] Begründet wird dies mit dem besonderen Vertrauen des Mandanten, welches er auf die Sozietät als Einheit beziehe. Der Mandant verbinde mit der Sozietät regelmäßig die Vorstellung einer größeren fachlichen Spezialisierung, die sich in einer qualitativ höherwertigen Dienstleistung niederschlage. Zudem habe der Mandant ein erkennbares Interesse daran, durch eine gesamthänderische Mandatierung die jederzeitige Vertretung des die Sache primär bearbeitenden Sozius sicherzustellen. Auf interprofessionelle Zusammenschlüsse trifft diese Rechtsprechung in besonderer Weise zu, da bei ihnen ein arbeitsteiliges Zusammenwirken noch stärker ausgeprägt ist als in der reinen Anwaltssozietät.

Bislang wurde ein Gesamtmandat auch bei Mischsozietäten bejaht.[396] Diese Ansicht war zweifelhaft, da die nicht singular zugelassenen Anwälte ein Prozeßmandat vor einem Oberlandesgericht von Anfang an nicht erfüllen können.[397] Die Kontroverse ist durch die Neufassung des § 59a Abs. 1 S. 2 BRAO gegenstandslos geworden. Dieser sieht vor, daß die Bestimmungen über die Postulationsfähigkeit der beruflichen Zusammenarbeit in einer Sozietät nicht entgegenstehen. Damit sind kraft Gesetzes auch die einer Mischsozietät angetragenen Mandate Gesamtmandate, aus denen auch die nicht postulationsfähigen Sozien berechtigt und verpflichtet werden.

(2) Bereichsspezifische Ausnahmen

Der gesetzliche Ausschluß eines Gesamtmandats ergibt sich zunächst aus einer Fülle gesetzlicher Verweisungen:

---

um die Wiedergutmachung eines dem Mandanten zugefügten Schadens geht, diesen auf den jeweiligen Bearbeiter seiner Sache (zu) verweisen, auf dessen Auswahl er keinen Einfluß hatte und den er unter Umständen nie kennengelernt hat"; aus dem Schrifttum Borgmann/Haug, Anwaltshaftung, Kap. VII, 234; Lingenberg/Hummel/Zuck/Eich-Zuck, Kommentar zu den Grundsätzen des anwaltlichen Standesrechts, § 28 Rn 14; Kaiser/Bellstedt, Die Anwaltssozietät, 45; Müller NJW 1969; 903 (904); kritisch Plass, Diss., 78, demzufolge eine gesamtschuldnerische Beauftragung den Mandanten benachteilige, da er keinen Einfluß darauf habe, wer die Sache innerhalb der Sozietät bearbeite. Dem ist zu entgegnen, daß es dem Mandanten unbenommen bleibt, bei Mandatserteilung die Mandatsbearbeitung durch einen von ihm gewünschten Sozius zum Vertragsgegenstand zu machen, ohne daß er deshalb den Vorteil einer gesamtschuldnerischen Haftung verliert.

395 BGH, NJW 1991, 49 (50); Schnorbus DStR 1998, 1637 (1637); a.A. Vollkommer, Anwaltshaftungsrecht, Rn 55; Lingenberg/Hummel/Zuck/Eich-Zuck, Kommentar zu den Grundsätzen des anwaltlichen Standesrechts, § 28 Rn 14

396 BGH, NJW 1991, 49 (50); Zugehör, Handbuch der Anwaltshaftung Rn 361

397 Henssler, NJW 1993, 2137 (2138)

Im Rahmen der Beiordnung wird allein der vom Gericht namentlich benannte Anwalt berechtigt und verpflichtet.[398] Die Beiordnung ist für eine Reihe von Verfahrensordnungen[399] sowie für die Beratungshilfe[400] vorgesehen. Bei Wahlverteidigungen gemäß § 137 StPO darf die Zahl der gewählten Verteidiger drei nicht überschreiten, so daß keine Verpflichtung der übrigen Sozien eintritt. Weitere Fälle einer Einzelmandatierung sind die Bestellung als Pflichtverteidiger, Pfleger,[401] oder als Vertreter.[402]

Von der h.M. werden daneben weitere bereichsspezifische Ausnahmen vom Grundsatz des Gesamtmandats gemacht:

Bei nicht zum Berufsbild des Anwalts gehörenden Tätigkeiten[403] soll auch dann ein Einzelmandat begründet werden, wenn fälschlich ein Briefbogen der Sozietät benutzt wird.[404] Gleiches gelte bei Annahme eines auf besonderes Fachwissen abgestellten Beratungsauftrages sowie für Fälle sofortiger mündlicher Auskunfterteilung im Rahmen erstmaliger telefonischer Kontaktaufnahme.[405] Hierbei trete die Sozietät nicht als Einheit auf. Gesichtspunkte der Arbeitsteilung und ein besonderes Vertrauen in eine größere Leistungsfähigkeit spielten keine Rolle, wenn die Beziehung zwischen auskunfterteilendem Anwalt und Sozietät rein zufällig sei.

Auch bei Freundschaftsdiensten[406] sei von einem Einzelmandat auszugehen, da die Tätigkeit unentgeltlich ausgeübt werde. Das besondere persönliche Band zwischen Mandant und Anwalt und der Ausschluß jeglicher Gegenleistung rechtfertigten keine Verpflichtung aller Sozien.

---

398 BGH NJW 1991, 2294 (2294): PKH-Verfahren; Vollkommer, Anwaltshaftungsrecht, Rn 53; Lingenberg/Hummel/Zuck/Eich-Zuck, Kommentar zu den Grundsätzen des anwaltlichen Standesrechts, § 28 Rn 15

399 Z.B. im Zivilprozeß (78 b und c ZPO), im Prozeßkostenhilfeverfahren (§ 112 ZPO), im Scheidungs- und Folgesachenverfahren (§ 625 ZPO), im Falle notwendiger Verteidigung (§ 141 StPO), einer gegen Gefangene angeordneten Kontaktsperre (§ 34a EGGVG), in arbeitsrechtlichen (§ 11a ArbGG) sowie verwaltungsrechtlichen Verfahren (§ 67 VwGO)

400 § 6 BerHG

401 §§ 67 und 70b FGG

402 §§ 57, 58, 779, 787 ZPO

403 Zu denken ist an Sachverhalte, bei denen der Anwalt einer besonderen Bestellung oder Beauftragung bedarf (z.B. Konkursverwalter, Testamentsvollstrecker).

404 Vgl. hierzu BGH WM 1988, 986 (986).

405 Borgmann/Haug, Anwaltshaftung, Kap. VII, 238; Kornblum BB 1973, 218 (219); Müller NJW 1969, 903 (905)

406 Vollkommer, Anwaltshaftungsrecht, Rn 54; Kornblum, BB 1973, 218 (224); Müller NJW 1969, 903 (905); a.A. Zugehör, Handbuch der Anwaltshaftung Rn 360

bb) Vertretungsmacht des handelnden Sozius

Handelt nach vorstehenden Ausführungen ein Sozius im Namen der Sozietät, bedarf er weiterhin noch der Vertretungsmacht, um auch die übrigen Sozien zu verpflichten.

(1) Gesetzliches Regelungsmodell

Die Vertretungsmacht innerhalb der BGB-Gesellschaft bestimmt sich nach § 714 BGB. Danach steht dem Gesellschafter „im Zweifel" Vertretungsmacht zu, soweit er nach dem Gesellschaftsvertrag Geschäftsführungsbefugnis besitzt. Ist dies nicht der Fall, haftet der Handelnde als Vertreter ohne Vertretungsmacht.[407] Enthält der Gesellschaftsvertrag keine Regelung, besteht Gesamtgeschäftsführungsbefugnis als gesetzlicher Regelfall.[408] Der Gleichlauf von Geschäftsführungsbefugnis und Vertretungsmacht hat zur Konsequenz, daß der allein handelnde Gesellschafter einer BGB-Gesellschaft mangels Geschäftsführungsbefugnis die Gesellschaft nicht wirksam vertreten kann. Dies gilt auch dann, wenn er gegen Regelungen des Gesellschaftsvertrages über den Umfang der ihm eingeräumten Vertretungsmacht verstößt.

Der BGH hält auch in neueren Entscheidungen an diesem grundsätzlichen Haftungskonzept fest und läßt den Erklärungsgegner das Risiko einer wirksamen Vertretungsmacht tragen.[409] Eine Zurechnung zur Gesamthand kommt danach nur über eine Duldungs-/Anscheinsvollmacht oder eine Genehmigung der anderen Gesellschafter zustande.

(2) Besonderheit anwaltlicher Mitunternehmerschaft

Wohl um dieser als unpassend empfundenen Risikoverteilung zu entgehen, nimmt die Rechtsprechung aus Gründen der Verkehrserwartung bei erwerbswirtschaftlich ausgerichteten BGB-Gesellschaften eine Alleinvertretungsmacht des handelnden Gesellschafters an. Diese Abweichung vom gesetzlichen Regelungsmodell läßt sich mit der Unvereinbarkeit von Gesamtvertretung und eigenverantwortlicher Berufsausübung rechtfertigen. Der Sache nach ist dies ein Fall der Rechtsscheinhaftung. Geschützt wird das Vertrauen in die „Normalgestaltung" des Gesellschaftsvertrages.[410]

---

407 BGHZ 38, 26 (34)
408 § 709 BGB
409 BGH NJW-RR 1996, 673 (673)
410 Kritisch hierzu Dauner-Lieb, DStR 1998, 2014 (2017)

In der Anwaltssozietät wird danach im Ergebnis jedes Mandat im Namen der Sozietät angenommen, soweit keine gesetzliche oder bereichsspezifische Ausnahme vorliegt. Mit dieser gemeinschaftlichen Verpflichtung korrespondiert eine gesamtschuldnerische Haftung aller Sozien bei beruflicher Fehlleistung eines von ihnen.

b) Sonderfall: Haftung der interprofessionellen Sozietät

Umstritten ist, ob ein Gesamtmandat auch bei Vertragsschluß mit dem Sozius einer interprofessionellen Sozietät besteht.

aa) Meinungsstand

Zum Teil wird auch für die interprofessionelle Sozietät ein Gesamtmandat bejaht.[411] Neben dem Vermögen der BGB-Gesellschaft haften Steuerberater und Wirtschaftsprüfer danach auch für berufliches Fehlverhalten sozietätsangehöriger Anwälte persönlich. Da sie berufsrechtlich keine allgemeine Rechtsberatung vornehmen dürfen, fallen Erfüllungsbefugnis und Haftung mithin auseinander.

Nach der Gegenansicht[412] werden in der interprofessionellen Sozietät nur diejenigen Sozien verpflichtet, die berufsrechtlich zur Mandatserfüllung befugt sind. Neben dem Vermögen der BGB-Gesellschaft haften Steuerberater und Wirtschaftsprüfer für das Fehlverhalten eines Anwaltssozius nur dann persönlich, wenn sich dessen haftungsbegründende Handlung gerade auf einen steuerlichen Sachverhalt bezieht. Für Berufsfehler ihres anwaltlichen Sozius im Rahmen eines reinen Prozeßmandats haften sie nicht.

Umgekehrt scheidet im Bereich der gesetzlichen Abschlußprüfung[413] eine Mitverpflichtung derjenigen Sozien aus, die nicht über die Wirtschaftsprüferqualifikation verfügen. Diese seien nicht in der Lage, einen Bestätigungsvermerk zu erteilen, der Grundlage für die Feststellung des Jahresabschlusses ist.[414] Eine vergleichbare Rechtslage bestehe bei gemischten Sozietäten zwischen Anwälten

411 OLG Köln, WiB 1997, 676 (676); Henssler/Prütting-Hartung, BRAO, § 59a Rn 71; Kuhls/Meurers/Maxl/Schäfer/Goez, StBerG, § 56 Rn 77; Kornblum, AnwBl 1973, 153 (159); differenzierend Michalski, Das Gesellschafts- und Kartellrecht der berufsrechtlich gebundenen freien Berufe, 188 f.

412 BGH, NJW 2000, 1333 (1334); Zugehör, Handbuch der Anwaltshaftung Rn 374; Rinsche, Die Haftung des Rechtsanwalts und des Notars, Rn I 162; Borgmann/Haug, Anwaltshaftung, Kap VII, 239; Kaminski in Wirtschaftsprüfer-Handbuch I, A Rn 369

413 § 318 Abs. 1 HGB

414 § 316 Abs. 1 S. 2 HGB

und Notaren. Hier werde der Anwaltssozius ebenfalls bei Beauftragung notarieller Tätigkeit nicht mitverpflichtet, weil es aufgrund der Personenbezogenheit des Notaramtes an einem gemeinschaftlichen Handeln fehlt.[415]

bb) Stellungnahme

Der Vorzug ist der Auffassung zu geben, die den Kreis der Haftenden in der interprofessionellen Sozietät auf die erfüllungsbefugten Sozien begrenzen will. Nach § 59a Abs. 1 BRAO ist eine berufliche Zusammenarbeit nur „im Rahmen der eigenen beruflichen Belange" zulässig. Mit dieser immanenten Beschränkung des Zusammenschlusses muß eine berufsbezogene Haftungsbeschränkung korrespondieren.

Gesichtspunkte des Mandantenschutzes fordern ebenfalls keine Haftungserweiterung. Der Mandant weiß, daß dem Steuerberater oder Wirtschaftsprüfer eine allgemeine rechtsberatende Tätigkeit ohne unmittelbaren Zusammenhang zu seiner eigentlichen Aufgabe versagt ist. Für eine Mithaftung auch der nichtanwaltlichen Sozien bei einem reinen Anwaltsmandat fehlt es deshalb an einem hinreichenden Anknüpfungspunkt. Auch eine Mithaftung aufgrund Inanspruchnahme besonderen berufsbezogenen Vertrauens kommt regelmäßig nicht in Betracht. Durch sozietätsinterne Beiziehung des Steuerberaters oder Wirtschaftsprüfers bei einem reinen Anwaltsmandat kann aus Sicht des Mandanten keine Leistungsverbesserung eintreten.

Diese Auffassung steht auch nicht im Widerspruch zur Rechtsprechung des BGH, derzufolge ein Anwalt stets für berufliches Fehlverhalten eines assoziierten Steuerberaters haftet.[416] Diese Rechtsprechung ist nicht im umgekehrten Sinne verallgemeinerungsfähig, da der Anwalt über eine „Doppelqualifikation" verfügt. Er darf vollumfänglich steuerberatend tätig sein und ist damit auf dem Gebiet des Steuerrechts stets erfüllungsbefugt. Die vertragliche Mitverpflichtung des Anwalts rechtfertigt seine Mithaftung.

c) Sonderfall: Haftung der internationalen Sozietät

Zur Haftung der internationalen Sozietät finden sich erstaunlicherweise nur spärliche Literaturstimmen und nur vereinzelte Gerichtsentscheidungen.

415 Kornblum, AnwBl 1973, 153 (159)
416 BGH, NJW 1982, 1866 (1866)

aa) Meinungsstand

Nach überwiegender Auffassung gelten für die internationale Sozietät keine Besonderheiten. Die ihr angehörenden in- und ausländischen Sozien haften dem Mandanten als Gesamtschuldner, da regelmäßig von der Erteilung eines Gesamtmandates auszugehen ist.[417] Zur Begründung wird auf die Rechtsprechung des BGH zur überörtlichen Sozietät verwiesen. Danach ist eine überörtliche Sozietät nur zulässig, wenn jedes Mitglied durch die Sozietätsvereinbarung ermächtigt und grundsätzlich auch verpflichtet ist, den Anwaltsvertrag mit Wirkung für und gegen alle Sozien abzuschließen.[418] In Konsequenz dieser Auffassung haftet damit der deutsche Sozius in Frankfurt für einen Berufsfehler eines Sozius in Taipeh auch dann, wenn das Mandat ausschließlich Fragen des taiwanesischen Rechts betrifft.

Die Annahme einer internationalen Scheinsozietät bemißt sich nach den für inländische Sozietäten geltenden Grundsätzen. Nach einer Entscheidung des OLG Karlsruhe wird der Anschein einer Sozietät mit französischen avocats bereits dadurch erweckt, daß diese im Vollmachtsformular genannt werden.[419] Für diesen Fall haften alle (Schein)Sozien gesamtschuldnerisch.[420]

Der herrschenden Ansicht ist neuerdings *Sieg*[421] entgegengetreten. Ihm zufolge sollen nur diejenigen Anwälte aus dem Anwaltsvertrag verpflichtet werden, von denen der Mandant erwartet, daß sie Kenntnisse in der fraglichen Rechtsordnung haben und ihr Spezialwissen bei der Mandatsbearbeitung einbringen. Bei Mandatierung einer internationalen Sozietät sei deshalb regelmäßig von einem Einzelmandat auszugehen. Insbesondere bei reinen Inlandsmandaten, die keinen Auslandsbezug aufweisen, erwarte der Mandant keine Haftung auch der ausländischen Sozien.

bb) Stellungnahme

Ausgangspunkt der Betrachtung ist zunächst § 51a Abs. 2 S. 1 BRAO. Danach haften die Mitglieder einer Sozietät aus dem zwischen ihr und dem Auftraggeber bestehenden Vertragsverhältnis als Gesamtschuldner. Diese Vorschrift gilt auch für die internationale Sozietät. Nicht beantwortet ist damit die Frage, ob ein Ge-

---

417 Raiser, NJW 1991, 2049 (2056); Rinsche, Die Haftung des Rechtsanwalts und des Notars, Rn I 18; Borgmann/Haug, Anwaltshaftung, Kap. VII, 234 .

418 Oben D I 2 b

419 NJW 1990, 3093

420 Bemerkenswert an dieser Entscheidung ist, daß aus der abstrakten Vollmachterteilung auf ein zivilrechtliches Grundverhältnis geschlossen wurde.

421 Sieg, Internationale Anwaltshaftung, 152 f.

samt- oder Einzelmandat vorliegt. Stellt man mit dem BGH darauf ab, daß eine Sozietät die Ermächtigung und Verpflichtung jedes einzelnen Sozius voraussetzt, das Mandat mit Wirkung für und gegen alle Sozien zu schließen, ist das Gesamtmandat auch bei der internationalen Sozietät unvermeidlich.

Allerdings ist die gesamtschuldnerische Haftung keine Voraussetzung der Sozietät, sondern schlichte Rechtsfolge des gemeinschaftlichen Auftretens nach außen,[422] was der BGH verkennt. Methodisch ist deshalb wie auch sonst im Bereich der Vertragsauslegung vom Empfängerhorizont des Mandanten auszugehen. Konkret ist zu fragen, welchen objektiven Erklärungswert die Mandatsannahme durch den Sozius einer internationalen Sozietät hat.

Der Vorschlag von *Sieg*, bei Mandatierung einer internationalen Sozietät grds. von einem Einzelmandat auszugehen, ist im Ausgangspunkt überzeugend. Für den Mandanten ist allerdings nicht immer erkennbar, welcher Sozius der internationalen Sozietät über besondere Kenntnisse in der Rechtsordnung verfügt, die für die Mandatsbearbeitung jeweils einschlägig ist. Zudem trägt sein Vorschlag den besonderen Gegebenheiten einer fachlichen Spezialisierung nicht hinreichend Rechnung. Bei internationalen Sozietäten erfolgt häufig ein Wechsel einzelner Sozien zwischen den verschiedenen Standorten. Nicht selten erwerben einzelne Sozien dabei Spezialwissen in unterschiedlichen nationalen Rechtsordnungen. Wer sich schwerpunktmäßig etwa mit Fragen des deutschen Kartellrechts befaßt, wird auch zu kartellrechtlichen Auslandssachverhalten kompetenter Auskunft geben können als der Kollege der ausländischen Niederlassung, der sich auf Lebensmittelrecht spezialisiert hat.

Schutzwürdige Interessen des Mandanten erfordern klare, in der Praxis leicht überprüfbare Kriterien, anhand derer eine persönliche Mithaftung bejaht oder verneint werden kann. Das Merkmal der fachlichen Spezialisierung und damit die Inanspruchnahme besonderen Vertrauens sind insoweit nicht hinreichend. Dem Mandanten bleibt die interne Zuständigkeitsverteilung der internationalen Sozietät zumeist verborgen. Er darf deshalb nicht damit belastet werden, jeweils den „richtigen" Sozius zu finden. Auch Erleichterungen der Beweislast zugunsten des Mandanten im Regreßfall scheiden als Lösungsmodell aus. Bejaht man demgegenüber grundsätzlich ein Gesamtmandat, läßt aber eine Widerlegung dieser Vermutung im Einzelfall zu, hätte dies die Kostentragung des klagenden Mandanten zur Folge. Das eigentliche vertrags- und haftungsrechtliche Problem wäre damit lediglich auf die prozessuale Seite verlagert.

Im Ergebnis ist deshalb eine differenzierende Betrachtung geboten:

---

422 Kleine-Cosack, BRAO, § 59a Rn 8; in diesem Sinne auch Sieg, Internationale Anwaltshaftung, 152

Wendet sich der Mandant an eine internationale Sozietät mit dem Auftrag, einen Sachverhalt nach der für ihn „günstigsten" Rechtsordnung zu untersuchen, ist von einem Gesamtmandat und damit einer gesamtschuldnerischen Haftung aller Sozien auszugehen. Das Interesse des Mandanten liegt erkennbar darin, die Rechtslage nach allen ernsthaft in Betracht kommenden Rechtsordnungen zu überprüfen. In einem solchen Fall ist es nicht möglich, einzelne staatliche Rechtsordnungen voneinander abzugrenzen. Es ist deshalb gerechtfertigt, den Kreis der erfüllungsverpflichteten und haftenden Sozien weit zu ziehen, weil aus Sicht des Mandanten jeder Sozius einen Mandatsbeitrag leisten kann.

Derartige Fragestellungen ergeben sich, wenn etwa die internationale Zuständigkeit eines Gerichts zu bestimmen ist. Sind mehrere Gerichte international zur Entscheidung eines Falles berufen, kann die Wahl des Gerichtes weitreichende Folgen für den Ausgang des Rechtsstreits haben. So kann ein im Inland erwirktes Urteil möglicherweise im Ausland nicht vollstreckt werden, weil keine Gegenseitigkeit der Vollstreckung zwischen den Staaten verbürgt ist.[423]

Auch im Bereich vorbeugender Rechtsgestaltung kann es von entscheidender Bedeutung sein, den für den Mandanten im Einzelfall günstigsten Gerichtsstand zu vereinbaren und dem späteren Prozeßgegner die Möglichkeit des „Forum-Shopping" zu nehmen. Als weiteres Beispiel mag die Frage eines Mandanten nach dem für ihn steuerlich günstigsten Unternehmenssitz dienen. Hier geht das Interesse des Mandanten erkennbar dahin, die steuerliche Seite nach mehreren Rechtsordnungen zu überprüfen.

Wendet sich der Mandant demgegenüber an eine internationale Sozietät mit dem Auftrag, die Rechtslage nach bestimmten, von ihm selbst vorgegebenen oder sich aus der Sache selbst ergebenden Rechtsordnungen zu überprüfen, ist eine haftungsrechtliche Abgrenzung möglich und geboten. In diesem Fall geht die Erwartung des Mandanten zunächst dahin, daß alle Anwälte mandatiert werden, die in dem jeweiligen Staat zugelassen sind, dessen Rechtsordnung für das konkrete Mandat bedeutsam ist. Insoweit darf der Mandant auf die Allkompetenz jedes Anwalts für Fragen „seines" Heimatrechts vertrauen.

Es werden damit nicht nur die jeweiligen Spezialisten mandatiert, die über eine auf das Mandat bezogene fachliche Spezialisierung verfügen. Eine solche Einschränkung liefe im Ergebnis auf eine haftungsrechtliche Privilegierung der internationalen Sozietät hinaus: Der Kreis der Haftenden wäre umso kleiner, je größer der Spezialisierungsgrad innerhalb der internationalen Sozietät ist. Auch der Arztrechtler in San Francisco haftet deshalb für berufliches Fehlverhalten seines im Kartellrecht tätigen Sozius in Chicago, sofern das Mandat einen Bezug zum US-amerikanischen Recht aufweist.

423 § 328 Abs. 1 Nr. 5 ZPO; Zöller-Geimer, ZPO, § 328 Rn 177

Nur auf diese Weise ist sichergestellt, daß der Mandant im Regreßfall nicht mit Fragen der internen Zuständigkeitsverteilung und Spezialisierung belastet wird. Anknüpfungspunkt für eine Haftung ist dabei das leicht und sicher feststellbare Kriterium der berufsrechtlichen Zulassung als Anwalt in einem Staat, dessen Rechtsordnung jeweils maßgeblich ist.

Darüber hinaus haften dem Mandanten auch Sozien, die in anderen Staaten niedergelassen sind und die mit einem besonderen ausländischen Befähigungsnachweis nach außen hervortreten, sofern dieser in einem Staat verliehen wird, dessen Rechtsordnung einen Bezug zu dem Mandat hat. Der in Deutschland niedergelassene Sozius, der mit einer Zulassung als attorney at law in New York oder einem US-amerikanischen Universitätsabschluß (LL.M. oder MCL) wirbt, unterliegt einer persönlichen Haftung auch für Berufsfehler seines US-amerikanischen Kollegen. Seine Mithaftung ist deshalb gerechtfertigt, weil er durch seinen nach außen verlautbarten Befähigungsnachweis eine besondere Sachkunde in einer anderen Rechtsordnung dokumentiert.

Schließlich haften dem Mandanten auch diejenigen Sozien außerhalb der betroffenen Rechtsordnung, die über eine für die Mandatsbearbeitung erforderliche Spezialisierung verfügen. Danach haftet der in Deutschland niedergelassene Kartellrechtler für Berufsfehler eines sozietätsangehörigen Kartellrechtlers in den USA auch dann, wenn er selbst keinen US-amerikanischen Befähigungsnachweis erworben hat. Seine Mithaftung beruht auf dem Gedanken fachlicher Spezialisierung, die angesichts zunehmender Rechtsangleichung vor nationalen Grenzen nicht haltmacht. Voraussetzung ist, daß auf diese Spezialisierung werblich hingewiesen wird, etwa durch Angaben über Tätigkeits- und Interessenschwerpunkte auf dem Briefkopf oder in Praxisbroschüren.

Bei einem reinen Inlandsmandat erwartet der Mandant demgegenüber nicht, daß in die Bearbeitung auch ausländische Sozien eingebunden werden.[424] Ihre Mitverpflichtung kann aus seiner Sicht die Qualität der anwaltlichen Dienstleistung nicht erhöhen, da sie keine Kenntnisse in der für sie fremden Rechtsordnung haben. Kann der Mandant deshalb nicht auf eine größere Leistungsfähigkeit vertrauen, ist für die Annahme eines Gesamtmandats kein Raum. Eine gesamtschuldnerische Mithaftung der ausländischen Sozien bei reinen Inlandsmandaten scheidet aus.

Im Ergebnis ist deshalb bei internationalen Sozietäten von einem eingeschränkten Gesamtmandat auszugehen. Eine unbillige Haftungsausweitung für die beteiligten Anwälte ist hierin nicht zu sehen. Ihnen stehen die allgemeinen vertragsrechtlichen Möglichkeiten offen, den Kreis der Haftenden auf bestimmte Sozien des federführenden Büros zu begrenzen.

424 Zutreffend Sieg, Internationale Anwaltshaftung, 152

8. *Haftungsbeschränkung durch Rechtsformzusatz „mbH"*

Im haftungsrechtlichen Schrifttum nimmt in jüngster Zeit die Diskussion über die „BGB-Gesellschaft mit beschränkter Haftung" breiten Raum ein. Die Perspektive einer Haftungsbeschränkung auf das Gesellschaftsvermögen schon bei Verwendung eines firmenähnlichen Zusatzes erscheint allzu verlockend. Die Zulässigkeit einer solchen rechtsformabhängigen Haftungsbeschränkung, die auch Geltung für die traditionelle Anwaltssozietät beanspruchen könnte, wird unterschiedlich beantwortet.

a) *Meinungsstand*

Zum Teil wird bei der BGB-Gesellschaft eine Beschränkung der Haftung auf das Gesellschaftsvermögen im Wege des Namenszusatzes „mbH" als Ausfluß der Privatautonomie für zulässig gehalten.[425] Einschlägige Rechtsprechung liegt für vermögensverwaltende BGB-Gesellschaften, Bauherrengemeinschaften und Publikumsgesellschaften vor.[426] Voraussetzung für einen wirksamen Ausschluß der persönlichen Gesellschafterhaftung sei jedoch, daß der hierauf gerichtete Wille für den Vertragspartner erkennbar ist.[427] Soweit ersichtlich, hat bislang lediglich das OLG Hamm die Möglichkeit einer Haftungsbeschränkung auf das Gesellschaftsvermögen für Anwälte durch Kundgabe eines entsprechenden Namenszusatzes ausdrücklich bejaht.[428]

Die Gegenansicht[429] schließt aus dem Fehlen von Gläubigerschutzvorschriften über eine Kapitalaufbringung und -erhaltung auf die Unzulässigkeit einer „BGB-Gesellschaft mbH". Bei der GmbH werde der Ausschluß der persönlichen Haftung mit einem Mindeststammkapital von 50.000 DM erkauft. Die BGB-Gesellschaft mbH stelle demgegenüber eine „GmbH zum Nulltarif" dar.[430] Ihr Gesellschaftsvermögen könne jederzeit an die Gesellschafter ausgeschüttet werden, wodurch der Gläubiger jeglichen Vermögenszugriff verliere.

In der jüngeren wettbewerbs- und firmenrechtlichen Rechtsprechung ist die Ansicht vorherrschend, daß für die freiberuflich tätige BGB-Gesellschaft Na-

---

425 Nachweise bei Ulmer, ZIP 1999, 509 (509)

426 BGH, ZIP 1999, 509 (513); BB 1989, 378 (379); 1985, 619 (619)

427 BGH, BB 1989, 378 (379); Mutter, ZIP 1998, 1799 (1799); Habersack, JuS 1993, 1 (3)

428 OLG Hamm, NJW 1985, 1846 (1847); zustimmend Henssler, NJW 1993, 2137 (2138); zweifelnd Oppermann, AnwBl 1995, 453 (454)

429 Blenske, NJW 2000, 3170 (3173); Reiff, ZIP 1999, 517 (520); Dauner-Lieb, DStR 1998, 2014 (2014); K. Schmidt, Gesellschaftsrecht, 1792

430 Heermann, BB 1994, 2421 (2422)

menszusätze wie „mbH“[431] oder ihre ausgeschriebene Variante „mit beschränkter Haftung“[432] irreführend i.S. des § 3 UWG seien. Diese Zusätze erlaubten keine Unterscheidung von der GmbH, die nach § 4 GmbHG verpflichtet ist, in dieser Form auf ihre Haftungsbeschränkung hinzuweisen. Durch Übernahme dieser Firmierung erwecke die BGB-Gesellschaft den Eindruck eines neuen Gesellschaftstyps, der ähnlich wie die bekannten Kapitalgesellschaften mit einem ausdifferenzierten System der Kapitalaufbringung und -erhaltung am Rechtsverkehr teilnimmt.

Insbesondere für eine Anwaltssozietät in der Rechtsform der BGB-Gesellschaft hatte der BGH bereits im Jahre 1992[433] in der Verwendung des Zusatzes „mit beschränkter Haftung" am unteren Ende des Briefbogens einen Verstoß gegen § 1 UWG gesehen. Dabei ließ das Gericht jedoch ausdrücklich offen, ob anders zu entscheiden ist, wenn der Enthaftungszusatz nicht an versteckter Stelle, sondern deutlich sichtbar im Briefkopf angebracht wird.

Die Frage der Zulässigkeit einer rechtsformabhängigen Haftungsbeschränkung bei der BGB-Gesellschaft wurde durch die wettbewerbs- und firmenrechtliche Judikatur jedoch nicht geklärt. Wie das BayObLG[434] hervorgehoben hat, ist bei BGB-Gesellschaften eine „grundsätzlich anzuerkennende Haftungsbeschränkung" in anderer Form als durch die firmenähnliche Bezeichnung „GbR mbH“ kundzutun. Hieraus ließ sich folgern, daß nicht das „Ob“, sondern lediglich das „Wie“ einer Haftungsbeschränkung in Frage steht.

In der Literatur wurde deshalb erwogen, auf das verwechslungsfähige Kürzel „GbR mbH“ zugunsten ihrer ausgeschriebenen Variante oder der Spielart „BGB-Gesellschaft ohne persönliche Gesellschafterhaftung“ zu verzichten.[435]

b) Rechtsprechung

Der BGH hat sich in einer neueren Entscheidung[436] nunmehr ausdrücklich gegen die Zulässigkeit der „BGB-Gesellschaft mbH“ ausgesprochen. Dabei hat er das bislang in der Rechtsprechung vorherrschende Konzept der „Erkennbarkeit“ der Haftungsbeschränkung für den Vertragspartner ausdrücklich verworfen.

Begründet wird diese Auffassung unter Berufung auf die Gesetzesmaterialien damit, der Gesetzgeber habe die persönliche und gesamtschuldnerische Haftung aller Gesellschafter als selbstverständlich angesehen. An eine Verselbständigung

---

431 OLG Jena, ZIP 1998, 1797 (1798); BayObLG, DStR 1998, 2024 (2024)
432 BayObLG, DStR 1998, 2024 (2024)
433 BGH, NJW 1992, 3037 (3039); dazu Henssler, NJW 1993, 2137 (2139)
434 BayObLG, DStR 1998, 2024 (2024)
435 Ulmer, ZIP 1999, 509 (516); Dauner-Lieb, DStR 1998, 2014 (2014)
436 DStR 1999, 1704 (1705)

der BGB-Gesellschaft habe der Gesetzgeber zu keiner Zeit gedacht, so daß einer „Doppelverpflichtung“ der Boden entzogen sei. Nach Auffassung des Gerichts ist eine wirksame Haftungsbeschränkung auf das Gesellschaftsvermögen nur individualvertraglich, nicht hingegen über die bloße Verwendung eines haftungsbeschränkenden Namenszusatzes möglich.

c) Stellungnahme

Die Entscheidung des BGH vermag nur im Ergebnis, nicht in ihrer Begründung zu überzeugen. Für die grundsätzliche Zulässigkeit einer BGB-Gesellschaft mbH spricht, daß eine gesellschaftsvertragliche Beschränkung der Vertretungsmacht nach dem gesetzlichen Regelungsmodell des § 714 BGB grds. Außenwirkung hat. Es ist Sache des Vertragspartners, sich über Bestand und Umfang der Vertretungsmacht zu informieren, wenn er eine vertragliche Verpflichtung des Vertretenen erreichen will.[437] Nimmt man die Prüfungspflicht des Vertragspartners ernst, muß dieser ggfs. bei dem Vertretenen nachfragen, wieweit die Vertretungsmacht des am Vertragsschluß unmittelbar beteiligten Gesellschafters reicht.[438]

Auch der BGH verweist auf die Möglichkeit einer besonderen Ausgestaltung der Vertretungsmacht im Rahmen des § 714 BGB. Vereinbart werden könne etwa, daß der Handelnde nur insoweit berechtigt ist, die anderen Gesellschafter zu vertreten, als ihm eine Haftungsbeschränkung auf das Gesellschaftsvermögen gelingt. Nach Auffassung des BGH soll diese interne Regelung jedoch nur über einen individuell ausgehandelten Vertrag Außenwirkung erlangen, ohne daß eine Begründung für diese Aussage gegeben wird. Gerade sie wäre indes erforderlich gewesen, um eine dogmatisch überzeugende Grundlage zu schaffen.

Allerdings ist die Entscheidung des BGH im Ergebnis richtig, weil sie Rechtssicherheit schafft. Die Instanzgerichte werden davon befreit, jeweils im Einzelfall zu überprüfen, ob die Kundgabe der einseitigen Haftungsbeschränkung für den Vertragspartner erkennbar war. Angesichts der Vielzahl zur Verfügung stehender Gesellschaftsformen besteht auch kein anerkennenswertes Bedürfnis für eine neue, künstlich geschaffene Rechtsform. Zudem ist im Rechtsverkehr die Auffassung vorherrschend, daß Gesellschafter einer unternehmerisch tätigen BGB-Gesellschaft unbeschränkt vertretungsberechtigt sind.

---

437 Der gute Glaube an das Bestehen einer Vertretungsmacht wird nur in besonderen Ausnahmefällen geschützt, wie z.B. bei besonderer Mitteilung oder Aushändigung einer Vollmachtsurkunde (§ 172 BGB).

438 Gummert, ZIP 1993, 1063 (1063); so bereits OLG Hamm, NJW 1985, 1846 (1847)

Wer die Vorteile einer beschränkt haftenden Kapitalgesellschaft in Anspruch nehmen will, muß auch ihre Nachteile hinnehmen und etwa die Grundsätze über die Kapitalaufbringung und -erhaltung beachten. Nur um diesen Preis ist der Ausschluß einer persönlichen Haftung gerechtfertigt. Ließe man eine einseitige Haftungsbeschränkung der BGB-Gesellschaft durch den bloßen Namenszusatz „mbH“ zu, würden diese Regularien unterlaufen.

Auch Gesichtspunkte des Gläubigerschutzes sprechen letztlich gegen die Zulässigkeit einer Haftungsbeschränkung auf das Gesellschaftsvermögen. Ausgangspunkt für die Zulässigkeit einer rechtsformabhängigen Haftungsbeschränkung muß sein, daß das Insolvenzrisiko nur dann auf die Gläubiger verlagert werden kann, wenn ihnen ein gesicherter Haftungsfonds zur Verfügung steht. Ist dies wie bei der BGB-Gesellschaft nicht der Fall, kommt nur eine vertragliche Haftungsbeschränkung in Betracht, bei welcher ein Dritter (der Berufshaftpflichtversicherer) eine Mindestdeckung für den Mandanten sicherstellt.

Eine Verpflichtung des Vertragspartners, sich Klarheit über das Innenverhältnis einer unternehmenstragenden BGB-Gesellschaft zu verschaffen, stößt schließlich auf praktische Schwierigkeiten. Anders als für die übrigen Rechtsformen gibt es kein öffentliches Register, dem die Vertretungsverhältnisse der BGB-Gesellschaft entnommen werden können.

Letztlich liegt eine „Gesamtschuldvermutung" auch im Interesse der unternehmenstragenden BGB-Gesellschaft selbst. Ihre Akzeptanz im Geschäftsverkehr hängt davon ab, ob eine reibungslose Anbahnung und Abwicklung von Geschäften gewährleistet ist. Die Teilnahme am Wirtschaftsleben wäre illusorisch, wenn Geschäftspartner stets vorab Fragen des Innenverhältnisses der BGB-Gesellschaft klären müßten. Die Unsicherheit über den Umfang der Vertretungsmacht ist bei einer schlicht zivilistischen BGB-(Gelegenheits)Gesellschaft hinnehmbar. Bei der unternehmenstragenden Anwaltssozietät wird man demgegenüber der Verkehrserwartung und damit dem Gläubigerinteresse Vorrang einräumen müssen.

Es ist davon auszugehen, daß der BGH in weiteren Entscheidungen Gelegenheit erhält, sich zur Frage der Zulässigkeit einer BGB-Gesellschaft mbH zu äußern. Grund hierfür ist eine bemerkenswerte Äußerung des BGH-Richters *Goette,*[439] wonach Rechtsberater, die in der Vergangenheit zu dieser Gestaltung geraten haben, „prüfen müssen, ob sie ihre Mandanten über das Bestehen von Regreßansprüchen aufzuklären haben.“ Diese Aussage könnte Anlaß für eine Prozeßlawine gegen Berater sein.

Unabhängig von der jüngsten Entscheidung des BGH ergibt sich die Unzulässigkeit einer BGB-Gesellschaft mbH für Anwälte nach hier vertretener Auffas-

---

439 Urteilsanmerkung zu BGH, Urt. V. 27.09.1999 II ZR 371/98, DStR 1999, 1707 (1708)

sung bereits aus § 51a Abs. 1 BRAO. Hierin ist die „vertragliche“ Begrenzung von Ersatzansprüchen gegen den Anwalt geregelt. Nach der ratio legis der Vorschrift ist eine abschließende Sonderregelung für die Beschränkung der Anwaltshaftung beabsichtigt. Der Gesetzgeber wollte ausweislich der Gesetzesmaterialien mit der Neuregelung „eine gesetzlich klar geregelte Möglichkeit über die Vereinbarung von Haftungsbeschränkungen“ schaffen.[440]

§ 51a Abs. 1 BRAO stellt damit einen vom Gesetzgeber als angemessen erachteten Ausgleich der gegenläufigen Interessen von Mandant und Anwalt im Haftungsfall dar. Dieser wird dadurch erreicht, daß die Haftungsbeschränkung an den Abschluß einer Haftpflichtversicherung gekoppelt ist.[441] Nur um den Preis einer Haftpflichtversicherung darf eine Freizeichnung von der persönlichen Haftung durch Individualvereinbarungen und allgemeine Vertragsbedingungen erfolgen.

Das gesetzgeberische Regelungsziel eines abschließenden Interessenausgleichs würde verfehlt, wenn eine rechtsformabhängige Haftungsbeschränkung neben und über § 51a Abs. 1 BRAO hinaus zulässig wäre. Diese Vorschrift tritt damit für die Sozietät nicht neben das bisher geltende Recht der vertraglichen Haftungsbeschränkung, sondern insgesamt an seine Stelle.[442]

Im Ergebnis ist deshalb eine anwaltliche BGB-Gesellschaft mbH nicht anzuerkennen. Es verbleibt neben der Haftung des Gesellschaftsvermögens bei einer gesamtschuldnerischen Haftung aller Mitglieder mit ihrem Privatvermögen.

9. Versicherungsrechtliche Fragen

Die Sozietät unterliegt keiner eigenständigen Versicherungspflicht. Nur die einzelnen, ihr angehörenden Sozien müssen eine Berufshaftpflichtversicherung unterhalten. Die Mindestversicherungssumme des Anwalts beträgt dabei 500.000 DM für jeden Versicherungsfall.[443] Dieser Versicherungsschutz erscheint ausreichend, da im Jahre 1994 insgesamt 99,7 % aller zivilrechtlichen Gerichtsverfahren einen geringeren Streitwert hatten.[444] Die Höhe der Pflichtversicherungssumme deckt damit den ganz überwiegenden Teil von Haftpflichtfällen ab und berücksichtigt zugleich die finanzielle Leistungskraft jüngerer Anwälte.

---

440 BT-Ds. 12/4993, 32
441 BT-Ds. 12/4993, 32
442 A.A. Henssler/Prütting-Stobbe, BRAO, § 51a Rn 20 ohne Erwähnung der Anwaltssozietät
443 § 51 Abs. 4 BRAO
444 Feuerich/Braun, BRAO, § 51 Rn 22 in der Vorauflage

Die Versicherungsleistungen für alle innerhalb eines Versicherungsjahres verursachten Schäden können auf den vierfachen Betrag der Mindestversicherungssumme (= 2 Mio. DM) begrenzt werden (Haftungsdeckelung). Diese Form der Maximierung ist in den allgemeinen Versicherungsbedingungen üblich.[445]

II. Partnerschaft

1. Gesetzgebungsgeschichte

Seit dem 01.07.1995 steht Anwälten auch die Partnerschaft als Rechtsform beruflicher Zusammenarbeit zur Verfügung.[446] Vorangegangen waren fast drei Jahrzehnte währende Bemühungen um die Schaffung einer Gesellschaftsform, die den besonderen Bedürfnissen von Freiberuflern entsprechen sollte.[447] Auf europäischer Ebene hatte es entsprechende Bemühungen gegeben, die jedoch an nationalen Widerständen gescheitert sind.[448]

Die Einführung einer eigenständigen Gesellschaftsform für Freiberufler spiegelt die ablehnende Haltung des deutschen Gesetzgebers wider, den Kaufmannsbegriff des HGB zu erweitern. Zu den Kernpunkten der Diskussion um die Reform des Handelsrechts gehörte die Frage, ob die traditionelle Anknüpfung eines Sonderprivatrechts an den Kaufmannsbegriff noch zeitgemäß ist. Namentlich *K. Schmidt*[449] hatte sich für eine Anknüpfung an den Unternehmensbegriff ausgesprochen, um Freiberufler miteinzubeziehen. Der Gesetzgeber ist diesem Vorschlag bewußt nicht gefolgt[450] und hat sich stattdessen für die Schaffung der Partnerschaft als neue Gesellschaftsform entschieden.[451] Mit ihr sollte die Lücke zwischen Kapitalgesellschaft und der BGB-Gesellschaft geschlossen werden.[452]

Mit Verabschiedung des PartGG hat der Gesetzgeber erstmals seit Schaffung der BGB-Gesellschaft vor einhundert Jahren den Willen und die Kraft gefunden, dem deutschen Gesellschaftsrecht eine neue Rechtsform hinzuzufügen. Die Partnerschaft weist strukturelle Gemeinsamkeiten mit der OHG auf. Sie wird etwa

445 S. zum Umfang des Versicherungsschutzes oben C V 2
446 Gesetz vom 25.07.1994, BGBl. I, 1744
447 Zur Gesetzgebungsgeschichte vgl. Seibert, Die Partnerschaft, 37 und 85 ff.
448 Vgl. oben A I 1.
449 Vgl. Handelsrecht, 47 (50).
450 BT-Ds 13/8444, 34
451 Pfeiffer, NJW 1999, 169 (170)
452 Gotzens, Diss., 65

von *Oppermann*[453] zu Recht als „unechte OHG" bezeichnet. Übernommen wurden aus dem Recht der OHG insbesondere die Rechts- und Parteifähigkeit sowie die Grundsätze der Selbstorganschaft und Einzelvertretungsbefugnis der Gesellschafter.

Das PartGG stellt ein unübersichtliches, nicht aus sich selbst heraus verständliches Regelungssystem dar. An verschiedenen Stellen wird auf Vorschriften des HGB verwiesen.[454] Subsidiär gelten die Vorschriften über die BGB-Gesellschaft,[455] ohne daß ihnen nennenswerte Bedeutung zukommt.

2. *Begriff*

Nach der Eingangsbestimmung des § 1 Abs. 1 PartGG ist die Partnerschaft eine Gesellschaft, in der sich Freiberufler „zur Ausübung ihrer Berufe" zusammenschließen. Damit ist die Partnerschaft wie die Sozietät in der Rechtsform der BGB-Gesellschaft eine Berufsausübungsgesellschaft. Zugleich ist eine reine Organisations-Partnerschaft unzulässig, die lediglich die für die Berufsausübung erforderlichen äußeren Rahmenbedingungen schaffen will.

Die Berufsausübung findet statt unter gemeinsamem Namen, in gemeinsamen Räumen, mit gemeinschaftlichen Einrichtungen und mit gemeinsamer Büroorganisation. Wie bei der BGB-Gesellschaft erfolgt eine gemeinsame Abrechnung für alle Partner.[456]

Die Partnerschaft ist rechtsfähig und damit selbst Vertragspartner des Mandanten.[457] Die Berufsausübung „in" der Partnerschaft kann in Vorschriften über einzelne Berufe ausgeschlossen oder von weiteren Voraussetzungen abhängig gemacht werden.[458] Die Partner erbringen ihre beruflichen Leistungen unter Beachtung des für sie geltenden Berufsrechts.[459] Daraus folgt, daß die Partnerschaft nicht selbst dem anwaltlichen Berufsrecht unterworfen ist. Adressat berufsrechtlicher Regelungen sind allein die ihr angehörenden Partner.

---

453 AnwBl 1995, 453 (454)
454 Vgl. die umfangreichen Verweisungen in §§ 2 Abs. 2 und 5 PartGG.
455 § 1 Abs. 4 PartGG
456 Henssler/Prütting-Henssler, BRAO, § 1 PartGG Rn 6
457 §§ 7 Abs, 2 PartGG i.V.m. 124 HGB
458 § 1 Abs. 3 PartGG
459 § 6 Abs. 1 PartGG

§ 1 Abs. 2 PartGG enthält einen weit gefaßten Katalog freier Berufe, deren Angehörige sich zu einer Partnerschaft zusammenschließen können. Dieser Katalog wird indes durch einen allgemeinen Berufsrechtsvorbehalt in § 1 Abs. 3 PartGG überlagert. Es gilt das Prinzip der *Meistbelastung*. Die Berufsträger müssen danach das jeweils strengste Berufsrecht beachten.[460] Ausgenommen von diesem Prinzip sind nur die Bestimmungen, welche das zivilrechtliche Mandatsverhältnis regeln (Verjährungsvorschriften, Regelungen über eine Haftungsbeschränkung). Diese Bestimmungen können ihrem Normzweck nach nur berufsbezogen angewendet werden. Demgegenüber können öffentlich-rechtliche Berufsausübungsregelungen, welche die Funktionsfähigkeit der Rechtspflege und ähnliche zentrale Rechtsgüter sichern sollen, ihre Funktion nur erfüllen, wenn sie von allen Partnern beachtet werden.

Der gesetzliche Hinweis auf „Mitglieder der Rechtsanwaltskammern“[461] bedeutet entgegen hierzu vertretener Auffassung[462] nicht, daß ausländische Anwälte als Partner ausscheiden. Ein solches Verständnis der Vorschrift übersieht, daß nach § 59a Abs. 3 BRAO auch ausländische Berufsträger einer inländischen Sozietät angehören können.[463] Es ist kein Grund dafür ersichtlich, die Partnerschaft anders als die BGB-Gesellschaft zu behandeln.

Auch aus den Gesetzesmaterialien läßt sich das Verbot einer internationalen Partnerschaft nicht herleiten.Vielmehr dient der mißverständliche Hinweis auf "Mitglieder von Rechtsanwaltskammern" lediglich dazu, auf eine Auflistung der einzelnen Kammermitgliedergruppen zu verzichten. Erfaßt sind deshalb neben den Rechtsanwälten auch die sog. Rechtsbeistände (Kammerrechtsbeistände).[464]

In der gesetzlichen Aufzählung fehlen die Notare. Die amtliche Begründung erklärt dies damit, daß für die Notare, die ein öffentliches Amt ausüben, bereits berufsrechtliche Regelungen eine Teilnahme an der Partnerschaft ausschlie-

---

460 Henssler, AnwBl 2000, 77 (78); Haarmann in FS 50 Jahre Arbeitsgemeinschaft der Fachanwälte für Steuerrecht (1999), 515 (525)

461 §§ 1 Abs. 2 PartGG, 59a Abs. 1 BRAO

462 So z.B. Schlosser, JZ 1995, 345 (348)

463 § 59a Abs. 3 BRAO lautet: „Eine Sozietät dürfen Rechtsanwälte auch bilden:
1. mit Angehörigen von Rechtsanwaltsberufen aus Mitgliedstaaten der Europäischen Union oder anderen Staaten, die gemäß § 206 berechtigt sind, sich im Geltungsbereich dieses Gesetzes niederzulassen und ihre Kanzlei im Ausland unterhalten...“

464 § 209 BRAO; der Beruf des Vollrechtsbeistandes ist ein aussterbender Beruf. Seit dem Gesetz vom 18.08.1980, BGBl. I, 1503, dürfen neue Berufsangehörige nicht mehr zugelassen werden; im Januar 1999 waren lediglich 419 Rechtsbeistände registriert, BRAK-Mitt. 1999, 90 (90).

ßen.[465] Für Anwaltsnotare gelten die Ausführungen zur BGB-Gesellschaft entsprechend, da § 59a Abs. 1 S. 3 BRAO auch für die Partnerschaft gilt.[466] Anwaltsnotare sind danach nur in ihrer Eigenschaft als Anwalt partnerschaftsfähig. Bedeutsam ist dies vor allem für den Namen der Partnerschaft, der nicht die Berufsbezeichnung Notar enthalten darf.[467] Hieraus folgt eine Ungleichbehandlung zur BGB-Gesellschaft. Es läßt sich fragen, warum der Anwaltsnotar in einer BGB-Gesellschaft als Notar "firmieren" darf, nicht hingegen in der Partnerschaft.[468]

Angehörige einer Partnerschaft können nach dem Wortlaut des § 1 Abs. 2 PartGG nur natürliche Personen, nicht Personenzusammenschlüsse sein. Die Bildung mehrstöckiger Gesellschaftsformen ist der Partnerschaft damit verwehrt. Auch hierin unterscheidet sie sich von der BGB-Gesellschaft.[469]

4. Gesellschafterstellung

Der Berufsrechtsvorbehalt des § 1 Abs. 3 PartGG führt auch zur Anwendung des 59a BRAO auf die Partnerschaft. Damit sind die Schranken der interprofessionellen Zusammenarbeit, wie sie für die BGB-Gesellschaft gelten, auch für die Partnerschaft zu beachten.[470] Für sie gelten deshalb die Zusammenschlußverbote und das Verbot der Sternsozietät in gleicher Weise.

Die Ausführungen zur BGB-Gesellschaft gelten auch mit Blick auf die Gesellschafterstellung innerhalb der Partnerschaft. Ihr können danach nur natürliche Personen, nicht hingegen Gesellschaften angehören. Es gilt das Verbot auswärtiger Kapitalbeteiligung. Wie bei der BGB-Gesellschaft bestehen auch für die interprofessionelle Partnerschaft keine berufsrechtlichen Mehrheitserfordernisse. Das PartGG enthält ebensowenig Regelungen, wonach ein Partner kraft Gesetzes aus der Partnerschaft ausscheidet, wenn er seine berufliche Tätigkeit einstellt. Es

---

465 BT-Ds. 12/6152, 10

466 Michalski/Römermann, PartGG, § 1 Rn 117; Meilicke/Graf von Westphalen, PartGG, § 1 Rn 48; so auch RegEPartGG, BT-Ds. 12/6152, 10; a.A. Feddersen/Meyer-Landrut, PartGG, § 1 Rn 12

467 Zulässig ist lediglich, auf die Bestellung zum Notar in einer Randleiste des Briefkopfes hinzuweisen (BT-Ds 12/6152, 10).

468 Vgl. oben D I 3d.

469 Vgl. D Va. Eine solche Einengung des Gesellschafterkreises ist dem Gesellschaftsrecht fremd. Systematisch hätte es nahegelegen, diese Frage dem Berufsrecht zu überlassen, das in stärkerer Weise Wandlungen unterworfen ist; in diesem Sinne etwa K. Schmidt, ZIP 1993, 633 (639); Michalski, ZIP 1993, 1210 (1211)

470 Feuerich/Braun, BRAO, § 59a Rn 8; Gail/Overlack, Anwaltsgesellschaften, 22; Kleine-Cosack, NJW 1994, 249 (257); s. im einzelnen oben D I.

bleibt den Partnern selbst überlassen, angemessen hierauf zu reagieren.[471] Ein Ausscheiden aus der Partnerschaft ist nur für den Fall geregelt, daß ein Partner die berufsrechtliche Zulassung verliert.[472]

5. *Geschäftsführung/Vertretung*

a) *Grundlagen*

Grundsätzlich ist jeder Partner allein geschäftsführungsbefugt,[473] sofern keine anderweitige Vereinbarung getroffen ist. Eine Grenze erfährt dieser dispositive Regelungsrahmen dadurch, daß Partner nicht von der Berufsausübung als Teil der Geschäftsführungsbefugnis ausgeschlossen werden dürfen. Ein Ausschluß ist nur hinsichtlich der nicht berufsbezogenen Hilfsgeschäfte zulässig.[474]

Damit wird dem Prinzip der Selbstorganschaft Rechnung getragen. In den Gesetzesmaterialien heißt es hierzu, ein Ausschluß vom Hauptinhalt der Geschäftsführung - der freien Berufsausübung - widerspreche den Grundsätzen der Selbständigkeit und Eigenverantwortlichkeit des Freiberuflers. Er eröffne im Ergebnis die Möglichkeit einer bloßen Kapitalbeteiligung und stünde damit im Widerspruch zum Erfordernis aktiver Mitarbeit in einer Berufsausübungsgesellschaft.[475] Der gesellschaftsrechtliche Ausschluß eines Partners von jeglicher Berufsausübung ist deshalb nur im Wege der Ausschließung des Partners aus der Partnerschaft möglich.[476]

§ 7 Abs. 3 PartGG erklärt das Vertretungsrecht der OHG für entsprechend anwendbar. Damit gilt auch für die Partnerschaft der Grundsatz der Alleinvertretungsmacht jedes Partners.[477] Es besteht die Möglichkeit, Gesamtvertretungsmacht zu vereinbaren, oder einzelne Partner von der Vertretungsmacht auszuschließen.[478] Derartige Vereinbarungen sind in das Partnerschaftsregister

---

471 In der amtlichen Begründung (BT-Ds. 12/6152, 9, heißt es hierzu: „Stellt ein Partner seine aktive Mitarbeit ein, so kann er u.U. gemäß § 9 Abs. 1 PartGG i.V.m. § 140 HGB durch gerichtliche Entscheidung oder bei dementsprechender Gestaltung des Partnerschaftsvertrages auch durch Beschluß ausgeschlossen werden. Eine flexible Handhabung in Fällen, in denen ein Partner sich aus gesundheitlichen oder Altersgründen aus der aktiven Mitarbeit zurückzieht, ist danach möglich."

472 § 9 Abs. 3 PartGG

473 § 6 Abs. 2 PartGG

474 § 6 Abs. 2 PartGG

475 BT-Ds. 12/6152, 15

476 Tiling/Johann, Rechtsanwalts-Handbuch, H 5 Rn 56

477 §§ 7 Abs. 3 PartGG, 125 Abs. 1, 126 HGB

478 §§ 7 Abs. 3 PartGG, 125 Abs. 4 HGB

einzutragen. Auch die Entziehung der Vertretungsmacht ist zulässig.[479] Sie vollzieht sich auf Antrag der übrigen Partner im Wege gerichtlicher Entscheidung. Voraussetzung hierfür ist das Vorliegen eines wichtigen Grundes, insbesondere eine grobe Pflichtverletzung oder die Unfähigkeit zur ordnungsgemäßen Vertretung der Partnerschaft.

Der allgemeine Berufsrechtsvorbehalt des § 1 Abs. 3 PartGG verweist nicht nur auf einschränkende Vorschriften des anwaltlichen Berufsrechts. Vielmehr ergaben sich aufgrund des Prinzips der Meistbelastung bei der interprofessionellen Partnerschaft unter Beteiligung von Steuerberatern in der Vergangenheit erhebliche Probleme.

b) Befugnis zur Steuerberatung

Der BFH[480] hatte - entgegen der h.M. im Schrifttum[481] - der einfachen, also nicht als Steuerberatungsgesellschaft anerkannten Partnerschaft die Befugnis zur Steuerberatung verwehrt. Zur Begründung konnte das Gericht auf § 3 StBerG a. F. in der bis zum 30.06.2000 gültigen Fassung verweisen. Danach war nur natürlichen Personen und anerkannten Steuerberatungsgesellschaften eine geschäftsmäßige Hilfe in Steuersachen erlaubt.[482] Die einfache Partnerschaft durfte damit nicht als Verfahrensbevollmächtigte im Einspruchs- oder finanzgerichtlichen Klageverfahren auftreten. Die Berufshaftpflichtversicherer lehnten unter Hinweis auf diese Rechtsprechung eine Deckung für die steuerberatende Tätigkeit der Partnerschaft insgesamt ab.[483]

In Fortführung seiner Rechtsprechung verwarf der BFH in einer weiteren Entscheidung[484] die von einer Partnerschaft in einem Finanzgerichtsprozeß eingelegte Revision als unzulässig. Zur Begründung stützte sich das Gericht auf Art. 1 Nr. 1 S. 1 BFHEntlG a. F. [485], wonach vor dem BFH nur natürliche Personen (Anwälte, Steuerberater und Wirtschaftsprüfer) postulationsfähig waren.[486] Die offensichtliche Ungleichbehandlung mit der traditionellen Sozietät in der Rechts-

---

479 §§ 7 Abs. 3 PartGG, 127 HGB

480 DStR 1998, 1630 (1631)

481 Michalski/Römermann, PartGG, § 1 Rn 113 und 113a; Meilicke/Graf von Westphalen, PartGG, § 1 Rn 115; Eggesieker/Keuenhof, BB 1995, 2049 ff.; Seibert, DB 1994, 2381 ff.

482 Zustimmend Gehre, StBerG, § 56 Rn 16; a.A. Kuhls/Meurers/Maxl/Schäfer/Goez, StBerG, § 56 Rn 108

483 Auskunft des Gerling-Berufshaftpflichtversicherers, Hannover

484 BRAK-Mitt. 1999, 152 (152)

485 In der Fassung des Änderungsgesetzes vom 26.11.1996 (BGBl. I, 1810)

486 Ausgenommen sind juristische Personen des öffentlichen Rechts und Behörden.

form der BGB-Gesellschaft rechtfertigte das Gericht mit der eigenen Rechtsfähigkeit der Partnerschaft[487]

Mit einer dritten berufsrechtlichen Entscheidung[488] gab der BFH daraufhin einem Antrag auf Wiedereinsetzung in den vorigen Stand statt, um die Folgen seiner neuen Rechtsprechung abzumildern. Im zugrundeliegenden Fall hatte ein Anwalt Revision unter dem Namen einer Anwaltspartnerschaft eingelegt.[489] Das Gericht sah diesen Irrtum über die Verfahrenslage als unverschuldet an, weil es selbst Verfahrenshandlungen von Partnerschaften lange Zeit unbeanstandet gelassen hatte.

Diese Klarstellung bedeutete indes Rechtssicherheit nur für den entschiedenen Einzelfall, so daß der Gesetzgeber zum Handeln gezwungen war. Mit der seit dem 01.07.2000 in Kraft getretenen Neufassung des § 3 Nr. 2 StBerG ist nunmehr klargestellt, daß auch einfache Partnerschaften zur geschäftsmäßigen Hilfeleistung in Steuersachen befugt sind. Dies gilt seit dem 01.01.2001 auch für die Prozeßvertretung vor dem BFH.[490]

c) Befugnis zur Rechtsberatung

Die - inzwischen überholte - Rechtsprechung des BFH zur fehlenden Steuerberatungsbefugnis der einfachen Partnerschaft wirft die weitergehende Frage auf, ob diese auch zur Rechtsberatung befugt ist. Auf den ersten Blick scheint dies eindeutig zu bejahen zu sein. Immerhin sieht die seit dem 01.03.1999 in Kraft getretene Neufassung des Art. 1 § 3 Nr. 2 RBerG ausdrücklich vor, daß „Rechtsanwaltsgesellschaften“ vom Anwendungsbereich des RBerG ausgenommen sind. Für eine Erlaubnis zur Rechtsberatung spricht auch die seit dem 01.01.2001 in Kraft befindliche Neufassung des § 7 Abs. 4 PartGG[491]:

> „Die Partnerschaft kann als Prozeß- oder Verfahrensbevollmächtigte beauftragt werden. Sie handelt durch ihre Partner und Vertreter, in deren Person die für die Erbringung rechtsbesorgender Leistungen gesetzlich vorgeschriebenen Voraussetzungen im Einzelfalle vorliegen müssen, und ist in gleichem Umfang wie diese postulationsfähig. Verteidiger im Sinne der §§ 137 ff. der Strafprozeßordnung ist nur die für die Partnerschaft handelnde Person."

---

487 BRAK-Mitt. 1999, 152 (153)
488 BFH, DStR 1999, 1440 (1441)
489 Auch in Art. 1 Nr. 1 BFHEntlG sind Partnerschaften nicht als Prozeßbevollmächtigte genannt.
490 § 62a Abs. 2 FGO, BGBl. I 2000, 1757 (1757)
491 BGBl. I 2000, 1757 (1759)

Allerdings steht die Befugnis zur Rechtsberatung nach § 3 Abs. 1 BRAO ausschließlich Anwälten zu. Zur Anwaltschaft kann nur zugelassen werden, wer die Befähigung zum Richteramt nach dem DRiG erlangt hat, die Eingliederungsvoraussetzungen nach dem EuRAG erfüllt oder die Eignungsprüfung nach diesem Gesetz bestanden hat.[492] Diese Voraussetzungen erfüllen nur natürliche Personen, nicht hingegen die rechtsfähige Partnerschaft. Dem entspricht es, daß der Berufsrechtsvorbehalt des § 1 Abs. 3 PartGG formuliert, daß die Berufsausübung „in" der Partnerschaft durch das Berufsrecht eingeschränkt werden kann. Auch § 6 Abs. 1 PartGG verweist lediglich darauf, daß „die Partner" ihre Leistungen unter Beachtung des für sie geltenden Berufsrechts erbringen.

Soweit auf Art. 1 § 3 Nr. 2 RBerG hingewiesen wird, der „Rechtsanwaltsgesellschaften" vom Anwendungsbereich des RBerG ausnimmt, wird übersehen, daß die Bezeichnung „Rechtsanwaltsgesellschaft" allein für die Anwalts-GmbH reserviert ist.[493] Auch aus diesem exklusiven Kennzeichnungsrecht wird deutlich, daß die Partnerschaft einer ausdrücklichen Erlaubnis zur Rechtsberatung bedarf, wenn sie selbst rechtsberatend tätig werden will.

Etwas anderes folgt auch nicht daraus, daß der Begriff der Sozietät in § 59a BRAO die Partnerschaft mitumfaßt.[494] Die BGB-Gesellschaft als solche ist ebenfalls nicht zur Rechtsberatung befugt. Soweit in der Praxis in Schriftsätzen an das Gericht nur „die Sozietät" als Prozeßbevollmächtigte im Rubrum genannt wird, beruht dies auf einer ungenauen Verkürzung des Sprachgebrauchs. Das Mandatsverhältnis besteht bei der Partnerschaft von vornherein nur mit dieser selbst und nicht mit ihren Partnern. Die einzelnen Partner werden allerdings *für* die Partnerschaft tätig und sind damit berufsrechtlich gebunden.

Erhebliche Bedeutung erlangt die Unterscheidung von zivilrechtlichem Grundverhältnis und berufsrechtlicher Befugnis auch hier im Prozeßrecht. Wird etwa im Rubrum einer Klage als Prozeßbevollmächtigter nur „die Partnerschaft" genannt, ist die Verfahrenshandlung unwirksam. Die Versäumung einer Prozeßhandlung (z.B. fristgerechte Einlegung einer Berufung) hat zur Folge, daß die Partei mit der vorzunehmenden Prozeßhandlung ausgeschlossen ist.[495] Einer vorherigen Androhung dieser gesetzlichen Folge durch das Gericht bedarf es nicht.

---

492 § 4 BRAO
493 § 59 k Abs. 2 BRAO
494 S. o. D vor I.
495 § 230 ZPO

6. Haftung

a) Gesamtschuldnerische Haftung

Der Gesetzgeber hat sich in § 8 Abs. 1 PartGG für eine personengesellschaftsrechtliche Haftungsverfassung der Partnerschaft entschieden.[496] Danach haften dem Gläubiger grundsätzlich das Vermögen der Partnerschaft sowie sämtliche Partner als Gesamtschuldner. Dies entspricht im Ausgangspunkt dem Haftungsstatut der OHG.[497]

b) Haftungskonzentration auf den verantwortlichen Partner

Bereits bei Einführung des PartGG war die gesamtschuldnerische Mithaftung aller Partner umstritten. Die Notwendigkeit einer Haftungsbeschränkung wurde für diejenigen Partner erwogen, die mit der schadenstiftenden Leistungserbringung gar nicht befaßt waren. Eine Mithaftung für die nicht kontrollierbare Berufsausübung eines anderen Partners erschien insbesondere bei großen, überregionalen Berufsausübungsgesellschaften zunehmend fragwürdig.[498]

Nach § 8 Abs. 2 PartGG a.F. konnten die Partner ihre Berufshaftung unter Verwendung vorformulierter Vertragsbedingungen auf den Partner beschränken, der die berufliche Leistung zu erbringen oder verantwortlich zu leiten hatte. Mit dieser Regelung war erstmals eine Haftungsbeschränkung auf den oder die federführenden Partner möglich.[499] Ungeklärt war dabei das Konkurrenzverhältnis zu der Möglichkeit einer vertragsrechtlichen Haftungskonzentration nach § 51a BRAO. Die praktische Bedeutung dieses Meinungsstreits war groß, weil § 8 Abs. 2 PartGG a.F. - anders als die berufsrechtliche Regelung - auf einschränkende formelle Voraussetzungen verzichtete (namentliche Nennung des verantwortlichen Partners und Unterzeichnung einer gesonderten Erklärung durch den Mandanten). Nachteilig an der „Vertragslösung" war schließlich, daß eine Einbeziehung der Haftungsbeschränkung in den Anwaltsvertrag[500] erforderlich war. Um das Vertrauensverhältnis zum Mandanten nicht bereits bei seiner Entstehung mit Hinweisen auf die Folgen fehlerhafter Berufsausübung zu belasten, wurde hiervon in der Praxis nur selten Gebrauch gemacht.

---

496 In diesem Sinne Lenz, MDR 1994, 741 (742)
497 §§ 124, 128 HGB
498 BT-Ds. 12/6152, 19
499 Sieg, Internationale Anwaltshaftung, 155
500 § 2 f. AGBG

An die Stelle der Vertragslösung ist mit der Neufassung des § 8 Abs. 2 PartGG eine gesetzliche Haftungskonzentration getreten.[501] Haftbar ist danach nur noch derjenige Partner, der mit der Bearbeitung eines Auftrags befaßt war. Die Haftungskonzentration bezieht sich nur auf Ansprüche aus Schäden wegen fehlerhafter Berufsausübung, nicht auf solche, die sich aus der allgemeinen Teilnahme am Rechtsverkehr ergeben.[502] Die Einführung einer gesetzlichen Haftungskonzentration darf als sensationell bezeichnet werden, da sie keine Vorgängerregelung im deutschen Recht kennt.

Mit der Mandatsbearbeitung befaßt und damit persönlich haftbar ist ein Partner, wenn er das Mandat selbst bearbeitet, seine Bearbeitung überwacht oder dies nach der internen Zuständigkeit hätte tun müssen.[503] Die Haftungskonzentration setzt also voraus, daß zumindest ein Partner die persönliche Verantwortung für einen Berufsfehler übernimmt.[504]

Nicht ausreichend ist die Übernahme der Verantwortung durch einen angestellten oder freien Mitarbeiter, auch wenn dieser als Scheinpartner anzusehen ist.[505] Zu empfehlen ist deshalb unter Haftungsgesichtspunkten, jedem Scheinpartner einen "Leitpartner" als Aufsichtsperson zuzuordnen und Inhalt und Umfang der Leitpartnerschaft schriftlich zu dokumentieren. Läßt sich eine derartige förmliche Zuweisung von Aufsichtsfunktionen innerhalb einer Partnerschaft nicht nachweisen, die zudem im Kanzleialltag auch „gelebt“ werden muß, bleibt es gemäß § 8 Abs. 1 PartGG bei der gesamtschuldnerischen Haftung aller Partner.

Von der Haftung ausgenommen sind nach § 8 Abs. 2 PartGG nur Bearbeitungsbeiträge von „untergeordneter Bedeutung". Was hierunter zu verstehen ist, wird die Rechtsprechung zu klären haben. Als untergeordnet dürften z.B. Fristverlängerungsanträge oder Urlaubsvertretungen ohne eigentliche inhaltliche Aktenbearbeitung anzusehen sein. Gleiches gilt für die Abzeichnung von Schriftsätzen eines an der Unterschrift vorübergehend verhinderten Kollegen. Dies sollte jedoch bei der Unterzeichnung durch einen entsprechenden Zusatz kenntlich gemacht werden.[506] Andernfalls wird nach Anscheinsgrundsätzen davon auszugehen sein, daß auch der Unterzeichner mit der Angelegenheit befaßt war.

---

501 In Kraft seit dem 01.07.1998

502 BT-Ds. 12/6152, 17

503 Seibert, DSWR 1999, 191 (192)

504 Seibert, BRAK-Mitt. 1998, 210 (211)

505 Etwa bei Nennung als Partner in den Drucksachen der Partnerschaft

506 Z.B. „für den nach Diktat verreisten ..." oder „für den an der Unterschrift gehinderten ...".

c) Einbeziehung von Vorsatztaten

Fraglich ist, ob die gesetzliche Haftungskonzentration auch für Fälle vorsätzlichen Handelns gilt. In der Literatur wird dies bejaht, da dem Wortlaut des § 8 Abs. 2 PartGG keine ausdrückliche Begrenzung auf fahrlässiges Fehlverhalten zu entnehmen sei.[507] Nicht mit der Mandatsbearbeitung befaßte Partner haften danach nicht für vorsätzlich begangene Fehler eines anderen Partners.

Gegen diese Auffassung könnte § 276 Abs. 2 BGB sprechen, wonach dem Schuldner nicht im voraus die Haftung für vorsätzliches Handeln erlassen werden darf. Auch die Begründung zum Regierungsentwurf hat hierauf Bezug genommen:

> „Unberührt bleiben auch die allgemeinen, insbesondere in den §§ 134, 138 und 276 Abs. 2 BGB niedergelegten Grenzen vertraglicher Abreden"[508]

Der Hinweis auf § 276 Abs. 2 BGB ist allerdings nicht eindeutig, da diese Vorschrift lediglich die Haftung für eigenes Verschulden regelt. Demgegenüber will § 8 Abs. 2 PartGG durch die Anordnung einer Haftungskonzentration gerade eine Haftung für fremdes Verschulden ausschließen. Hierfür gilt jedoch § 278 S. 2 BGB, wonach ein Haftungsausschluß für Vorsatztaten von Erfüllungsgehilfen zulässig ist.

In diesem Sinne äußerte sich der Gesetzgeber an anderer Stelle, wenn er ausführt:

> „Für die Zurechnung eines Fehlverhaltens hinzugezogener Partner oder angestellter Personen bei der Erbringung der Dienstleistung gilt neben § 8 Abs. 1 S. 1 des Entwurfs die allgemeine Vorschrift des § 278 BGB."

Für die Einbeziehung von Vorsatztaten in den Haftungsausschluß spricht auch die ratio legis des § 8 Abs. 2 PartGG. Der Gesetzgeber wollte mit seiner Einführung eine Haftungserleichterung für nicht mit der Mandatsbearbeitung befaßte Partner erreichen. Dieses Regelungsziel würde verfehlt, wenn Vorsatztaten vom Anwendungsbereich der Norm ausgeklammert blieben, da die Partner hierbei in besonderer Weise schutzwürdig sind. Eine Mithaftung für Exzesse eines anderen Partners ist auch nicht durch vorrangige Interessen des Mandanten geboten. Dieser beauftragt die Partnerschaft nicht in erster Linie aus Haftungsgründen, sondern weil er sich von ihr eine bessere Mandatsbearbeitung erhofft.

---

507 Seibert, Die Partnerschaft, 58

508 BT-Ds. 12/6152, 17

Im Ergebnis stellt § 8 Abs. 2 PartGG deshalb eine abschließende Sonderregelung für alle Verschuldensformen dar. Den Anwälten steht erstmals eine praktikable Möglichkeit der Haftungsbeschränkung zur Verfügung, die weder das Vertrauen als Grundlage des Mandatsverhältnisses belastet noch zur Flucht in die Kapitalgesellschaft zwingt.[509]

d) Beweislastfragen

Die gesetzliche Haftungskonzentration darf nicht dazu führen, daß der Mandant im Schadensfall nicht weiß, an welchen Partner er sich halten kann. Es obliegt deshalb der Partnerschaft die Darlegungs- und Beweislast dafür, daß die Haftung beschränkt ist und welcher Partner mit der Mandatsbearbeitung befaßt war.[510]

Unberührt von einer Haftungskonzentration auf den verantwortlichen Partner bleibt die Haftung der Partnerschaft selbst mit ihrem gesamten Vermögen. Ihre Haftung kann nicht abbedungen, sondern lediglich im Rahmen des § 51a BRAO der Höhe nach beschränkt werden.

7. Versicherungsrechtliche Fragen

Das PartGG enthält keine Regelungen für den Abschluß einer Berufshaftpflichtversicherung der Partnerschaft. Infolge der ursprünglich vorgesehenen persönlichen Haftung aller Partner hatte der Gesetzgeber eine eigenständige Versicherungspflicht nicht für erforderlich gehalten.[511] Sofern die Partnerschaft nicht förmlich als Steuerberatungs- oder Wirtschaftsprüfungsgesellschaft anerkannt ist, sind deshalb lediglich die einzelnen Partner versicherungspflichtig.[512] Für diese gelten die Ausführungen oben zur Sozietät in der Rechtsform der BGB-Gesellschaft entsprechend (Mindestversicherungssumme 500.000 DM für jeden Versicherungsfall,[513] Maximierung auf 2 Mio. DM).

---

509 In diesem Sinne auch Römermann, GmbHR 1998, 966 (967)
510 Seibert, DSWR 1999, 191 (192)
511 Vgl. hierzu den Bericht des Rechtsausschusses in BT-Ds. 13/10955, 13.
512 §§ 67 S. 1 i.V.m. 72 Abs. 1 StBerG, 54 Abs. 1 S. 1 WPO
513 § 51 Abs. 4 BRAO

III. GmbH

1. Gesetzgebungsbeschichte

Seit dem 01.03.1999 ist die Anwalts-GmbH als Organisationsform anwaltlicher Berufsausübung ausdrücklich zugelassen.[514] Es wird erwartet, daß sich insbesondere die interprofessionell ausgerichteten Beratungsgesellschaften für die Anwalts-GmbH als Rechtsform entscheiden werden. In der Vergangenheit haben Steuerberater und Wirtschaftsprüfer bereits gute Erfahrungen mit der Kapitalgesellschaft gemacht.[515]

Der gesetzlichen Regelung vorangegangen war ein aufsehenerregender Beschluß des BayObLG in einer Registersache.[516] Hierin erklärte das Gericht die Anwalts-GmbH bereits nach altem Recht für zulässig. Es schloß sich damit einer im Vordringen befindlichen Meinung im Schrifttum an.[517] In der Folge hatten sich andere Registergerichte dieser Rechtsprechung angeschlossen.[518] Vor allem *Ahlers*[519] kommt das Verdienst zu, die verfassungsrechtlichen Ansätze für eine Kehrtwende in der Meinungsbildung herausgearbeitet zu haben.

Das BayObLG urteilte, der Zulässigkeit der Anwalts-GmbH stünde weder ein berufsrechtliches Verbot noch ein gewohnheitsrechtlich fixiertes Berufsbild entgegen. Nicht die Erlaubnis, sondern vielmehr das Verbot der Anwalts-GmbH be-

---

514 Gesetz vom 31.08.1998, BGBl. I, 2600 ff.

515 Henssler, NJW 1999, 241 (241)

516 NJW 1995, 199 ff.

517 Für die Zulässigkeit der Anwalts-GmbH etwa Henssler, ZHR 161 (1997), 305 ff.; Oppermann, AnwBl 1995, 453 ff.; Sommer, GmbHR 1995, 249 ff.; Boin, NJW 1995, 371 ff.; Dauner-Lieb, GmbHR 1995, 259 ff.; Hartung/Holl-Römermann, Anwaltliche BerufsO, v. § 30 Rn 136; Heinemann, AnwBl 1991, 233 ff.; die Anwalts-GmbH ablehnend: Taupitz, NJW 1995, 369 ff.; Kempter, BRAK-Mitt. 1995, 4 ff.; OVG Koblenz, NJW 1980, 1867 (1867); Odersky AnwBl 1991, 238 (242)

518 OLG Bamberg, MDR 1996, 423 (423); LG Baden-Baden, AnwBl 1996, 537 (537); aus der sonstigen Rechtsprechung vgl. etwa AGH Baden-Württemberg, ZIP 1997, 1503 (1503); in nahezu allen Bezirken der Anwaltskammern wurden daraufhin Anwalts-GmbHs eingetragen, von denen sich einige zu größeren überörtlichen Berufsausübungsgesellschaften entwickelten, vgl. Henssler, ZIP 1997, 1481 (1482); Hellwig, ZHR 161 (1997), 337 (341); soweit die Eintragung von Anwalts-GmbHs abgelehnt wurde, richteten sich die Bedenken der Registergerichte nicht gegen die Zulässigkeit der Anwalts-GmbH als solche, sondern nur gegen ihre gesellschaftsvertragliche Ausgestaltung. Abgelehnt wurde beispielsweise die Eintragung einer Anwalts-GmbH, an der nicht-anwaltliche Gesellschafter beteiligt werden sollten (OLG Köln, ZIP 1997, 1502 (1502).

519 AnwBl 1995, 121 ff. und 3 ff; FS f. Heinz Rowedder 1994, 1 ff.

dürfe einer gesetzlichen Regelung.[520] Ein näheres Eingehen auf die im Schrifttum zum Teil heftig geführte Kontroverse über die Entscheidung des BayObLG ist für Zwecke dieser Darstellung entbehrlich. Die Kritik hieran ist mit Inkrafttreten der gesetzlichen Regelung der Anwalts-GmbH verstummt.

Die gerichtliche Rechtsfortbildung erforderte eine gesetzliche Regelung der Anwalts-GmbH. Nur auf diese Weise ließ sich der Gefahr einer Rechtszersplitterung mit unterschiedlichen Anforderungen der Registergerichte an den Inhalt des Gesellschaftsvertrages begegnen.[521] Daraufhin legte das Bundesministerium der Justiz einen *Referentenentwurf*[522] vor. Der Entwurf sah die Einführung einer dem GmbH-Recht wesensfremden Handelndenhaftung ihrer Geschäftsführer vor. Die Gesellschafterstellung war an die Übernahme des Geschäftsführeramtes gekoppelt, so daß im Ergebnis eine unbeschränkte persönliche Haftung aller Gesellschafter bestand.[523] Der Anwalts-GmbH blieb die Postulationsfähigkeit ebenso verwehrt wie die Möglichkeit einer gleichberechtigten interprofessionellen Zusammenarbeit.

Die Stellungnahmen zum Referentenentwurf fielen durchweg negativ aus.[524] Sowohl die Bundesrechtsanwaltskammer[525] als auch der Deutsche Anwaltverein[526] hatten sich übereinstimmend gegen wesentliche Teile des Entwurfes ausgesprochen. Der schließlich vorgelegte *Regierungsentwurf*[527] half einigen der aufgezeigten Mängel ab. Er verzichtete auf eine Handelndenhaftung und die problematische Verpflichtung aller Gesellschafter zur Übernahme der Geschäftsführerposition. Insgesamt läßt sich feststellen, daß der Regierungsentwurf stärker am StBerG und der WPO orientiert ist. Im Gesetzgebungsverfahren selbst wurden nur noch geringfügige Änderungen am Regierungsentwurf vorgenommen.

Die berufsrechtlichen Voraussetzungen, die das BayObLG[528] und das Schrifttum[529] an die Zulässigkeit der Anwalts-GmbH gestellt hatten, sind vom

---

520 NJW 1995, 199 (200)

521 Hellwig, ZHR 161 (1997), 337 (350); Henssler, DB 1995, 1549 (1550); in diesem Sinne auch Schlosser, JZ 1995, 345 (346); Stellungnahme des DAV, AnwBl 1995, 251 (252)

522 Vom März 1997, abgedruckt in ZIP 1997, 1518 ff.

523 §§ 57, 58 GmbHG; zur Kritik eingehend Henssler, ZIP 1997, 1481 (1484)

524 Gerlt, MDR 1998, 259 ff.

525 Stellungnahme der Hauptversammlung der Bundesrechtsanwaltskammer auf der Sitzung vom 22.05.1997 (unveröffentlicht)

526 Gemeinsame Stellungnahme des Berufsrechts- und des Sozietätsrechtsausschusses vom Juni 1997 (unveröffentlicht)

527 Vom 09.02.1998, abgedruckt in ZIP 1998, 221 ff.

528 NJW 1995, 199 ff.

529 Vgl. statt aller nur Ahlers, AnwBl 1995, 3 ff.; Koch, AnwBl 1993, 157 ff.; Sommer, GmbH-Rundschau 1995, 249 ff. m.w.N.

Gesetzgeber übernommen worden. Hierzu zählen etwa die Beschränkung des Kreises der Gesellschafter und Geschäftsführer auf Anwälte und sozietätsfähige Berufsträger. In gleicher Weise übernommen wurden die Forderungen nach Weisungsunabhängigkeit der Geschäftsführer und Gesellschafter, die Pflicht zur aktiven Mitarbeit in der GmbH sowie der Abschluß einer erhöhten Berufshaftpflichtversicherung.

Die für den Gegenstand dieser Arbeit bedeutsamen gesetzlichen Regelungen der Anwalts-GmbH werden nachfolgend untersucht:

2. *Unternehmensgegenstand, Kanzleisitz*

Gemäß § 59c Abs. 1 S. 1 BRAO kann eine GmbH, deren Unternehmensgegenstand die Beratung und Vertretung in Rechtsangelegenheiten ist, als Rechtsanwaltsgesellschaft zugelassen werden. Dem entspricht die Ausnahmevorschrift des Art. 1 § 3 Nr. 2 RBerG, wonach die Berufstätigkeit der Rechtsanwaltsgesellschaften von den Verbotstatbeständen des RBerG unberührt bleibt.

Die Anwalts-GmbH darf damit keinem anderweitigen Unternehmensgegenstand als Rechtsberatung und -vertretung nachgehen,[530] da es sich um eine abschließende Aufzählung handelt. Ihr ist insbesondere eine weitergehende erwerbswirtschaftliche Betätigung verboten.[531] Unzulässig ist auch die Gründung einer reinen Organisations-GmbH, die lediglich die für die Berufsausübung erforderlichen Rahmenbedingungen schaffen will. Damit ist zugleich die Ausgliederung eines Management- und Unternehmensberatungsbereichs aus der Anwalts-GmbH unzulässig. Nach der Entwurfsbegründung kann sich eine Anwalts-GmbH jedoch zugleich als Steuerberatungs- oder Wirtschaftsprüfungsgesellschaft anerkennen lassen, da sie insoweit beruflich tätig wird.

Die GmbH ist selbst postulationsfähig und damit Prozeß- und Verfahrensbevollmächtigte.[532] Sie handelt durch ihre Geschäftsführer als Organe oder durch Vertreter, etwa ihre Gesellschafter. Verteidiger i.S. der §§ 137 ff. StPO ist jedoch nur der für die Anwalts-GmbH handelnde Anwalt.

Die eigenständige Postulationsfähigkeit der Anwalts-GmbH hat einem bisherigen Hindernis abgeholfen: Nach altem Recht mußte der Mandant sowohl der GmbH als auch dem für sie forensisch tätigen Anwalt eine Prozeßvollmacht erteilen. Die Vollmachterteilung ließ sich trotz ihrer Abstraktheit als konkludente

530 Zuck, MDR 1998, 1317 (1318); Feuerich/Braun, BRAO, § 59 c Rn 10; a.A. Römermann, GmbHR 1999, 1175 (1177)

531 Vgl. die Begründung des Regierungsentwurfs in ZIP 1998, 221 (221).

532 § 59 l BRAO

Begründung eines gesonderten Prozeßrechtsverhältnisses werten. Damit lief der Prozeßvertreter stets Gefahr, persönlich für etwaige Fehler in der Prozeßführung einstehen zu müssen.[533]

Nach § 59i Abs. 1 BRAO muß die Anwalts-GmbH ihre Kanzlei am Sitzort unterhalten. In der Kanzlei muß verantwortlich zumindest ein Geschäftsführer tätig sein, für den die Kanzlei den Mittelpunkt seiner beruflichen Tätigkeit bildet. Die Leitung von Zweigniederlassungen[534] darf ausschließlich anwaltlichen Geschäftsführern überlassen werden. Die Zulässigkeit einer Zweigniederlassung bedeutet die Anerkennung einer überörtlichen GmbH, führt jedoch gleichzeitig zu einer sachlich nicht gebotenen Benachteiligung. Eine Verpflichtung zur Leitung durch einen Generalbevollmächtigten oder Prokuristen hätte den Interessen des Rechtsverkehrs hinreichend Rechnung getragen.[535]

3. Gesellschafterkreis

Berufsrechtlich unbedenklich ist die Gründung einer Ein-Mann-Anwalts-GmbH. Aus § 59e BRAO, in dem von „Gesellschaftern" die Rede ist, folgt nichts anderes. Diese Vorschrift regelt nur, wer überhaupt Gesellschafter sein kann. Eine weitergehende Bedeutung kommt der Verwendung des Plurals nicht zu. Auch rechtspolitisch bestand kein Anlaß, den Einzelanwalt im Wettbewerb mit Mehrpersonen-Kanzleien schlechter zu stellen.[536]

Nach § 59e Abs. 1 BRAO dürfen sich neben Anwälten nur natürliche, sozietätsfähige Personen i.S. des § 59a BRAO an einer Anwalts-GmbH als Gesellschafter beteiligen.[537] Damit ist die Möglichkeit einer interprofessionellen Zu-

533 Kaiser/Bellstedt, Die Anwaltssozietät, 176; Henssler, NJW 1999, 241 (243)

534 Die Zulässigkeit von Zweigniederlassungen ist nicht zu verwechseln mit dem Zweigstellenverbot des § 28 BRAO, der den unerwünschten Wettbewerb durch einen am Kanzleiort nicht ständig erreichbaren Berufsträger verhindern will (Henssler, DB 1995, 1549 (1551). Die Bestimmung, wonach der einzelne Anwalt stets nur eine Kanzlei unterhalten darf, gilt für den gesellschaftsrechtlichen Zusammenschluß gerade nicht (BGH, NJW 1993, 196 (197). Die Zweigniederlassung der GmbH entspricht damit dem mehrfachen Kanzleisitz bei der überörtlichen Sozietät (Henssler, NJW 1999, 241 (243).

535 Henssler, NJW 1999, 241 (243)

536 Hommelhoff/Schwab, WiB 1995, 115 (117)

537 Dies wurde bereits vom Referentenentwurf und Teilen des Schrifttums gefordert, vgl. etwa Henssler/Prütting-Henssler, BRAO, Anhang zu § 59a Rn 7; a.A. Michalski/Römermann, NJW 1996, 3233 (3238).

sammenarbeit auch für die Anwalts-GmbH gesetzlich abgesichert.[538] Die Beschränkung auf natürliche Personen schließt eine Gesellschafterstellung rechtsfähiger Zusammenschlüsse (Partnerschaft, GmbH, AG, Genossenschaft) aus. Die Geschäftsanteile müssen den Gesellschaftern daneben ungeteilt zur Verfügung stehen.[539] Auch eine BGB-Gesellschaft kann deshalb nicht Gesellschafter einer Anwalts-GmbH sein.[540] Bereits die Verfasser des Referentenentwurfs hatten dies mit einem Bedürfnis nach Transparenz des Gesellschafterbestandes begründet.[541]

Anwaltsnotaren ist eine Beteiligung an der Anwalts-GmbH möglich. Der Bundesrat hatte noch im Gesetzgebungsverfahren vorgeschlagen, in § 9 Abs. 3 BNotO ein Verbot der Gesellschafterbeteiligung aufzunehmen.[542] Eine solche Regelung hätte zu einer unbilligen Beschränkung der Berufsausübung von Anwaltsnotaren geführt. Anders als Nur-Notare sind Anwaltsnotare auf die parallele Ausübung ihres Anwaltsberufs neben ihrer hoheitlichen Tätigkeit angewiesen. Regelmäßig reichen die Einkünfte aus der Notariatstätigkeit allein nicht aus, um ein angemessenes Auskommen sicherzustellen.[543] Aufgrund der Personenbezogenheit des Notaramtes kann die notarielle Tätigkeit jedoch nicht durch die Anwalts-GmbH selbst oder unter ihrem Namen ausgeübt werden.[544]

§ 59c Abs. 2 BRAO erklärt eine Beteiligung der Anwalts-GmbH an anderen Zusammenschlüssen zur gemeinschaftlichen Berufsausübung für unzulässig. Die Bildung von Holdingkonstruktionen ist der Anwalts-GmbH damit verwehrt. Ebenfalls ausgeschlossen ist die gemeinschaftliche Berufsausübung mit einer natürlichen Person. Auch diese Beteiligungsverbote sollen wechselseitige Abhängigkeiten vermeiden und die erforderliche Transparenz sicherstellen.[545]

Nicht zu folgen ist *Henssler*[546], demzufolge die Anwalts-GmbH herrschendes Konzernunternehmen sein kann, sofern keine gemeinschaftliche Berufsausübung mit dem abhängigen Unternehmen angestrebt wird. Eine solche Beteiligungsmöglichkeit widerspricht dem eingeschränkten Unternehmensgegenstand der

538 Eine Ausnahme ergibt sich für die bei dem BGH zugelassenen Anwälte, für die auf § 172a BRAO verwiesen wird. Danach kann sich ein BGH-Anwalt nur mit einem weiteren an diesem Gericht zugelassenen Anwalt in einer GmbH zusammenschließen.

539 BT-Ds. 13/9820,14

540 Gerlt, MDR 1998, 259 (260); Zuck, MDR 1998, 1317 (1319); a. A. Römermann, GmbHR 1999, 526 (528)

541 ZIP 1998, 221 (222)

542 BT-Ds. 12/9820, 23

543 Henssler, NJW 1999, 241 (247)

544 Vgl. § 59e Abs. 1 S. 3 BRAO, der § 59a Abs. 1 S. 3 für entsprechend anwendbar erklärt. In diesem Sinne bereits Ahlers, AnwBl 1995, 121 (122).

545 Funke, AnwBl 1998, 6 (7)

546 Henssler, ZHR 161 (1997), 305 (316).

Anwalts-GmbH. Ihre Gründung ist nur und ausschließlich zum Zwecke der Rechtsberatung und -vertretung erlaubt.

4. *Gesellschafterstellung*

a) *Aktive Berufsausübung*

§ 59e Abs. 1 S. 2 BRAO enthält die Verpflichtung zu aktiver beruflicher Tätigkeit innerhalb der Gesellschaft.[547] Rein kapitalmäßige Beteiligungen sind ausgeschlossen. Damit trägt der Entwurf dem Charakter einer Berufsausübungsgesellschaft Rechnung.[548] Es gilt das Motto: „Die Anwalts-GmbH bietet die Möglichkeit zur anwaltlichen Arbeit, nicht die Möglichkeit, sein Kapital arbeiten zu lassen."[549] Anders als bei der traditionellen Sozietät in der Rechtsform der BGB-Gesellschaft[550] darf es deshalb keinen „Gesellschafter im Ruhestand" geben. Der inaktive Gesellschafter ist gezwungen, seine Geschäftsanteile zu verkaufen und aus der Gesellschaft auszuscheiden.

b) *Verbot der Mehrfachbeteiligung*

§ 59e Abs. 2 BRAO untersagt den Gesellschaftern, ihren in der Anwalts-GmbH ausgeübten Beruf noch in einem weiteren beruflichen Zusammenschluß auszuüben. Damit ist eine parallele anwaltliche Berufsausübung in anderen Zusammenschlüssen - auch interprofessionellen - unzulässig. Erlaubt ist die gleichzeitige Tätigkeit in einer Anwalts-GmbH und zusätzlich als Einzelanwalt, da das Verbot der Mehrfachbeteiligung nur für einen weiteren beruflichen „Zusammenschluß" gilt. Allerdings ist Voraussetzung, daß sich die Einzelpraxis in den gleichen Räumen befindet wie die Kanzlei der Anwalts-GmbH.[551] Diese Identität ist erforderlich, weil ein Anwalt nur eine einzige Kanzlei unterhalten darf.[552]

Die Ausübung eines Zweitberufs in einer anderen Gesellschaft ist nach einer in der Literatur vertretenen Auffassung nicht ausgeschlossen, da das Verbot der Mehrfachbeteiligung auf den in der Gesellschaft „ausgeübten" Beruf beschränkt

---

547 Die Gesetzesmaterialien sprechen von einem „Mindestmaß an beruflichen Aktivitäten", ohne den Umfang näher zu bezeichnen (BT-Ds. 13/9820, 14).

548 Ablehnend Hommelhoff/Schwab, WiB 1995, 115 (117)

549 Dittmann, ZHR 161 (1997), 332 (334); kritisch Römermann, GmbHR 1999, 526 (527)

550 Vgl. oben D I 5c.

551 In diesem Sinne auch Römermann, GmbHR 1999, 526 (528)

552 Vgl. § 28 Abs. 1 BRAO (Zweigstellenverbot).

sei.[553] Ein Anwalt mit Doppelqualifikation könne deshalb seine Anwaltstätigkeit in der Anwalts-GmbH, seine Tätigkeit als Steuerberater oder Wirtschaftsprüfer daneben in einem weiteren beruflichen Zusammenschluß ausüben.

Diese Auffassung verkennt, daß das Verbot der Sternsozietät des § 59a BRAO auch für die Anwalts-GmbH gilt, da „Sozietät" der Oberbegriff für alle Gesellschaftsformen beruflicher Zusammenarbeit ist.[554] Andernfalls stünde sich der GmbH-Gesellschafter besser als der Sozius einer BGB-Gesellschaft oder Partnerschaft. Eine Beschränkung des Sozietätsverbots auf den in der Gesellschaft „ausgeübten" Beruf enthält § 59a Abs. 1 BRAO gerade nicht. Auch den Gesetzesmaterialien ist nicht zu entnehmen, daß der Gesetzgeber für die Anwalts-GmbH von dieser Grundentscheidung des Sozietätsrechts abweichen wollte.

c) Anteils- und Stimmenmehrheit bei Anwälten

Die Anteils- und Stimmenmehrheit in einer Anwalts-GmbH muß Anwälten zustehen, um ihren maßgeblichen Einfluß zu sichern.[555] Nur Anwälten ist die umfängliche Besorgung fremder Rechtsangelegenheiten zugewiesen, während Steuerberater und Wirtschaftsprüfer nur auf dem Gebiet des Steuerrechts tätig werden dürfen.[556]

Das Mehrheitserfordernis zugunsten der Anwälte wird mit der eigenen Postulationsfähigkeit der GmbH begründet.[557] Dies ist nicht überzeugend. Die Notwendigkeit einer Stimmenmehrheit ist nur für die reine Anwalts-GmbH vertretbar. Nur bei ihr darf der Rechtsverkehr erwarten, daß mehrheitlich Anwälte beteiligt sind.

Ist eine Anwalts-GmbH jedoch gleichzeitig als Steuerberatungsgesellschaft förmlich anerkannt, muß es genügen, wenn jede Berufsgruppe durch einen Gesellschafter vertreten ist. Weitergehender Einschränkungen bedarf es nicht, da berufsrechtlich ohnehin nur die jeweils erfüllungsbefugten Gesellschafter tätig werden dürfen. Eine Verstärkung dieser Pflichten tritt nicht dadurch ein, daß bereits der berufliche Zusammenschluß als solcher untersagt wird.

Auch bei der rechtlich selbständigen Partnerschaft und der Sozietät in der Rechtsform der BGB-Gesellschaft werden keine Mehrheitserfordernisse zugunsten von Anwälten aufgestellt.[558] Eine sachliche Rechtfertigung für die Ungleichbehandlung der Anwalts-GmbH ist nicht erkennbar. Das Erfordernis einer An-

---

553 Henssler, NJW 1999, 241 (245)
554 Vgl. oben D vor I.
555 § 59e Abs. 3 S. 1 BRAO
556 Vgl. oben B I 2; Funke, AnwBl 1998, 6 (8).
557 In diesem Sinne Henssler, DB 1995, 1549 (1550)
558 Oben D I 5 d und D II 4

teils- und Stimmenmehrheit für die Anwalts-GmbH ist damit wegen Verstoßes gegen Art. 3 Abs. 1 GG verfassungswidrig.[559]

Die BRAO sieht keine Vinkulierung der Geschäftsanteile vor. Eine Abtretung des Geschäftsanteils ist deshalb ohne Zustimmung der GmbH zulässig. Die Berufsrechte der Steuerberater und Wirtschaftsprüfer enthalten demgegenüber ausdrückliche Regelungen über die Vinkulierung von Geschäftsanteilen.[560] Im Ergebnis wirkt sich der Unterschied allerdings nicht aus. Wird ein Geschäftsanteil an einen Erwerber übertragen, der nicht nach § 59c BRAO als Gesellschafter qualifiziert ist, tritt Nichtigkeitsfolge gemäß § 134 BGB ein.[561] Andernfalls ließe sich das gesetzgeberische Ziel des § 59a Abs. 1 BRAO, die Beteiligung Berufsfremder auszuschließen, nicht erreichen.

d) Kapitalbindung

Weitere Beschränkungen der Anwalts-GmbH ergeben sich aus § 59e Abs. 4 BRAO. Danach dürfen Geschäftsanteile nicht für Rechnung Dritter gehalten und diese nicht am Gewinn beteiligt werden.[562] An dieser Kapitalbindung ist richtig, daß der Charakter einer Berufsausübungsgesellschaft erhalten werden soll. Gesetzgeberische Zielvorstellung dürfte sein, zu enge wirtschaftliche Verflechtungen von Anwalts-GmbHs und großen internationalen Wirtschaftsprüfungsgesellschaften zu verhindern. Bei diesen wird über Gewinnanteile und Dienstleistungshonorare ein erheblicher Teil des Jahresgewinns an einen in der Gruppe bestehenden Gewinnpool abgeführt. Die Höhe der Dienstleistungshonorare wird dabei von einem kleinen Kreis von Gesellschaftern der Obergesellschaft festgesetzt. In einem solchen Fall sind die Partner der abhängigen Gesellschaft zwar formal unabhängig, der Sache nach aber leitenden Angestellten einer internationalen Einheit mit Gehalt und gewinnabhängigem Bonus angenähert.[563]

Ist damit ersichtlich ein umfassender Ausschluß von Dritteinflüssen auf die Anwalts-GmbH beabsichtigt, wird man auch mittelbare Beteiligungen am Unternehmenserfolg für unzulässig halten müssen. Untersagt sind demnach nicht nur

---

559 Römermann, GmbHR 1999, 526 (527)

560 §§ 50 Abs. 5 StBerG, 28 Abs. 5 WPO

561 Henssler, NJW 1999, 241 (243); gleiches gilt für die Partnerschaft, BT-Ds. 12/6152, 21.

562 Vgl. auch § 27 der anwaltlichen BerufsO, wonach eine Beteiligung Dritter am Unternehmenserfolg unzulässig ist; der Entwurf geht zurück auf den Vorschlag des DAV, AnwBl 1995, 251 (§ 42b Abs. 2 und 6).

563 Römermann, GmbHR 1998, 966 (968); Hellwig, ZHR 161 (1997), 337 (351)

die in der Entwurfsbegründung genannten stillen Beteiligungen, partiarischen Darlehen,[564] sondern auch Unterbeteiligungen oder Gewinnabführungsverträge.

Nicht zu folgen ist den Autoren[565], die sich für eine Zulässigkeit der typischen stillen Gesellschaft aussprechen. Zwar ist richtig, daß es bei ihr anders als bei der atypischen stillen Gesellschaft keine Mitwirkungsbefugnis im Rahmen der Geschäftsführung gibt. Gleichwohl ist auch der typische stille Gesellschafter am Gewinn und Verlust der Gesellschaft beteiligt, was einen Dritteinfluß begründen kann. Diesen Gefährdungstatbestand auszuschließen, ist gerade Sinn des § 59e Abs. 4 BRAO.

Die Bezugnahme des Wortlauts auf „Dritte“ in dieser Vorschrift stellt klar, daß Versorgungsbezüge, Vergütungen anläßlich einer Kanzleiübernahme und Abfindungszahlungen an ehemals in der Anwalts-GmbH tätige Gesellschafter zulässig sind. Insoweit gelten die Ausführungen zur BGB-Gesellschaft entsprechend.[566] Ein unerwünschter Einfluß Berufsfremder geht von diesem Personenkreis nicht aus. Da sie nach den obigen Ausführungen auch ihre Gesellschafterstellung insgesamt aufgeben müssen, verbleibt es bei der Alleinverantwortlichkeit der aktiven Berufsträger.

Nach § 59e Abs. 5 BRAO können nur stimmberechtigte Mitgesellschafter desselben Berufs oder Anwälte mit der Ausübung von Gesellschafterrechten bevollmächtigt werden. Hierdurch soll eine Umgehung der Kapitalbindung verhindert und sichergestellt werden, daß etwa Steuerberater oder Wirtschaftsprüfer über eine Stimmrechtsvollmacht die Mehrheitsrechte der Anwälte aushebeln können. Da Anwälte ihrerseits nur von Anwälten vertreten werden dürfen, ist sichergestellt, daß diese bei der konkreten Abstimmung in der Gesellschafterversammlung stets ihre gesetzliche Stimmrechtsmehrheit wahren können.[567]

Die Bezugnahme des Wortlauts auf „Dritte“ stellt klar, daß Versorgungsbezüge, Vergütungen anläßlich einer Kanzleiübernahme und Abfindungszahlungen an ehemals in der Anwalts-GmbH tätige Gesellschafter zulässig sind

5. Geschäftsführung/Vertretung

Nach § 6 GmbHG muß die GmbH einen oder mehrere Geschäftsführer haben. Die Geschäftsführer brauchen nicht Gesellschafter zu sein. Fremdorganschaft ist

564 Regierungsentwurf, ZIP 1998, 221 (222)
565 Feddersen/Meyer-Landrut, PartGG, § 1 Rn 5
566 Vgl. oben D I 5b.
567 Hellwig, ZHR 161 (1997), 337 (351)

zulässig.[568] Hauptaufgabe der Geschäftsführung ist die Übernahme und Ausführung von Anwaltsmandaten.

§ 59f Abs. 2 BRAO bestimmt, daß nur Anwälte und sozietätsfähige Berufsträger zur Geschäftsführung berechtigt sind. Sie dürfen ihren Beruf nicht parallel in einem weiteren beruflichen Zusammenschluß ausüben. Insoweit gilt die für GmbH-Gesellschafter maßgebliche Bestimmung des § 59e Abs. 2 BRAO kraft gesetzlicher Verweisung auch für ihre Geschäftsführer.

§ 59f Abs. 4 BRAO betont die Unabhängigkeit des anwaltlichen Geschäftsführers und die Unzulässigkeit von Weisungen der Gesellschafterversammlung in Fragen der anwaltlichen Berufsausübung. Hierbei handelt es sich lediglich um eine gesetzgeberische Klarstellung. Auch für § 37 GmbHG, der die Bindung des Geschäftsführers an Beschlüsse der Gesellschafterversammlung festlegt, ist anerkannt, daß gesetzwidrige Weisungen den Geschäftsführer nicht binden.[569] Die Unabhängigkeit des anwaltlichen Geschäftsführers verträgt sich nur schwer mit der im GmbH-Recht verankerten Allzuständigkeit der Gesellschafterversammlung. In der Literatur wird deshalb vertreten, daß die Gesellschafter auch dem anwaltlichen Geschäftsführer in gewissem Rahmen Vorschriften machen dürfen.[570] Den Gesellschaftern soll es danach möglich sein zu entscheiden, aus welchen Rechtsgebieten Mandate entgegengenommen werden dürfen. Auch müsse der Vorbehalt zulässig sein, bestimmte haftungsträchtige Mandate nicht anzunehmen.

Zur Vertretung der Anwalts-GmbH sind der oder die Geschäftsführer befugt. Gemäß § 35 Abs. 1 GmbHG gilt der Grundsatz der Gesamtvertretung, der in der Praxis jedoch regelmäßig zugunsten der Einzelvertretung abbedungen wird.

§ 59f Abs. 1 S. 1 BRAO bestimmt, daß die Anwalts-GmbH von Anwälten „verantwortlich" geführt werden muß. In der Entwurfsbegründung heißt es, diesem Gebot könne im Außenverhältnis der Gesellschaft dadurch Rechnung getragen werden, daß Nichtanwälte die Gesellschaft nur gemeinsam mit einem Anwalt vertreten können.[571]

Nimmt man diese Forderung zum Nennwert, wären die nichtanwaltlichen Geschäftsführer allein überhaupt nicht in der Lage, ein Mandat anzunehmen. Die Rechtslage wäre damit eine andere als bei der BGB-Gesellschaft, deren nichtanwaltliche Gesellschafter ein Mandat für die Gesellschaft annehmen können, ohne berufsrechtlich erfüllungsbefugt zu sein.[572] Der Mandant ginge bei der Anwalts-

568 Tiling/Johann, Rechtsanwalts-Handbuch, H 5 Rn 80

569 Henssler, NJW 1999, 241 (243)

570 Feuerich/Braun, BRAO, § 59 f Rn 4; Römermann, GmbHR 1999, 1175 (1179)

571 Die Vereinbarung von anwaltlicher Einzel- oder Gesamtvertretungsmacht ist insoweit unproblematisch.

572 Vgl. oben D I 7b.

GmbH ein nicht kalkulierbares Risiko ein, wenn er etwa einem nichtanwaltlichen Geschäftsführer eine eilige Fristsache als Mandat anträgt. Mangels Vertretungsmacht könnte dieser ein Mandat nicht für die GmbH annehmen. Er selbst kann andererseits auch kein Einzelmandat begründen, da er - für den Mandanten erkennbar - nicht zur Besorgung fremder Rechtsgeschäfte befugt ist. Im Ergebnis wäre ein geschädigter Mandant nicht in der Lage, einen Regreßanspruch geltend zu machen, da er keinen Vertragspartner hat. Im Ergebnis müssen deshalb auch nichtanwaltliche Geschäftsführer Vertretungsmacht haben können.

6. Haftungsfragen

Die GmbH haftet selbst für Pflichtverletzungen aus der Mandatsbearbeitung, da sie Vertragspartner des Mandanten ist. Ihr wird das Handeln ihrer Organe über § 31 BGB und dasjenige ihrer angestellten oder freiberuflich tätigen Anwälte über § 278 BGB zugerechnet. Aufgrund des Trennungsprinzips[573] haftet dem Mandanten der GmbH grundsätzlich nur das Gesellschaftsvermögen, nicht das Privatvermögen ihrer Gesellschafter.

a) Haftungsdurchgriff auf Gesellschafter

Die h.L. und Rechtsprechung haben das Trennungsprinzip der GmbH mehrfach durchbrochen, um Mißständen zu begegnen. Bislang haben sich im allgemeinen gesellschaftsrechtlichen Schrifttum vier Fallgruppen herausgebildet, die im folgenden dargestellt werden. Sodann ist zu prüfen, ob diese Fallgruppen auch auf die Anwalts-GmbH übertragbar sind.

Eine *Unterkapitalisierung* soll nach überwiegender Ansicht vorliegen, wenn die Ausstattung mit Stammkapital im Verhältnis zum angestrebten Geschäftszweck unzureichend ist.[574] In der Literatur wird z.T. auf das Verhältnis des Stammkapitals zum Geschäftsumfang abgestellt.[575]

Soweit ersichtlich, hat die bloße Unterkapitalisierung in der Rechtsprechung des BGH bisher in keinem Fall zu einer Durchgriffshaftung geführt. Dieser zurückhaltenden Rechtsprechung hat sich das BAG in einer jüngeren Entscheidung[576] ausdrücklich angeschlossen. Das BSG[577] hat eine Durchgriffshaftung zwar in einer älteren Entscheidung bejaht. Im zugrundeliegenden Fall sprachen

573 § 13 Abs. 2 GmbHG; hierzu näher Lutter/Hommelhoff, GmbHG, § 13 Rn 3
574 BGHZ 68, 312 (316) m.w.N.
575 Scholz, GmbHG, § 13 Rn 82 ff.; Kahler, BB 1985, 1429 (1430) m.w.N.
576 BAG, ZIP 1999, 878 (879)
577 NJW, RR 1997, 94 (95)

jedoch weitere Umstände für eine mißbräuchliche Verwendung der GmbH als Rechtsform.[578]

Unter der Fallgruppe *Institutsmißbrauch*[579] werden Fälle diskutiert, in denen die Haftungsfreistellung des Gesellschafters bewußt zum Nachteil der Gesellschaftsgläubiger eingesetzt wird. Ein solcher Fall liegt vor, wenn die GmbH sämtliche Risiken trägt, jedoch selbst keine Gewinnchancen hat. Die Besonderheit dieser Gestaltung liegt in einer Verlagerung von Chancen und Risiken, für die es an einer sachlichen Rechtfertigung fehlt. Einziges Motiv einer solchen Gestaltung ist demnach die Gläubigerbenachteiligung.

In ihren Konturen klarer ist die Fallgruppe der *Vermögensvermischung*. Sie wird bejaht, wenn sich nicht eindeutig ermitteln läßt, ob Vermögensgegenstände zum Gesellschaftsvermögen oder zum Privatvermögen eines Gesellschafters gehören.[580] Anwendungsfälle ergeben sich dann, wenn das Gesellschaftsvermögen in den Büchern der Gesellschaft nur unzureichend ausgewiesen ist. Gleich zu behandeln ist eine Buchführung, die keine eindeutige Vermögensabgrenzung zwischen Gesellschaft und ihren Gesellschaftern ermöglicht. Haftungsbegründend ist damit die fehlende Trennung von Gesellschafts- und Gesellschaftervermögen, die Voraussetzung für das Privileg einer beschränkten Haftung ist.

Eine Vermögensvermischung kann auch zwischen verschiedenen Kapital- und Personengesellschaften in Betracht kommen, an denen der Gesellschafter beteiligt ist. Nicht ausreichend ist es, daß die verschiedenen Gesellschaften miteinander verflochten sind. Gleiches gilt, wenn es nur eine gemeinsame Kasse gibt und der Eindruck entsteht, es werde „aus einem Topf gewirtschaftet", oder Schulden der einen Gesellschaft würden von der anderen bezahlt. Derartige Umbuchungen sind so lange unschädlich, wie die Vermögensbewegungen nicht verdeckt, sondern ordnungsgemäß verbucht werden.[581]

Auch eine *Sphärenvermischung* kann einen Haftungsdurchgriff auf die Gesellschafter begründen. Sie liegt vor, wenn die Trennung von GmbH und ihren Gesellschaftern verschleiert wird.[582] Als Beispiele werden die Führung verwechslungsfähiger Firmen, die Nutzung gleicher Geschäftsräume oder gleichen

---

578 NJW 1984, 2117 (2119); im zugrundeliegenden Fall hatte der zur Haftung verurteilte Gesellschafter immer neue GmbHs gegründet und anschließend abgewickelt („GmbH-Staffette"). An die GmbHs hatte die Bundesanstalt für Arbeit Eingliederungsbeihilfen zur Schaffung von Dauerarbeitsplätzen gezahlt, obwohl die GmbHs kurz vor dem Zusammenbruch standen und der Zweck der Leistungen keinesfalls erreichbar war.

579 Lutter/Hommelhoff, GmbHG, § 13 Rn 12 m.w.N.

580 Scholz, GmbHG, § 13 Rn 88 m.w.N.

581 BGH, NJW 1985, 740 (740)

582 Baumbach/Hueck, GmbHG, § 13 Rn 15; Lutter/Hommelhoff, GmbHG, § 13 Rn 11 m.w.N.

Personals genannt. Allen Beispielsfällen ist gemeinsam, daß GmbH und Gesellschafter im organisatorischen Bereich nicht unterscheidbar sind und die Initiatoren die hierdurch hervorgerufene Irreführung bezwecken.

Zusammenfassend ist allen Fallgruppen der Durchgriffshaftung der Gedanke des Rechtsmißbrauchs gemeinsam, der keine scharfen Konturen aufweist. Die Gefahr eines rechtsmißbräuchlichen Verhaltens ist auch bei der Anwalts-GmbH nicht grundsätzlich auszuschließen, soweit sie am allgemeinen Wirtschaftsverkehr teilnimmt. Die Teilnahme der Anwalts-GmbH am allgemeinen Wirtschaftsverkehr ist aufgrund ihres eingeschränkten Unternehmensgegenstandes[583] jedoch auf Hilfsgeschäfte begrenzt, welche die eigentliche Berufsausübung ermöglichen sollen.[584]

Die ernsthafte Gefahr eines Gläubigerausfalls besteht aufgrund dieser berufsrechtlichen Einschränkung des Betätigungsfeldes regelmäßig nur dann, wenn es infolge fehlerhafter Berufsausübung zu einem Regreßfall kommt. Hiergegen ist der Mandant bei der Anwalts-GmbH jedoch durch den Abschluß einer obligatorischen Berufshaftpflichtversicherung weitestgehend abgesichert. Ein Überschreiten der erhöhten Deckungssumme von 5 Mio. DM für die Anwalts-GmbH im Einzelfall wird statistisch gesehen die große Ausnahme sein.[585] Im Ergebnis werden Fälle der Durchgriffshaftung bei der Anwalts-GmbH kaum jemals zum Tragen kommen.[586]

b) Mittelbare Geschäftsführerhaftung

Besondere Haftungsrisiken können sich für den Geschäftsführer einer Anwalts-GmbH ergeben. Er haftet der Gesellschaft gegenüber für die Folgen einer Pflichtverletzung nach § 43 Abs. 2 GmbHG. Haftungsbegründend ist etwa die Erteilung eines falschen Rechtsrates oder die Versäumung einer Berufungsfrist. Geschädigte Mandanten können aus dieser Haftungsvorschrift nicht unmittelbar Ansprüche gegen den Geschäftsführer herleiten, da sie kein Schutzgesetz i.S. des § 823 Abs. 2 BGB ist.[587] Sie können jedoch den Anspruch der GmbH gegen ihren Geschäftsführer aus Verletzung des § 43 Abs. 2 GmbHG pfänden und sich überweisen lassen.[588]

---

583 Vgl. D III 2.

584 Z.B. Einstellung von Personal, Anmietung von Büroräumen, Kauf der Büroeinrichtung

585 Vgl. oben D I 9.

586 Vgl. zur Versicherungspflicht der Anwalts-GmbH unten Zif. 8.

587 Hachenburg-Mertens, GmbHG, § 43 Rn 104; Lutter/Hommelhoff, GmbHG, § 43 Rn 34

588 Scholz, GmbHG, § 43 Rn 209; Henssler, ZHR 161 (1997), 305, 322

Einer solchen mittelbaren Haftung kann der Geschäftsführer nur entgehen, wenn die GmbH ihrerseits, vertreten durch sämtliche Gesellschafter, im Einzelfall vertraglich auf Regreßansprüche verzichtet.[589] Eine Haftungsfreistellung des Geschäftsführers im Wege eines generellen, antezipierten Verzichts ist unwirksam, soweit Gläubiger auf diese Weise keine Befriedigung erlangen.[590]

Ein weiterer Anwendungsbereich der mittelbaren Geschäftsführerhaftung folgt aus dem Rechtsinstitut der *culpa in contrahendo*. Vorausgesetzt ist, daß der Vertragspartner dem Geschäftsführer besonderes Vertrauen entgegenbringt und der Vertragsabschluß hierdurch maßgeblich beeinflußt wird. Die Inanspruchnahme besonderen Vertrauens muß über das normale Verhandlungsvertrauen hinausgehen. Der Geschäftsführer muß dem Verhandlungspartner eine zusätzliche Gewähr für die Vertragserfüllung bieten.[591]

Insgesamt sind damit an die Inanspruchnahme eines besonderen Vertrauens sehr hohe Anforderungen zu stellen. Der Geschäftsführer muß deutlich seine Rolle als Organ der Gesellschaft verlassen und sich in den Vertragsverhandlungen gewissermaßen neben die Gesellschaft stellen. Dabei muß er seine eigenen Kenntnisse und Fähigkeiten deutlich hervorheben.[592]

Die Haftung aus culpa in contrahendo wegen Inanspruchnahme besonderen Vertrauens läßt sich nicht ohne weiteres auf das Verhältnis Mandant-Anwalt übertragen. Das „allgemeine" Vertrauensverhältnis zwischen Mandant und Anwalt ist jedenfalls nicht ausreichend, um eine Haftung des anwaltlichen GmbH-Geschäftsführers zu begründen. Hinzukommen muß eine besondere Vertrauensstellung des Geschäftsführers, die seine persönliche Haftung rechtfertigt.[593] Derartige Fälle werden selten sein.

Ansprüche aus culpa in contrahendo sind weiterhin denkbar, wenn der Geschäftsführer ein unmittelbares wirtschaftliches Eigeninteresse am Vertragsabschluß hat. Die Voraussetzungen dieses Haftungsgrundes sind noch nicht abschließend geklärt. Ein wirtschaftliches Eigeninteresse wird von der Rechtsprechung nur bejaht, wenn die Tätigkeit des Geschäftsführers auf die Beseitigung von Schäden abzielt, für die er andernfalls von der Gesellschaft in Anspruch genommen werden kann. Dies gilt auch dann, wenn der Geschäftsführer schon bei Vertragsabschluß die Absicht hat, die Leistung an der Gesellschaft vorbei zum

---

589 Anders als § 93 Abs. 5 S. 3 AktG kennt das GmbHG keine Regelung, welche die Verzichtswirkungen im Verhältnis zu Gläubigern der Gesellschaft einschränkt.

590 §§ 43 Abs. 3 S. 2, 9b Abs. 1 S. 1 GmbHG

591 BGH, ZIP 1990, 659 (661)

592 Haack, NWB Nr. 44 v. 31.10.1994, Fach 18, 3365 (3362)

593 Römermann, GmbHR 1998, 966 (968)

eigenen Nutzen einzusetzen.[594] Diese Grundsätze gelten ohne Einschränkung auch für den Geschäftsführer einer Anwalts-GmbH.

7. *Versicherungsrechtliche Fragen*

Nach § 59j Abs. 2 BRAO muß die Anwalts-GmbH eine Berufshaftpflichtversicherung mit einer Mindestversicherungssumme von 5 Mio. DM für jeden Versicherungsfall abschließen. Damit wird eine eigenständige Versicherungspflicht der GmbH begründet, was ihrer Rechtssubjektivität entspricht. Sie steht allerdings in Kontrast zu der fehlenden Versicherungspflicht der Partnerschaft.

Trotz eigenständiger Versicherungspflicht der Anwalts-GmbH bleiben auch die für sie tätigen Anwälte zur Aufrechterhaltung einer Berufshaftpflichtversicherung verpflichtet.[595] Soweit Anwälte ausschließlich für die GmbH tätig sind, führt dies zu einer nicht akzeptablen Verdoppelung der Versicherungspflicht, da Vertragspartner des Mandanten ausschließlich die Anwalts-GmbH ist. Im Ergebnis deckt die persönliche Haftpflichtversicherung nur ein theoretisches Risiko der Inanspruchnahme ab.[596] Die hierdurch bedingte Prämienerhöhung stellt einen Wettbewerbsnachteil der Anwalts-GmbH gegenüber der Partnerschaft und der BGB-Gesellschaft dar.[597]

Die Erhöhung der Mindestversicherung auf 5 Mio. DM führt dazu, daß der Mandant bei Vertragsschluß mit einer Ein-Mann-Anwalts-GmbH deutlich besser gestellt ist als bei der Mandatierung eines Einzelanwalts. Richtig an einer erhöhten Berufshaftpflichtversicherung der Anwalts-GmbH ist, daß dem Mandanten kein persönlich haftender Gesellschafter zur Verfügung steht. Auch wird ein denkbarer Vertrauensverlust, der für bestimmte Mandantenkreise mit der Rechtsform der GmbH verbunden ist, durch eine Erhöhung des Versicherungsschutzes kompensiert.[598]

Legt man zugrunde, daß im Jahre 1994 insgesamt 99,7 % aller zivilrechtlichen Gerichtsverfahren einen Streitwert von unter 500.000 DM hatten,[599] erscheint eine Mindestversicherungssumme von 5 Mio. DM unverhältnismäßig. Eine Erhöhung der Mindestversicherungssumme auf 2 Mio. DM hätte zur Absiche-

594 BGH, NJW 1986, 586 (588)
595 Vgl. § 51 Abs. 1 S. 1 BRAO: „Der Rechtsanwalt ist verpflichtet, eine Berufshaftpflichtversicherung ... zu unterhalten".
596 So zu Recht Römermann, GmbHR 1999, 526 (530)
597 Vgl. zur Prämienbelastung im einzelnen C V 2.
598 Henssler, NJW 1999, 241 (244)
599 Feuerich/Braun, BRAO, § 51 Rn 22 in der Vorauflage

rung der Mandanteninteressen ausgereicht.[600] Zu berücksichtigen ist auch, daß die Haftung des Sozius einer BGB-Gesellschaft zwar rechtlich unbeschränkt ist. Ob sich bei ihm regelmäßig Millionenbeträge werden realisieren lassen, soweit die Versicherungssumme überschritten wird, erscheint jedoch zweifelhaft.

Ein weiterer Wettbewerbsnachteil der Anwalts-GmbH folgt aus den Bedingungen, an welche die Zulässigkeit einer Jahreshöchstleistung des Versicherers geknüpft ist. Die Jahreshöchstleistung des Versicherers kann auf den Betrag der Mindestversicherungssumme (5 Mio. DM), vervielfacht mit der Zahl der Gesellschafter und der Zahl der Nichtgesellschafter-Geschäftsführer, begrenzt werden. Die Deckungsumme bei Vereinbarung einer Jahreshöchtsleistung darf jedoch 20 Mio. DM nicht unterschreiten.

Diese Maximierungsklausel führt dazu, daß eine Anwalts-GmbH mit 20 Anwälten bereits eine Deckungssumme von 100 Mio. DM aufrechterhalten muß. Ein derartiger Versicherungsschutz ist angesichts der Haftungssummen in der Praxis deutlich überzogen.

IV. AG

1. Zulässigkeit im Wege der Rechtsanalogie

Die gesetzliche Regelung der Anwalts-GmbH hat auch die Anwalts-AG als Rechtsform beruflicher Zusammenarbeit in das Blickfeld der Anwaltschaft gerückt. Der Gesetzgeber hat auf eine Regelung der Anwalts-AG bislang verzichtet, obwohl die Thematik nicht neu ist. Bereits im Jahre 1992 hat die Deregulierungskommission mit Billigung der Bundesregierung den Vorschlag einer Öffnung der AG für die Anwaltschaft unterbreitet.[601]

Auch ohne gesetzliche Regelung wird die Zulässigkeit der Anwalts-AG im Schrifttum ganz überwiegend bejaht.[602] Der Literatur ist inzwischen auch das BayObLG mit Beschluß vom 27.03.2000[603] gefolgt. Die Vorinstanz hatte die Eintragung einer Anwalts-AG im Handelsregister bereits deshalb abgelehnt, weil

---

600 Henssler, NJW 1999, 241 (244); Gerlt, MDR 1998, 259 (262)

601 Vorschlag Nr. 6 der Deregulierungskommission, EuZW 1992, 544; Votum der Koalitionsarbeitsgruppe, EuZW 1992, 544

602 Raupach in 50 Jahre Arbeitsgemeinschaft der Fachanwälte für Steuerrecht (1999), 13 (43); Hüffer, AktG, § 23 Rn 23; Henssler, NJW 1999, 241 (246); Schumacher, AnwBl 1998, 364; Stabreit, NZG 1998, 452 (452); Hartung/Holl-Römermann, Anwaltliche BerufsO, v. § 30 Rn 205; Römermann, GmbHR 1997, 532; Gail/Overlack, Anwaltsgesellschaften, 10 f.; a.A. Hommelhoff/Schwab, WiB 1995, 115 (118)

603 BayObLG, NJW 2000, 1647 (1647)

diese Rechtsform Anwälten nicht zur Verfügung stehe. Das BayObLG hat sich in seiner Entscheidung allein auf die Prüfung der firmenrechtlichen Frage beschränkt. Ungeprüft blieb, ob das Berufsrecht besondere Anforderungen an die Satzung der Anwalts-AG stellt und ob - bejahendenfalls - diese Anforderungen bei der zur Eintragung angemeldeten Gesellschaft beachtet wurden.[604] Daraufhin trug das Amtsgericht Nürnberg unter dem 18.04.2000 die erste Anwalts-AG in das Handelsregister ein.[605]

Im Schrifttum wird nicht immer zwischen der reinen Organisations-AG und der eigentlichen Rechtsberatungs-AG unterschieden, die selbst anwaltliche Dienstleistungen erbringt.[606] Nur letztere ist Berufsausübungsgesellschaft und damit Gegenstand dieser Untersuchung. Der Sachverhalt, welcher der Entscheidung des BayObLG zugrundelag, betraf eine Gesellschaft, die selbst Anwaltsmandate übernimmt, mithin um eine Berufsausübungsgesellschaft.

Beizupflichten ist der h.M. darin, daß es für die Anwalts-AG keiner ausdrücklichen gesetzlichen Erlaubnis bedarf. Aufgrund der Gewährleistung der Berufsfreiheit in Art. 12 Abs. 1 GG, die auch die Organisationsfreiheit umfaßt,[607] wäre vielmehr ein ausdrückliches Verbot der Anwalts-AG erforderlich. Nach h.M. fehlt es an einem solchen Verbot.

Diese Auffassung ist indes nach der seit dem 01.03.1999 in Kraft befindlichen Neufassung des RBerG[608] zweifelhaft. Nach Art. 1 § 3 Nr. 2 RBerG sind neben Rechtsanwälten zwar auch „Rechtsanwaltsgesellschaften" vom Verbotsbereich des Gesetzes ausgeklammert. Als Rechtsanwaltsgesellschaft bezeichnet die BRAO jedoch ausschließlich die Anwalts-GmbH.[609] Zudem ist die Bezeichnung Rechtsanwaltsgesellschaft exklusiv der Anwalts-GmbH vorbehalten, da nur diese einer Zulassung bedarf.[610] Da die AG als Rechtsform auch sonst weder im RBerG noch in der BRAO genannt ist, könnte dem Wortlaut nach auf ihre Unzulässigkeit geschlossen werden.

Den Gesetzesmaterialien ist demgegenüber zu entnehmen, daß der Gesetzgeber durch seinen Regelungsverzicht keine Aussage über die Zulässigkeit der

---

604 Nicht nachvollziehbar insoweit, Kempter, NJW 2000, 3449 (3449), der behauptet, „das BayObLG gehe davon aus, daß das anwaltliche Berufsrecht auf die Rechtsanwalts-AG nicht anwendbar sei."

605 Römermann, Anwalt 2000, 6 (7)

606 So beziehen sich etwa die Ausführungen von Stabreit, NZG 1998, 452 (454) ausdrücklich nur auf die reine Organisations-AG.

607 Vgl. die Nachweise unter D I 4c.

608 In der Fassung seit dem 01.03.1999 (Art. 12 des Gesetzes vom 31.08.1998, BGBl. I, 2600)

609 § 59c BRAO

610 § 59k Abs. 2 lautet: „Andere als zugelassene Rechtsanwaltsgesellschaften dürfen die Bezeichnung Rechtsanwaltsgesellschaft nicht führen."

Anwalts-AG treffen wollte.[611] Diesem Hinweis läßt sich jedoch kein klares Bekenntnis des Gesetzgebers zur Zulässigkeit der Anwalts-AG entnehmen. Die Willensbildung des Gesetzgebers muß vor diesem Hintergrund als offen angesehen werden.

Die Zulässigkeit der Anwalts-AG läßt sich deshalb nur unter Rückgriff auf verfassungsrechtliche Grundsätze klären. Sieht man Art. 1 § 3 Nr. 2 RBerG als Verbotsgesetz an, müßte es als Berufsausübungsregelung gemäß Art. 12 Abs. 1 S. 2 GG durch vernünftige Erwägungen des Allgemeinwohls legitimiert sein. Zum Mittel des Verbots darf der Gesetzgeber nach ständiger Rechtsprechung des BVerfG nur greifen, wenn kein milderes Mittel zur Verfügung steht.[612] Dies ist indes nicht der Fall, da berufsrechtlichen Forderungen nach anwaltlicher Unabhängigkeit auf Satzungsebene Rechnung getragen werden kann. Derartige Satzungsregelungen sind weniger einschneidend als ein Totalverbot. Art. 1 § 3 Nr. 2 RBerG steht bei verfassungskonformer Auslegung der Zulässigkeit einer Anwalts-AG deshalb nicht im Wege.

Auch das Gleichbehandlungsgebot des Art. 3 Abs. 1 GG führt zur Zulässigkeit der Anwalts-AG nach geltendem Recht. Mit der gesetzlichen Regelung der Anwalts-GmbH hat der Gesetzgeber zu erkennen gegeben, daß auch eine Kapitalgesellschaft als Berufsausübungsgesellschaft qualifiziert sein kann. Die §§ 59c ff. BRAO treffen Vorsorge, daß durch eine entsprechende Ausgestaltung des Gesellschaftsvertrages die berufliche Freiheit und Unabhängigkeit des Anwalts auch in der Anwalts-GmbH gewährleistet bleibt. Ist nach Maßgabe dieser gesetzlichen Vorgaben eine Anwalts-GmbH zulässig, muß Gleiches auch für die Anwalts-AG gelten. Umgekehrt widerspräche es dem Gleichheitsgrundsatz, an die Anwalts-AG nur deshalb geringere berufsrechtliche Forderungen zu stellen, weil der Gesetzgeber sie bewußt nicht geregelt hat.

Der Gesetzgeber hat mit Einführung der Berufsrechtsnovelle 1995[613] ein Einfallstor für die Zulässigkeit der Anwalts-AG geschaffen. In den Gesetzesmaterialien findet sich der Hinweis, daß die für Sozietäten geltenden Vorschriften auch für neue Rechtsformen „Raum lassen".[614] Hieraus läßt sich ableiten, daß die Anwalts-AG zulässig ist, soweit sie auch den Vorgaben des § 59a BRAO Rechnung trägt, der die „berufliche Zusammenarbeit in der Sozietät" regelt, ohne den Begriff der Sozietät zu definieren.[615]

Es bestehen danach keine durchgreifenden Bedenken, die gesetzlichen Mindeststandards der Anwalts-GmbH auf die Anwalts-AG im Wege der Rechtsana-

611 BT-Ds. 13/9820, 11
612 Vgl. die Nachweise unter D I 4c.
613 Gesetz vom 02.09.1994, BGBl. I., 2278 ff.; in Kraft seit dem 01.01.1995
614 BT-Ds. 12/4933, 23
615 S. o. D vor I.

logie zu übertragen. Damit wird die bestehende gesetzliche Lücke im Wege der Rechtsfortbildung geschlossen.[616] Einzuräumen ist, daß die Registergerichte auf diese Weise zu einem „Ersatzgesetzgeber“ werden, ein Vorwuf, der auch dem BayObLG nach seiner Entscheidung zur Zulässigkeit der Anwalts-GmbH[617] im Schrifttum wiederholt gemacht wurde.[618] Dieser Vorwurf verkennt jedoch, daß auch unter dem Primat des Gewaltenteilungsgrundsatzes Gerichte zum Eingriff berechtigt sein müssen, wenn das vorrangig berufene Gesetzgebungsorgan bewußt untätig bleibt.[619]

Wer sich einer Rechtsanalogie verschließt, muß die Rechtsprechung der Registergerichte zur Anwalts-GmbH heranziehen, um die berufsrechtlichen Mindestanforderungen an den Satzungsinhalt der Anwalts-AG feststellen zu können.[620] Das BayObLG[621] hatte vor der gesetzlichen Einführung der Anwalts-GmbH ihre Eintragung im Handelsregister von folgenden Voraussetzungen abhängig gemacht, denen der Gesellschaftsvertrag genügen müsse:

- Beschränkung des Gesellschafterkreises auf Anwälte und sozietätsfähige Berufsträger i.S. des § 59a Abs. 1 BRAO
- Mehrheit von Stimmrechten und Geschäftsanteilen in der Hand von Anwälten, die ihren Beruf aktiv in der Gesellschaft ausüben
- Beschränkung der Geschäftsführerposition auf Anwälte
- Verbot von Weisungen der Gesellschafterversammlung an die Geschäftsführung mit Bezug zur anwaltlichen Tätigkeit im Einzelfall
- Verbot von Kapitalbeteiligungen nicht sozietätsfähiger Berufsträger
- Abschluß einer erhöhten Berufshaftpflichtversicherung, die über der Mindestversicherungssumme für Einzelanwälte liegt.

Bis auf die Beschränkung der Geschäftsführerposition auf Anwälte hat der Gesetzgeber sämtliche von der Rechtsprechung vorgegebenen Mindeststandards in den §§ 59c ff. BRAO übernommen.[622] Hieraus folgt, daß auch bei Zugrundelegung der registerrechtlichen Rechtsprechung für die Anwalts-AG im wesentlichen die gleichen Ergebnisse erzielt werden wie bei einer Rechtsanalogie.

Hieraus wird zugleich deutlich, daß ein pauschaler Hinweis auf die Zulässigkeit der Anwalts-AG zu kurz greift. Nicht „die“ Anwalts-AG als solche ist

---

616 In diesem Sinne auch Kempter, NJW 2000, 3449 (3452)

617 NJW 1995, 199 ff

618 Vgl. etwa Hartung/Holl-Römermann, Anwaltliche BerufsO, v. § 30 Rn 131.

619 Hommelhoff/Schwab, WiB 1995, 115 (116)

620 Raupach in FS 50 Jahre Arbeitsgemeinschaft der Fachanwälte für Steuerrecht (1999), 13 (43)

621 NJW 1995, 199 ff.

622 § 59 f Abs. 1 S. 2 BRAO setzt lediglich voraus, daß die Geschäftsführer mehrheitlich Anwälte sind.

zulässig, sondern nur eine solche, die den Vorgaben der §§ 59c ff., 59a BRAO entspricht. Eine Ungleichbehandlung von Anwalts-GmbH und Anwalts-AG kommt nur in Betracht, soweit zwingende Regelungen des Aktienrechts einer Rechtsanalogie entgegenstehen.

2. *Praktische Bedeutung*

Bislang ist - soweit ersichtlich – erst eine Anwalts-AG in ein deutsches Handelsregister eingetragen worden. Der Grund hierfür mag in der Unsicherheit der Registergerichte zu sehen sein, welchen Mindestanforderungen die Satzung einer Anwalts-AG genügen muß, um die anwaltliche Unabhängigkeit nicht zu gefährden. Entsprechend zurückhaltend dürfte die Akzeptanz in der Anwaltschaft sein.

Der Regelungsverzicht des Gesetzgebers wird nicht folgenlos bleiben. Es ist zu erwarten, daß das Interesse an der Anwalts-AG zunimmt. Der Grund liegt darin, daß die AG als Rechtsform ein größeres Renommée genießt als die GmbH. Dieser Umstand ist im Kern nicht haftungsrechtlich bedingt, weil eine „Billig-AG“ mit 50.000 Euro Grundkapital nur eine geringfügig höhere Sicherheit als eine GmbH mit einem Mindeststammkapital von 25.000 Euro bietet.[623] Ausschlaggebend für die größere Akzeptanz der AG dürfte vielmehr ihre nach wie vor geringe Verbreitung in Deutschland[624] und die hierdurch bedingte geringe Zahl von Insolvenzen sein. Im Mittelpunkt des öffentlichen Interesses stehen vor allem die großen börsennotierten AGs, deren Milliarden-Umsätze der AG den Nimbus einer haftungsrechtlich „sicheren" Rechtsform verleihen.

Daneben eröffnet die AG - anders als die GmbH - den Weg zum Kapitalmarkt, der Voraussetzung für größere Investitionen ist.[625] Der Aufbau einer neuen Zweigniederlassung bindet regelmäßig erhebliche finanzielle Mittel, da berufliches know-how meist nur durch „Einkauf“ geeigneter Berufsträger aus anderen Kanzleien innerhalb eines überschaubaren Zeitraums aufgebaut werden kann. Bei einer bereits am Markt etablierten Anwaltskanzlei können die hierfür benötigten finanziellen Mittel durch Ausgabe neuer Aktien aufgebracht werden. Die AG bietet nicht zuletzt auch interessante Möglichkeiten der Beteiligung juristischer

---

623 Vgl. § 7 AktG: Mindestnennbetrag des Grundkapitals: 50.000 Euro; § 5 Abs. 1 GmbHG: Stammkapital: 25.000 Euro.

624 Ende 1998 waren in Deutschland 5.468 AGs registriert (Deutsche Bundesbank, Monatsbericht Februar 1999, 27 (28); dieser Zahl stehen mehr als 800.000 GmbHs gegenüber (Steding, NZG 1999, 282 (282).

625 Haarmann in FS 50 Jahre Arbeitsgemeinschaft der Fachanwälte für Steuerrecht (1999), 515 (533)

Mitarbeiter am Unternehmenserfolg durch Dividendenausschüttung oder Kurssteigerung der Aktien.[626]

Seit Öffnung der AG für kleinere, personalistisch strukturierte Zusammenschlüsse („kleine AG") eignet sich diese Gesellschaftsform auch für Freiberufler.[627] So gelten Erleichterungen bei der Mitbestimmung und bedürfen Routine-Hauptversammlungsbeschlüsse keiner notariellen Beurkundung. Insbesondere Prüfungs- und Publizitätspflichten sind bei der kleinen AG erheblich eingeschränkt.[628]

Auch inhaltliche Gründe lassen die AG als Organisationsform für größere Anwaltszusammenschlüsse geeignet erscheinen. Vor allem überörtliche Großkanzleien weisen erkennbar Führungsprobleme auf. Die Binnenstruktur dieser häufig erst durch Fusionen rapide gewachsenen Berufsausübungsgesellschaften hat mit dem erheblichen Zuwachs an interner Verwaltungsarbeit häufig nicht mithalten können.[629] International operierende Großkanzleien mit mehreren hundert Berufsträgern und einer noch größeren Zahl nichtanwaltlicher Mitarbeiter benötigen eine andere Führungsstruktur als eine lokale Sozietät mit acht oder zehn Partnern.

Eine straffe Führung ist am ehesten durch eine Unternehmensspitze gewährleistet, die über eine gewisse Unabhängigkeit innerhalb der Organisation verfügt. Der Vorstand einer AG ist nach dem gesetzlichen Regelungskonzept des AktG hierzu weit besser in der Lage als die Geschäftsführung einer GmbH. Diese ist stets vom Willen der Gesellschafterversammlung abhängig.[630] Daran ändert nichts, daß die berufliche Unabhängigkeit beeinträchtigende Weisungen der Gesellschafterversammlung unzulässig sind. Zum einen bleiben Fragen der allgemeinen Ausrichtung der Anwalts-GmbH hiervon unberührt. Zum anderen erscheint fraglich, ob sich der Geschäftsführer einer Anwalts-GmbH auf Dauer gegen die Gesellschafterversammlung durchsetzen kann, da diese jederzeit das Recht hat, ihn aus seiner Organstellung abzuberufen.

Der Vorstand einer AG ist demgegenüber nur dem Aufsichtsrat verantwortlich und kann von diesem nur aus wichtigem Grund während der laufenden Amtszeit abberufen werden.[631] Diese aktienrechtlichen Rahmenbedingungen ge-

---

626 Römermann, GmbHR 1998, 966 (968)

627 Schumacher, AnwBl 1998, 364; Stabreit, NZG 1998, 452

628 Gesetz für kleine Aktiengesellschaften und zur Deregulierung des Aktienrechts vom 02.08.1994, BGBl. I, 1961 ff; vgl. näher zur „kleinen AG" und dem Aufschwung dieser Unternehmensform für den Mittelstand Wegmann/Koch, DStR 1999, 514 ff.; Burhoff, NWB Nr. 27 v. 30.06.1997, Fach 18, 3527 ff.

629 In diesem Sinne etwa Henssler, NJW 1999, 241 (247)

630 Vgl. Henssler, NJW 1999, 241 (249).

631 § 84 Abs. 3 AktG

währleisten ein hohes Maß an Beständigkeit. Langfristige Entwicklungslinien können unabhängig von den Turbulenzen des Tagesgeschäfts verfolgt werden. Die Gefahr vorschneller Entscheidungen ist bei der Anwalts-AG infolge der Trennung von Geschäftsführung und Kapital geringer als bei der anwaltlichen Mitunternehmer-GmbH.

3. *Unternehmensgegenstand, Kanzleisitz*

Mit Blick auf den Unternehmensgegenstand und den Kanzleisitz ergeben sich keine Besonderheiten gegenüber der Anwalts-GmbH. Insoweit kann auf die obigen Ausführungen verwiesen werden.[632] Danach ist der Unternehmensgegenstand der Anwalts-AG auf Rechtsberatung und -vertretung beschränkt. Eine weitergehende erwerbswirtschaftliche Betätigung ist ihr untersagt. Die Gründung einer Organisations-AG, welche nicht selbst anwaltliche Dienstleistungen erbringt, ist unzulässig. Auch die Anwalts-AG kann sich gleichzeitig als Steuerberatungs- oder Wirtschaftsprüfungsgesellschaft anerkennen lassen.

Die Anwalts-AG ist postulationsfähig. Sie handelt durch ihren Vorstand als Organ oder durch bevollmächtigte Vertreter, etwa aus dem Kreis der Aktionäre. Die Anwalts-AG muß ihre Kanzlei am Sitzort unterhalten. In der Kanzlei muß zumindest ein Vorstandsmitglied verantwortlich tätig sein, für welches die Kanzlei den Mittelpunkt seiner beruflichen Tätigkeit bildet. Die Leitung von Zweigniederlassungen darf wie bei der Anwalts-GmbH nur anwaltlichen Vorstandsmitgliedern überlassen werden.

4. *Gesellschafterkreis*

In analoger Anwendung der §§ 59e Abs. 1, 59a Abs. 1 BRAO können nur Anwälte und natürliche, sozietätsfähige Personen Aktionäre einer Anwalts-AG werden.

Demgegenüber wird in der Literatur eine Öffnung der Anwalts-AG auch für berufsfremde Dritte für zulässig gehalten. Zur Begründung wird angeführt, daß ein die anwaltliche Unabhängigkeit des Vorstands gefährdender Einfluß der Aktionäre auf die Geschäftsführung geringer sei als die Einflußmöglichkeiten der GmbH-Gesellschafter.[633] Hieran ist richtig, daß die Hauptversammlung der AG keinen originären Einfluß auf die Geschäftsführung nehmen kann. Eine Entschei-

632 Vgl. D III 2.
633 Gotzens, Diss., 99; Hartung/Holl-Römermann, Anwaltliche BerufsO, v. § 30 Rn 213

dung hierüber steht der Hauptversammlung nach dem aktienrechtlichen Leitbild nur zu, wenn der Vorstand dies verlangt.[634] Ebenso ist es der Hauptversammlung verwehrt, Vorstandsmitglieder abzuberufen, da dieses Recht allein dem Aufsichtsrat zusteht.[635]

Übersehen wird dabei, daß der Vorstand einer AG nach der Rechtsprechung verpflichtet ist, bei Grundlagengeschäften von herausragender Bedeutung die Zustimmung der Hauptversammlung einzuholen.[636] Das Zustimmungserfordernis könnte etwa bei der Mandatsannahme oder -ablehnung sowie bei der Freigabe von Schriftsätzen im Einzelfall eine Rolle spielen. Derartige Beschlüsse der Hauptversammlung binden den Vorstand.[637] Die Verpflichtung zur Einholung eines Zustimmungsbeschlusses läßt sich auch nicht statutarisch abbedingen. Die Rechtsprechung verdeutlicht gerade, daß satzungsrechtliche Regelungen die „Anschauungslücke des Gesetzgebers“[638] hinsichtlich einer Teilhabe der Hauptversammlung an der Geschäftsführung nicht beseitigen können.

Zudem könnten berufsfremde Aktionäre über ihr gesetzliches Auskunftsrecht gegenüber dem Vorstand[639] Kenntnis von Tatsachen erlangen, die der Berufsverschwiegenheit unterliegen. Soweit in der Literatur[640] darauf verwiesen wird, der Vorstand dürfe die Auskunft verweigern, wenn sie einen nicht unerheblichen Nachteil für die Gesellschaft mit sich bringt,[641] greift auch diese Erwägung zu kurz. Der Vorstand ist im Einzelfall nämlich verpflichtet, eine Güterabwägung zwischen dem Auskunftsverlangen des Aktionärs und der Verschwiegenheitspflicht zu treffen.

Soweit eine Auskunfterteilung zur Strafbarkeit des Vorstands führen würde, wird der Vorstand eine Auskunft stets ablehnen können. Wie oben gezeigt,[642] geht die berufsrechtliche Verpflichtung zur Wahrung der Verschwiegenheit jedoch erheblich über den strafrechtlichen Schutzbereich hinaus. Eine Kollision von gesetzlicher Auskunftspflicht und berufsrechtlichem Auskunftsverbot unterhalb der eindeutigen Strafbarkeitsschwelle des § 203 Abs. 1 Nr. 3 StGB führt

---

634 § 119 Abs. 2 AktG

635 § 84 Abs. 3 AktG

636 BGHZ 83, 122 (131): Ausgliederung eines Betriebes, der den wertvollsten Teil des Gesellschaftsvermögens ausmacht, auf eine Tochtergesellschaft; OLG München, AG 1995, 232 (233): Veräußerung des gesamten Grundbesitzes als einzigem werthaltigen Vermögensgegenstand der Gesellschaft

637 Hüffer, AktG, § 119 Rn 14

638 So treffend Hüffer, AktG, § 119 Rn 18

639 § 131 Abs. 1 AktG

640 Ebenroth/Koos, ZIP 1996, 1790 (1791); Hartung/Holl, Anwaltliche BerufsO, v. § 30 Rn 215

641 § 131 Abs. 3 Nr. 1 AktG

642 D I 4c cc (3)

nicht zwangsläufig zu einem Vorrang der Verschwiegenheitspflicht. Vielmehr ist denkbar, daß der Vorstand im Einzelfall dem Auskunftsverlangen des Aktionärs Folge zu leisten hat. Wie bei der Anwalts-GmbH besteht auch bei der Anwalts-AG ein Interesse daran, derartige Konfliktsituationen von vornherein zu vermeiden und die Einhaltung der Verschwiegenheitspflicht in jedem Fall zu gewährleisten. Im Ergebnis können deshalb nur sozietätsfähige Berufsträger i. S. des § 59a Abs. 1 BRAO Aktionäre einer Anwalts-AG sein.

Ist danach sichergestellt, daß bei Gründung der Anwalts-AG berufsfremde Dritte keine Aktien erwerben können, bedarf es Vorkehrungen, um eine Weiterveräußerung der Aktien an nicht sozietätsfähige Personen zu verhindern. Eine Beschränkung der Abtretbarkeit wäre rechtstechnisch durch Auferlegung einer Nebenpflicht in der Satzung denkbar. Aktionäre könnten statutarisch verpflichtet werden, eine Übertragung der Aktien an nicht sozietätsfähige Berufsträger zu unterlassen.

Die Aufnahme einer solchen Nebenpflicht in die Satzung ist nach § 55 Abs. 1 AktG jedoch nur eingeschränkt zulässig. Voraussetzung ist zunächst, daß es sich um eine „Leistung“ handelt, die auch in einem Unterlassen bestehen kann.[643] Weiterhin muß die Leistung „wiederkehrend“, also weder einmalig noch dauernd,[644] sein. Ein dauerndes Unterlassungsgebot kann damit nicht wirksam als Nebenleistung in der Satzung verankert werden.[645] In gleicher Weise können sich die Aktionäre nicht verpflichten, dauernd der Anwalts-, Steuerberater- oder Wirtschaftsprüferkammer anzugehören.[646]

Eine zulässige Möglichkeit des Ausschlusses berufsfremder Aktionäre besteht in der Wahl der Aktienform. Die Ausgabe von Inhaberaktien kann die Übertragung an nicht sozietätsfähige Personen dabei nicht wirksam ausschließen. Nur *Namensaktien* genügen deshalb den berufsrechtlichen Anforderungen.[647] Für diese ist zwingend eine Vinkulierung vorzusehen, wonach die Übertragung von der Zustimmung der Gesellschaft abhängig ist.[648] Dabei lassen sich bereits in der Satzung Gründe festlegen, aufgrund derer die Zustimmung verweigert werden darf. Verweigerungsgrund kann etwa die Nichtzulassung des Erwerbers zur Anwaltschaft oder zu einem anderen sozietätsfähigen Beruf sein.[649] Entsprechende

---

643 § 241 S. 2 BGB

644 Hüffer, AktG, § 55 Rn 4; Kölner Kommentar-Lutter, AktG, § 55 Rn 6

645 Stabreit, NZG 1998, 452 (454)

646 Hommelhoff/Schwab, WiB 1995, 115 (117)

647 Tiling/Johann, Rechtsanwalts-Handbuch, H 5 Rn 106; Schumacher, AnwBl 1998, 364 (370)

648 Stabreit, NZG 1998, 452 (454)

649 Stabreit, NZG 1998, 452 (454); Hartung/Holl-Römermann, Anwaltliche BerufsO, v. § 30 Rn 218

Regelungen über die Vinkulierung von Namensaktien bestehen bereits für Steuerberatungs- und Wirtschaftsprüfungs-AGs.[650]

Mit der Vinkulierung von Namensaktien läßt sich jedoch nur der rechtsgeschäftliche Aktienerwerb berufsfremder Dritter, nicht hingegen der Erwerb im Wege der Gesamtrechtsnachfolge verhindern.[651] Die Problematik entsteht etwa beim Tode eines Aktionärs, dessen Erben nicht berufsrechtlich qualifiziert sind. Die Satzung kann wegen des Verbots der Aufnahme von Nebenverpflichtungen keine statutarische Nachfolgeregelung treffen. *Stabreit* [652] schlägt deshalb den Abschluß entsprechender schuldrechtlicher Verträge zwischen den Aktionären und der Gesellschaft vor. Hierin solle die Verpflichtung geregelt werden, Aktien im Erbfall an bestimmte Personen zu übertragen. Die Erben treten sodann in diese schuldrechtliche Rechtsstellung des Erblassers ein.

Bei näherer Betrachtung ist diese schuldrechtliche Hilfskonstruktion entbehrlich, weil der Gesetzgeber die Problematik einer Nachfolgeregelung bei der Anwalts-GmbH gesehen und gelöst hat. Gehören einer Anwalts-GmbH nach einem Erbfall auch nichtsozietätsfähige Berufsträger an, ist die Zulassung der Gesellschaft zwingend zu widerrufen. Der Widerruf unterbleibt, wenn der gesetzwidrige Zustand binnen eines Jahres seit Eintritt des Erbfalls beseitigt wird.[653] Diese Bestimmung ist im Wege der Analogie auch auf die Anwalts-AG übertragbar.

Nach allgemeinem Aktienrecht können auch juristische Personen oder Gesamthandsgemeinschaften Aktionäre sein.[654] Bei gemeinschaftlicher Berechtigung können die Rechte aus der Aktie jedoch nur durch einen gemeinsamen Vertreter ausgeübt werden.[655]

Diese Bestimmung wird durch anwaltliches Berufsrecht überlagert. Wie bei der Anwalts-GmbH dürfen sich auch an einer Anwalts-AG nur natürliche Personen beteiligen.[656] Dies schließt eine Gesellschafterstellung rechtsfähiger Zusammenschlüsse aus. Die Aktien müssen den Aktionären daneben ungeteilt zur Verfügung stehen,[657] so daß eine BGB-Gesellschaft nicht Gesellschafter einer An-

650 §§ 50 Abs. 5 StBerG, 28 Abs. 5 WPO
651 Hüffer, AktG, § 68 Rn 11; Kölner-Kommentar-Lutter, AktG, § 68 Rn 4
652 NZG 1998, 452 (454)
653 § 59h Abs. 3 S. 2 BRAO
654 BGHZ 118, 83 (99); K. Schmidt, Gesellschaftsrecht, 806
655 § 69 AktG
656 § 59e Abs. 1 BRAO analog
657 BT-Ds. 13/9820, 14

walts-AG sein kann.[658] Auch eine Beteiligung der Anwalts-AG an anderen Berufsausübungsgesellschaften und damit eine Konzernbildung ist unzulässig.[659]

5. *Geschäftsführung/Vertretung*

Hauptaufgabe des Vorstands ist die Übernahme und Ausführung von Anwaltsmandaten. Es liegt in der Konsequenz der Rechtsanalogie, daß der Vorstand der Anwalts-AG nur aus Anwälten und sozietätsfähigen Berufsträgern bestehen darf.[660] Wie die Geschäftsführung der Anwalts-GmbH muß der Vorstand der Anwalts-AG mehrheitlich aus Anwälten bestehen.

Die Vorstandsmitglieder müssen nicht dem Aktionärskreis angehören, da Fremdorganschaft zulässig ist. Sie dürfen ihren Beruf nicht in einem weiteren beruflichen Zusammenschluß ausüben.[661]

Zur Vertretung der Anwalts-AG ist der Vorstand berufen. Es gilt der Grundsatz der Gesamtvertretung,[662] die Erteilung von Alleinvertretungsmacht ist zulässig.[663]

6. *Aufsichtsrat*

Die AG verfügt - anders als die GmbH - zwingend über einen Aufsichtsrat.[664] Der Aufsichtsrat hat das Recht, die „Schriften der Gesellschaft" einzusehen.[665] Hierzu gehört die gesamte Mandantenkorrespondenz.[666] Der Vorstand ist dem Aufsichtsrat darüber hinaus über Geschäfte von erheblicher Bedeutung berichtspflichtig.[667] Zum Zwecke der Wahrung der anwaltlichen Schweigepflicht können deshalb nur sozietätsfähige Personen i.S. des § 59a Abs. 1 BRAO Mitglieder des Aufsichtsrats sein.

---

658 Vgl. D III 3.
659 § 59c Abs. 2 BRAO analog
660 Vgl. D III 5.
661 Oben D I 3 c
662 § 78 Abs. 2 AktG
663 § 78 Abs. 3 AktG
664 §§ 30, 95 AktG
665 § 111 Abs. 2 AktG
666 Hommelhoff/Schwab, WiB 1995, 115 (117)
667 § 90 Abs. 1 S. 1 Nr. 4 AktG

Entgegen *Römermann*[668] ist es nicht ausreichend, daß der Aufsichtsrat selbst einer aktienrechtlichen, strafbewehrten Schweigepflicht unterliegt.[669] Hinzukommen muß die Möglichkeit einer berufsrechtlichen Sanktion für ihre Verletzung. Zwar verpflichtet die Verletzung der Schweigepflicht dem Grunde nach zum Schadensersatz. Jedoch dürften hierauf gestützte zivilrechtliche Klagen zumeist daran scheitern, daß ein Schaden oder eine haftungsausfüllende Kausalität nicht beweisbar sind. Aus diesem Grunde sind berufsrechtliche Sanktionsmöglichkeiten unabdingbar, um die Einhaltung der anwaltlichen Verschwiegenheitspflicht zu gewährleisten.[670]

Die Satzung kann die Bestellung zum Aufsichtsratsmitglied von persönlichen Voraussetzungen abhängig machen.[671] Sie kann bestimmen, daß Aufsichtsratsmitglieder nur Anwälte oder Angehörige sozietätsfähiger Berufe i.S. des § 59a Abs. 1 BRAO sein können. Der Wegfall dieser Voraussetzung hätte sodann den Verlust des Aufsichtsratsmandats zur Folge.

Bei der Anwalts-AG muß der Aufsichtsrat mehrheitlich aus Anwälten bestehen.[672] Dies ergibt sich aus einem Umkehrschluß des analog anzuwendenden § 59f Abs. 1 BRAO. Wenn schon der Vorstand mehrheitlich aus Anwälten bestehen muß, gilt dies erst recht für den Aufsichtsrat. Dieser kann eine wirksame Kontrolle des Vorstands bei seiner beruflichen Tätigkeit nur ausüben, wenn er fachlich hierzu in der Lage ist.

Das Mehrheitserfordernis zugunsten der Anwälte ergibt sich noch aus einem weiteren Gesichtspunkt: Der Aufsichtsrat kann bestimmen, daß bestimmte Arten von Geschäften nur mit seiner Zustimmung vorgenommen werden dürfen.[673] Dieses Recht des Aufsichtsrats kann nicht statutarisch abbedungen werden.[674] Damit könnte eine Gefährdung der anwaltlichen Unabhängigkeit des Vorstands eintreten, wenn die Annahme oder Ablehnung bestimmter Mandate oder die Ausfertigung bestimmter Schriftsätze von der Zustimmung des Aufsichtsrats abhängig wäre.

---

668 NZG 1998, 15 (19); Hartung/Holl-Römermann, Anwaltliche BerufsO, v. § 30 Rn 211; a.A. Hommelhoff/Schwab, WiB 1995, 115 (117)

669 §§ 116 i.V.m. 93 Abs. 1 S. 2, 404 Abs. 1 Nr. 1 AktG

670 Der Sanktionskatalog anwaltsgerichtlicher Maßnahmen umfaßt die Warnung, den Verweis, die Geldbuße, das zeitlich befristete Berufsausübungsverbot sowie die Ausschließung aus der Rechtsanwaltschaft (§ 114 BRAO).

671 § 100 Abs. 4 AktG

672 Weitergehend, aber nicht überzeugend Hommelhoff/Schwab, WiB 1995, 115 (117)

673 Vgl. § 111 Abs. 4 S. 2 AktG.

674 Kölner Kommentar-Mertens, AktG, § 111 Rn 60; Hommelhoff/Schwab, WiB 1995, 115 (117)

7. *Haftungsfragen*

Die Anwalts-AG haftet selbst für Pflichtverletzungen aus der Mandatsbearbeitung, da sie Vertragspartner des Mandanten ist. Ihr wird das Handeln des Vorstands über § 31 BGB und dasjenige ihrer angestellten oder freiberuflich tätigen Anwälte über § 278 BGB zugerechnet. Aufgrund des Trennungsprinzips haftet dem Mandanten der Anwalts-AG grundsätzlich nur das Gesellschaftsvermögen, nicht das Privatvermögen ihrer Aktionäre.

Für die Möglichkeit eines Haftungsdurchgriffs auf die Aktionäre und eine mittelbare Haftung des Vorstands gelten die obigen Ausführungen zur Anwalts-GmbH entsprechend.[675]

8. *Versicherungsrechtliche Fragen*

Auch die Anwalts-AG ist zum Abschluß einer erhöhten Berufshaftpflichtversicherung mit einer Mindestversicherungssumme von 5 Mio. DM für jeden Versicherungsfall verpflichtet.[676] Wie bei der Anwalts-GmbH bleiben daneben auch die für die Anwalts-AG tätigen Anwälte zur Aufrechterhaltung einer Berufshaftpflichtversicherung verpflichtet.[677] Die Vorschriften über die Zulässigkeit einer Maximierung gelten entsprechend.[678]

V. Genossenschaft

1. *Zulässigkeit*

Die Anwalts-Genossenschaft ist nicht gesetzlich geregelt. Mangels ausdrücklichen Verbots ist sie jedoch nach h.L. zulässig.[679] Bislang nicht diskutiert ist die Frage, ob eine Anwalts-Genossenschaft den gleichen berufsrechtlichen Einschränkungen unterliegt, wie sie für die Anwalts-GmbH gelten. Diese Frage ist zu

---

675 D III 6a und b

676 § 59 j Abs. 2 BRAO analog

677 Vgl. § 51 Abs. 1 S. 1 BRAO: „Der Rechtsanwalt ist verpflichtet, eine Berufshaftpflichtversicherung ... zu unterhalten".

678 § 59 j Abs. 1 und 2 BRAO analog

679 Hartung/Holl-Römermann, Anwaltliche BerufsO, v. § 30 Rn 227; Lang/Weidmüller, GenG, § 1 Rn 30; Boin, Diss., 126 m.w.N.; Boele, Diss., 215; LG Aachen, ZFG 1975, 305 (306) zur Architektengenossenschaft; a.A. Rittner, Der Steuerberater 1967, 2 (4); Sandberger/Müller-Graff, ZRP 1975, 1 (5) jeweils ohne Begründung

bejahen, weil der Regelungsverzicht des Gesetzgebers nicht dahingehend mißverstanden werden darf, daß die ungeregelte Anwalts-Genossenschaft geringeren berufsrechtlichen Einschränkungen unterliegen soll als die gesetzlich geregelte Anwalts-GmbH.

Die rechtsanaloge Anwendung der §§ 59c ff., 59a BRAO stellt sicher, daß es nicht zu einer Ungleichbehandlung der Gesellschaftsformen kommt. Das Gleichbehandlungsgebot des Art. 3 Abs. 1 GG gebietet insoweit auch eine Chancengleichheit im Organisationsrecht.

Zum gleichen Ergebnis gelangt, wer eine Rechtsanalogie ablehnt und sich stattdessen auf die Mindestanforderungen besinnt, die das BayObLG[680] in seiner Entscheidung zur Zulässigkeit der Anwalts-GmbH aufgestellt hatte. Für die Genossenschaft kann insoweit auf die obigen Ausführungen zur Anwalts-AG verwiesen werden.[681]

Die Genossenschaft ist gemäß § 1 Abs. 1 GenG eine Gesellschaft von nicht geschlossener Mitgliederzahl, welche die Förderung des Erwerbes oder der Wirtschaft ihrer Mitglieder mittels gemeinschaftlichen Geschäftsbetriebes bezweckt. Sie ist wie die GmbH und die AG eine juristische Person.[682]

Anders als die Kapitalgesellschaft ist die Genossenschaft personalistisch ausgestaltet. Sie baut auf der persönlichen Mitgliedschaft und nicht auf der Kapitaleinlage auf. Die Genossenschaft verfügt nicht über ein gesetzliches Mindestkapital, sondern beschränkt sich ausschließlich auf eine Finanzierung durch ihre Mitglieder. Die Beteiligung der Genossen am Vermögen der Genossenschaft ist nicht Voraussetzung, sondern Folge der Mitgliedschaft.[683] Zudem müssen die Mitglieder des Vorstands und des obligatorischen Aufsichtsrats Genossen sein, so daß eine Fremdorganschaft unzulässig ist.[684] Jeder Genosse hat grds. ohne Rücksicht auf die Anzahl seiner Geschäftsanteile nur eine Stimme. Hieran zeigen sich die solidarischen und demokratischen Wurzeln der Genossenschaft.[685] Ein Mehrstimmrecht soll nur ausnahmsweise eingeräumt werden und gilt selbst in diesem Fall nicht unbeschränkt.[686]

---

680 NJW 1995, 199 ff.

681 Vgl. D IV 1.

682 § 17 Abs. 1 GenG

683 Müller, GenG, § 1 Rn 2

684 § 9 Abs. 2 GenG

685 Lang/Weidmüller, GenG, § 43 Rn 96 ff.

686 § 43 Abs. 3 GenG bestimmt, daß Mehrstimmrechte nur für Genossen begründet werden dürfen, die den Geschäftsbetrieb der Genossenschaft in besonderer Weise fördern. Das Mehrstimmrecht ist zudem für bestimmte Beschlüsse, die einer qualifizierten Mehrheit bedürfen, außer Kraft gesetzt.

Der Genossenschaftszweck der Wirtschaftsförderung umfaßt nur den Bereich der privaten Hauswirtschaft[687] und kommt damit für eine anwaltliche Berufsausübungsgesellschaft nicht in Betracht. Der weiter gefaßte Zweck einer Erwerbsförderung ihrer Mitglieder schließt demgegenüber jede Form der Einnahmenmehrung oder Ausgabenminderung ein.[688] Hierunter fällt auch die freiberufliche Tätigkeit.[689] Die Genossenschaft ist dabei nicht auf den Zweck eines hilfswirtschaftlichen Unternehmens beschränkt, sondern kann selbst unmittelbare Erwerbsquelle sein.[690]

Der Förderzweck muß mittels gemeinschaftlichen Geschäftsbetriebs verfolgt werden. Es ist nicht ausreichend, ein Unternehmen lediglich auf Kosten der Genossenschaft zu betreiben. Die Genossenschaft muß den Betrieb vielmehr selbst führen. Diesem Erfordernis genügt die bloße Beteiligung an einer anderen Gesellschaft nicht.[691] Die Genossenschaft ist als Rechtsform einer Holdinggesellschaft deshalb ungeeignet.

Vorstellbar ist, daß die Anwalts-Genossenschaft nach Art einer Produktivgenossenschaft ihre Mitglieder als anwaltliche Arbeitnehmer beschäftigt. Der Förderzweck könnte darin bestehen, Arbeitsplätze zu schaffen und zu erhalten, die geleistete Arbeit zu vergüten und die Genossen am Gewinn teilhaben zu lassen.[692]

2. *Praktische Bedeutung*

Die praktische Bedeutung der Anwalts-Genossenschaft dürfte gering sein. Die Genossenschaft als Rechtsform befindet sich seit geraumer Zeit in einem Abwärtstrend.[693] Anfang des Jahres 1998 waren nur noch 10.243 Genossenschaften registriert. Innerhalb des Fünfjahreszeitraums 1992 bis 1996 wurden lediglich 109 Genossenschaften neu gegründet.[694]

Der Grund hierfür wird in der Verwässerung ihrer tragenden Grundprinzipien Selbstverwaltung und Selbsthilfe gesehen. Die weitgehende Verdrängung des Ehrenamtes aus dem Vorstand, die wirtschaftliche Notwendigkeit, auch Nichtgenos-

---

687 Müller, GenG, § 1 Rn 25
688 BayObLG, BB 1985, 426 (426)
689 Müller, GenG, § 1 Rn 20
690 Michalski, Das Gesellschafts- und Kartellrecht der berufsrechtlich gebundenen freien Berufe, 122
691 Müller, GenG, § 1 Rn 37; a.A. Lang/Weidmüller, GenG, § 1 Rn 22
692 Lang/Weidmüller, GenG, § 1 Rn 74
693 Beuthien, GenG, Einleitung IV; K. Schmidt, Gesellschaftsrecht, 1262
694 Steding, NZG 1999, 282 (282) m.w.N.

sen im Rahmen des Wirtschaftsaustausches wie Genossen zu behandeln, hat zu einer Sinnentleerung des Identitätsprinzips geführt. Insgesamt ist eine „Degenerierung" von personengesellschaftsrechtlichen und eine Verstärkung von kapitalgesellschaftsrechtlichen Elementen festzustellen.[695] Die Genossenschaften sind heute nicht mehr „Kinder in der Not", sondern Mitglieder im Wettbewerb mit anderen Anbietern.[696]

Aufgrund ihrer personalistischen Ausgestaltung leidet die Genossenschaft zudem an chronischem Eigenkapitalmangel.[697] Auch der Statutenentwurf der EG-Kommission für eine grenzüberschreitende europäische Genossenschaft[698] hat bislang nicht befruchtend auf die Weiterentwicklung des deutschen Genossenschaftsrechts gewirkt. Dies dürfte im wesentlichen auf die bislang ungelöste Frage der Arbeitnehmer-Mitbestimmung zurückzuführen sein.[699]

3. *Besonderheiten*

Im folgenden soll zwecks Meidung von Wiederholungen nur auf Besonderheiten der Anwalts-Genossenschaft im Verhältnis zur Anwalts-GmbH hingewiesen werden.

Der Genossenschaft müssen mindestens sieben Mitglieder angehören.[700] Sie kommt als Gesellschaftsform deshalb von vornherein nur für zumindest mittelgroße Anwaltszusammenschlüsse in Betracht.

Es gelten Erleichterungen bei der Gründung, da das Genossenschaftsstatut lediglich der Schriftform bedarf, mithin nicht notariell beurkundet werden muß.[701] Auch der Erwerb der Mitgliedschaft vollzieht sich durch schriftliche Beitrittserklärung und ihre Zulassung durch die Genossenschaft.[702]

Besonderheiten gelten für den Vorstand und den obligatorischen Aufsichtsrat.[703] Beiden Organen dürfen nur Mitglieder der Genossenschaft angehören, weshalb eine Fremdorganschaft unzulässig ist.[704] Wie bei der Anwalts-AG[705] ist

---

695 Steding, NZG 1999, 282 (283)
696 Beuthien, GenG, Einleitung IV
697 Blomeyer, BB 2000, 1741 (1742) m.w.N.
698 AblEG Nr. C 236/17 vom 31.08.1993
699 Vgl. etwa Blomeyer, BB 2000, 1741 (1741).
700 § 4 GenG
701 § 5 GenG
702 § 15 GenG
703 § 9 Abs. 1 GenG; für den Aufsichtsrat gelten die Ausführungen zur Anwalts-AG entsprechend (vgl. oben D IV 6).
704 § 9 GenG
705 S. o. D IV 6.

es nicht ausreichend, daß die Vorstands- und Aufsichtsratsmitglieder bereits kraft Gesetzes einer Verschwiegenheitspflicht unterliegen.[706]

Die Genossenschaft ist kraft Gesetzes Pflichtmitglied in einem genossenschaftlichen Prüfungsverband.[707] Aufgabe des Prüfungsverbandes ist es, die wirtschaftlichen Verhältnisse sowie die Ordnungsmäßigkeit der Geschäftsführung festzustellen.[708] Den Prüfern ist Einblick in die „Schriften" der Genossenschaft zu gewähren,[709] wozu auch die Mandantenkorrespondenz gehört. Um eine Verletzung der anwaltlichen Schweigepflicht zu vermeiden, ist es erforderlich, daß die Genossenschaft einem Prüfungsverband angehört, dessen Prüfer zum Kreis der sozietätsfähigen Berufsträger gehören.

VI. Rechtsfähiger Verein

Die weitgehende Annäherung des nicht rechtsfähigen Vereins an das Recht der BGB-Gesellschaft erlaubt eine Beschränkung der Darstellung auf den rechtsfähigen Anwalts-Verein.[710] Zu unterscheiden ist zwischen dem Idealverein[711] und dem wirtschaftlichen Verein.[712] Der Idealverein kommt wegen der fehlenden Verfolgung erwerbswirtschaftlicher Zwecke als Zusammenschlußform gemeinschaftlicher Berufsausübung nicht in Betracht. Der wirtschaftliche Verein erfordert eine nach außen gerichtete, auf Verschaffung wirtschaftlicher Vorteile zielende Betätigung. Diese ist bei einer anwaltlichen Berufsausübungsgesellschaft grds. gegeben.[713]

Allerdings können wirtschaftliche Vereine Rechtsfähigkeit nur durch staatliche Konzession erlangen, die nur selten erteilt wird. Grund hierfür ist, daß die Rechtsform des wirtschaftlichen Vereins gegenüber anderen Rechtsformen stets subsidiär ist. Für eine Verleihung der Rechtsfähigkeit ist deshalb nur Raum, wenn es für eine Vereinigung aufgrund besonderer Umstände unzumutbar ist, sich in einer anderen Rechtsform zu organisieren.[714] Diese Voraussetzung ist angesichts der Vielzahl möglicher Rechtsformen, in denen sich Anwälte zusammenschließen

---

706 § 62 Abs. 1 GenG
707 § 54 GenG
708 § 53 Abs. 1 GenG
709 § 57 Abs. 1 GenG
710 § 54 S. 1 BGB verweist auf die §§ 705 ff. BGB.
711 § 21 BGB
712 § 22 BGB
713 Vgl. etwa Michalski, Das Gesellschafts- und Kartellrecht der berufsrechtlich gebundenen freien Berufe, 121.
714 BGHZ 85, 84 (89); vgl. hierzu Palandt-Heinrichs, BGB, § 22 Rn 1 mit Beispielen aus der Praxis.

können, nicht gegeben. Ein beruflicher Zusammenschluß in der Rechtsform des eingetragenen Vereins ist Anwälten danach nicht möglich.

VII. OHG, KG

Eine berufliche Zusammenarbeit in der Rechtsform einer Personenhandelsgesellschaft ist Anwälten verwehrt, da diese den Betrieb eines Handelsgewerbes voraussetzt.[715] Der handelsrechtliche Gewerbebegriff wird definiert als selbständige, fortgesetzt ausgeübte, auf dauernde Gewinnerzielung gerichtete Tätigkeit, wobei freie Berufe ausdrücklich ausgenommen sind.[716] Diese negative Abgrenzung wiederholt § 2 Abs. 2 BRAO, wonach die Tätigkeit des Anwalts kein Gewerbe ist. Damit steht den Anwälten weder die OHG noch die KG als Berufsausübungsgesellschaft offen.

Dem Ausschluß auch der KG als Rechtsform gemeinsamer Berufsausübung ist neuerdings *Sproß*[717] entgegengetreten. Ihm zufolge gebieten die Art. 12 Abs. 1 GG i.V.m. 3 Abs. 1 GG eine Gleichbehandlung mit Steuerberatern und Wirtschaftsprüfern, die sich in der Rechtsform der Personenhandelsgesellschaft zusammenschließen dürfen.[718] Es seien keine berufsrechtlichen Gründe für eine Andersbehandlung der Anwälte ersichtlich.

Diese Auffassung verkennt den Wortlaut der als Vergleich herangezogenen berufsrechtlichen Regelungen. Nach §§ 49 Abs. 2 StBerG, 27 Abs. 2 WPO ist die Anerkennung einer OHG bzw. KG als Steuerberatungs- oder Wirtschaftsprüfungsgesellschaft davon abhängig, daß sie „wegen ihrer Treuhandtätigkeit in das Handelsregister eingetragen worden ist." Die Treuhandtätigkeit ist nach allgemeiner Auffassung keine freiberufliche, sondern gewerbliche Tätigkeit.[719] Aus diesem Grund ist auch die anwaltliche Gebührenordnung auf die Tätigkeit des Anwalts als Treuhänder nicht anwendbar.[720] Damit besteht ein sachlicher Grund, die anwaltliche Berufsausübung in der Rechtsform einer Personenhandelsgesellschaft zu untersagen.

Der Ausschluß einer anwaltlichen Berufsausübung in einer OHG oder KG ist auch verfassungsgemäß. Dem Gesetzgeber obliegt ein hohes Maß an eigener Konkretisierungskompetenz für die Ausgestaltung des Anwaltsberufs.[721] Er darf

---

715 §§ 105, 161 HGB
716 Baumbach/Hopt, HGB, § 1 Rn 12
717 AnwBl 1996, 201 (204)
718 §§ 49 Abs. 1 StBerG, 27 Abs. 1 WPO
719 Henssler/Prütting-Stobbe, BRAO, § 51 Rn 42; vgl. auch oben D I 3c bb.
720 § 1 Abs. 2 BRAGO
721 Maunz/Dürig/Herzog/Scholz-ders., GG, Art. 12 Rn 261 und 271

das anwaltliche Berufsbild rechtlich festlegen und damit auch Vorgaben für das Organisationsrecht machen. Verfassungsrechtlich bedenklich sind berufsrechtliche Regelungen deshalb erst dann, wenn der Gesetzgeber gegen das Willkürverbot verstößt.[722]

Eine „Kommerzialisierung" des Anwaltsberufs durch Ausschluß gewerblicher Rechtsformen zu verhindern, ist ein legitimes Interesse des Gesetzgebers. Nur auf diesem Wege läßt sich die Stellung des Anwalts als Organ der Rechtspflege, das besonderen Rechten und Pflichten unterliegt, aufrechterhalten. Genauso wenig wie der Gesetzgeber verpflichtet ist, die Partnerschaft als Rechtsform auch für Gewerbetreibende zu öffnen, ist er deshalb gehalten, Anwälten die Berufsausübung in jeder denkbaren gewerblichen Rechtsform zu ermöglichen.

722 Eingehend zur Typisierungs- und Fixierungskompetenz des Gesetzgebers Maunz/Dürig/Herzog/Scholz-ders., GG, Art. 12 Rn 271 m.w.N.

E. Formen anwaltlicher Zusammenarbeit außerhalb gesellschaftsrechtlicher Bindung

Neben den bislang erörterten Berufsausübungsgesellschaften gibt es Formen anwaltlicher Zusammenarbeit, denen keine gemeinschaftliche Berufsausübung zugrundeliegt. Trotz erheblicher Unterschiede im einzelnen zeichnen auch sie sich durch eine gewisse Dauerhaftigkeit aus. Diese Perpetuierung rechtfertigt es, sie von einem reinen Zufallskontakt etwa bei erstmaliger Begründung eines Korrespondenzmandats zu unterscheiden.

I. Bürogemeinschaft

Eine Form nicht gemeinschaftlicher Berufsausübung ist die Bürogemeinschaft, deren Voraussetzungen trotz ihrer weiten Verbreitung in der Praxis noch nicht abschließend geklärt sind.

1. Begriff

Die Bürogemeinschaft[723] war lediglich für einen kurzen Zeitraum in § 39 Abs. 2 RAG der DDR[724] wie folgt definiert:

> „Eine Bürogemeinschaft liegt dann vor, wenn Rechtsanwälte ein gemeinsames Büro betreiben und entsprechend vertraglicher Abreden auch die Kosten für die Führung des Büros angemessen teilen. Die Entgegennahme von Aufträgen und die Haftung erfolgt bei Bürogemeinschaften nicht gemeinsam."

Das anwaltliche Standesrecht verzichtete in § 28 der früheren RichtlRA ganz auf eine eigenständige Begriffsbestimmung. Eine definitorische Annäherung soll nachfolgend anhand der typologischen Erscheinungsformen in der Praxis vorgenommen werden.

---

723 Die Terminologie war bislang uneinheitlich. Die von Teilen der Literatur vorgeschlagene Begriffsbildung der Betriebsgemeinschaft (Michalski, Das Gesellschafts- und Kartellrecht der berufsrechtlich gebundenen freien Berufe, 107) oder der Organisationsgesellschaft (Lach, Diss., 44) haben sich nicht durchgesetzt.

724 GBl. I Nr. 61, 1504

a) Zielsetzung und Rechtsform

Die Bürogemeinschaft dient dem Ziel, betriebliche Einrichtungen wirtschaftlicher zu nutzen und damit Kosten zu senken. Diese Zweckrichtung hat sie typischerweise mit der Sozietät gemeinsam.[725] Mit dem gegenseitigen Versprechen, den gemeinsamen Zweck der Kostensenkung zu fördern, gründen die Beteiligten eine BGB-Gesellschaft.[726] Häufig wird daneben die gegenseitige und kostenlose Vertretung bei Abwesenheit vereinbart. Anders als bei der Sozietät erfolgt die Berufsausübung in der Bürogemeinschaft nicht gemeinschaftlich.[727] Mandate und Honorare werden von den Mitgliedern der Bürogemeinschaft nicht gemeinsam entgegengenommen.[728] Diese bietet somit nicht selbst anwaltliche Leistungen an.

Die gemeinsame Nutzung betrieblicher Hilfsmittel ist damit bei der Bürogemeinschaft der eigentlichen Berufsausübung vorgelagert und auf die Lösung „technischer Vorfragen" beschränkt.[729] Sie ist die organisatorische Basis, auf deren Grundlage die Beteiligten ihre Leistungen persönlich und unabhängig voneinander erbringen.[730]

Die Bürogemeinschaft als BGB-Gesellschaft kann Innen- oder Außengesellschaft sein. Eine Innengesellschaft liegt vor, wenn Verträge mit Dritten (z.B. Ankauf oder Anmietung von Betriebsmitteln, Einstellung von Personal) nur von einem Mitglied der Bürogemeinschaft im eigenen Namen geschlossen werden. Nur dieses Mitglied tritt dann nach außen in Erscheinung, während die übrigen Mitglieder im Innenverhältnis lediglich Kostenbeiträge leisten. Außengesellschaft ist die Bürogemeinschaft, wenn ihre gemeinschaftliche Zweckverfolgung nach außen in Erscheinung tritt. Dies ist der Fall, wenn schuldrechtliche Verträge mit Dritten im Namen der BGB-Gesellschaft geschlossen werden.

b) Abgrenzung zu obligatorischen Nutzungsverhältnissen

Von Bürogemeinschaften zu unterscheiden sind obligatorische Nutzungsverhältnisse. Werden Betriebsmittel oder Personal gegen Entgelt zur Mitnutzung überlassen, entsteht noch keine Bürogemeinschaft in der Rechtsform der BGB-Gesellschaft. Vielmehr stehen sich die Beteiligten im Leistungsaustauschver-

---

725 Michalski, Das Gesellschafts- und Kartellrecht der berufsrechtlich gebundenen freien Berufe, 127; Vorbrugg/Salzmann, AnwBl 1996, 129 (130); anders wohl Lach, Diss., 43

726 K. Schmidt, Gesellschaftsrecht, 1711; Plass, Diss., 175

727 Zuck, NJW 1999, 263 (265)

728 Henssler/Prütting-Hartung, BRAO, § 59a Rn 85

729 Kornblum, AnwBl 1973, 153 (154)

730 Lach, Diss., 43

hältnis gegenüber. Sie verfolgen damit keinen gemeinsamen Zweck, sondern jeweils gegenläufige Ziele.

Eine Abgrenzung zwischen Bürogemeinschaft und obligatorischer Nutzung läßt sich nach der Art der zu leistenden Beiträge vornehmen. Wird eine Entgeltleistung vereinbart, deren Höhe abhängig vom Umfang der Inanspruchnahme ist, spricht dies indiziell für ein Austauschverhältnis. Hier steht die synallagmatische Verknüpfung von Leistung und Gegenleistung im Vordergrund. Verzichten die Beteiligten demgegenüber auf eine verursachungsgerechte Kostenzuschlüsselung, spricht dies eher für eine Bürogemeinschaft in der Rechtsform der BGB-Gesellschaft.

In der Vergangenheit widmete sich das Schrifttum der Bürogemeinschaft allein unter haftungsrechtlichen Gesichtspunkten. Dabei stand die Abgrenzung zur BGB-Gesellschaft im Mittelpunkt. Eine eigenständige Begriffsbestimmung hielt man unter Hinweis auf das für die Haftung allein maßgebliche Auftreten nach außen für entbehrlich.[731]

Daß eine nähere Begriffsbestimmung gleichwohl notwendig ist, folgt aus § 59a Abs. 4 BRAO, wonach die Zusammenschlußverbote der Sozietät[732] auch für die Bürogemeinschaft gelten. Anwälte dürfen sich deshalb nur mit sozietätsfähigen Berufsträgern zu einer Bürogemeinschaft zusammenschließen.[733] Eine Bürogemeinschaft etwa mit Unternehmensberatern und Maklern ist ausgeschlossen. Gerade diese Zusammenschlußverbote machen eine Abgrenzung der Bürogemeinschaft von solchen Organisationsformen erforderlich, welche die Schwelle zur Bürogemeinschaft noch nicht überschreiten.

c) Gemeinsames Büro

Die Bürogemeinschaft fordert ihrem Wortlaut nach die Unterhaltung eines gemeinsamen „Büros“.[734] Büro oder der synonym gebrauchte Begriff der Kanzlei[735] ist dabei umgangssprachlich mehrdeutig. Zum Teil ist hierin allein eine Bezugnahme auf sachliche Betriebsmittel zu sehen („Kommen Sie bitte in mein Büro“). In einem weiteren Sinn wird Büro jedoch um einen personalen Bezugspunkt

731 Tiling/Johann, Rechtsanwalts-Handbuch, H 5 Rn 121 halten die Rechtsnatur der Bürogemeinschaft für weitgehend ungeklärt.

732 §§ 59a Abs. 1 und 3 BRAO

733 Eine ähnliche Regelung enthielt bereits § 30 der RichtlRA, der den Kreis der verbindungsfähigen Berufe allerdings enger zog, da Steuerbevollmächtigte und vereidigte Buchprüfer nicht erfaßt wurden.

734 Lingenberg/Hummel/Zuck/Eich-Zuck, Kommentar zu den Grundsätzen des anwaltlichen Standesrechts, § 28 Rn 9

735 Duden, Band 1, 394

erweitert („Vereinbaren Sie bitte einen Termin mit meinem Büro"). Hierbei handelt das Büro durch seine Mitarbeiter. Die Unterhaltung eines „gemeinsamen" Büros setzt funktional voraus, daß es organisatorisch als Einheit geführt wird, also unter einheitlicher Leitung steht. Hierauf deutet indiziell hin, wenn Fragen der inneren Organisation lediglich einem Mitarbeiter mit Leitungsfunktion zugewiesen sind.[736]

Eine einheitliche Leitung kann auch bei überörtlichen Zusammenschlüssen ausgeübt werden. Deshalb spricht etwa eine aus Raumgründen erzwungene Unterbringung einer Kanzlei an mehreren Standorten noch nicht gegen die Annahme eines gemeinsamen Büros. Soweit im Schrifttum gleichwohl eine unmittelbare räumliche Nähe gefordert wird, „die nicht weiterreiche als das angrenzende Nachbarhaus,"[737] ist diese Auffassung zu eng. Angesichts moderner Bürotechniken (Vernetzung durch EDV-Systeme) verliert ein unmittelbarer räumlicher Zusammenhang an Bedeutung. Es ist deshalb auch möglich, Bürogemeinschaften über Ländergrenzen hinweg zu errichten, was etwa im grenznahen Bereich sinnvoll sein kann.

d) Qualifizierter Nutzungsumfang

Der Klärung bedarf, ab wann inhaltlich von einem „Büro" i. S. des § 59a Abs. 4 BRAO gesprochen werden kann. Bezieht man diesen Begriff allein auf die Büroräume, dürfte ein Anwalt weder einen Konferenzraum noch eine Fachbibliothek mit nicht sozietätsfähigen Personen gemeinsam nutzen. Diese Konsequenz zieht etwa *Michalski,*[738] demzufolge bereits die gemeinschaftliche Nutzung einzelner Gegenstände eine Bürogemeinschaft begründet.

Dies erscheint indes zu weitgehend. Mangels gesetzlicher Vorgaben bedarf es einer wertenden Betrachtung, die sich am Schutzzweck des § 59a Abs. 4 BRAO zu orientieren hat.

---

736 Lingenberg/Hummel/Zuck/Eich-Zuck, Kommentar zu den Grundsätzen des anwaltlichen Standesrechts, § 28 Rn 13

737 Lingenberg/Hummel/Zuck/Eich-Zuck, Kommentar zu den Grundsätzen des anwaltlichen Standesrechts, § 28 Rn 12

738 Michalski, Das Gesellschafts- und Kartellrecht der berufsrechtlich gebundenen freien Berufe, 108, nennt neben Büroräumen als weitere Beispiele Apparate, Einrichtungsgegenstände oder eine Fachbibliothek.

aa) Verschwiegenheitspflicht als Schutzzweck des § 59a Abs. 4 BRAO

Das vom Gesetzgeber mit den Zusammenschlußverboten verfolgte Ziel besteht darin, die Pflicht zur Berufsverschwiegenheit sicherzustellen.[739] Immer dann, wenn die berufliche Zusammenarbeit ein Ausmaß erreicht, das die ernstzunehmende Gefahr einer Beeinträchtigung der Verschwiegenheitspflicht beinhaltet, ist deshalb von einer Bürogemeinschaft auszugehen. Unterhalb dieser Schwelle liegende Organisationsformen sind dagegen zulässig.

Eine Gefährdung der Verschwiegenheitspflicht besteht vor allem bei der gemeinsamen Inanspruchnahme von Personal.[740] Die Kommunikation der Mitarbeiter untereinander führt fast zwangsläufig dazu, daß das jeweils andere Mitglied der Bürogemeinschaft Kenntnis von für ihn nicht bestimmten Tatsachen erlangt.[741] Der Kreis unbefugter Informationsempfänger wird um so größer, je mehr Büromitarbeiter gemeinsam in Anspruch genommen werden. Ein gemeinsames Sekretariat von Anwälten, Unternehmensberatern oder Maklern ist deshalb unzulässig.

Allerdings gehen Gefahren für die Einhaltung der Schweigepflicht nicht nur von einer gemeinsamen Indienststellung von Mitarbeitern aus. Auch die gemeinsame Nutzung sachlicher Betriebsmittel (EDV-Anlage) eröffnet Gefahren, wenn hierin personenbezogene Daten oder Schriftsätze gespeichert werden. Aus diesem Grunde wird deshalb zu Recht gefordert, bei gemeinsamer Nutzung einer Computeranlage in wirksamer Weise den Zugriff auf Daten des jeweils anderen Mitnutzers auszuschließen.[742]

bb) Zeitdauer und Nutzungsumfang als Regulativ

Zusammenschlußverbote stellen einen unmittelbaren Eingriff in die Freiheit der Berufsausübung nach Art. 12 Abs. 1 GG dar. Zu ihrer Rechtfertigung bedarf es sachgerechter und vernünftiger Erwägungen des Gemeinwohls.[743] Zudem ist nach dem Grundsatz der Wechselwirkung der Grundrechte das einschränkende Gesetz im Licht des verfassungsrechtlich verbürgten Freiheitsrechts auszulegen.

Als Abgrenzungskriterien zwischen (noch zulässiger) Nutzungsgemeinschaft und (bereits unzulässiger) Bürogemeinschaft kommen die Nutzungsdauer und der Nutzungsumfang in Betracht. In zeitlicher Hinsicht wird man für eine Büroge-

---

739 Vgl. oben D I 4c.
740 Abel, AnwBl 1996, 436 (437)
741 Henssler/Prütting-Hartung, BRAO, § 59a Rn 90
742 Zum Datenschutz in mehrgliedrigen Organisationsformen vgl. Abel, AnwBl 1996, 436 (438)
743 Vgl. oben D I 4c.

meinschaft eine auf Dauer angelegte Nutzungsgemeinschaft verlangen müssen. Auszuscheiden sind deshalb kurzzeitige Nutzungsgemeinschaften, wie sie z.B. bei Unternehmensinsolvenzen zwischen Anwälten und Insolvenzverwaltern entstehen. Beschränkt sich der Umfang der gemeinsamen Nutzung auf sachliche Betriebsmittel, die anders als ein Computer nicht selbst Träger von Mandantendaten sind, wird man ebenfalls noch nicht von einer Bürogemeinschaft sprechen können. Zulässig ist danach etwa die gemeinsame Nutzung von Konferenz- oder Warteräumen sowie einer Fachbibliothek.

Zusammenfassend stehen Formen einer auf einzelne Betriebsmittel beschränkten Nutzungsgemeinschaft zur Bürogemeinschaft in einem Stufenverhältnis: Je größer die Nutzungsdauer und der Nutzungsumfang, desto eher läßt sich eine Bürogemeinschaft bejahen. Diese Abgrenzung sieht sich dem Einwand ausgesetzt, keine exakte Grenzziehung zu ermöglichen. Dieser Nachteil vermeidet andererseits eine vorschnelle Klassifizierung als Bürogemeinschaft, die mit nicht sozietätsfähigen Personen stets unzulässig ist. Sie trägt damit zugleich der Bandbreite ganz unterschiedlicher, in der Praxis vorfindlicher Erscheinungsformen von Nutzungsgemeinschaften Rechnung.

cc) Keine Einwilligungsfiktion

Auch gegenüber anderen Mitgliedern der Bürogemeinschaft ist die Verschwiegenheitspflicht zu wahren. Ein Anwalt darf deshalb ohne ausdrückliche oder mutmaßliche Einwilligung des Mandanten keine Daten aus dem Mandatsverhältnis offenbaren. Für eine Strafbarkeit nach § 203 Abs. 1 Nr. 3 StGB ist insbesondere unerheblich, daß der Empfänger der Daten selbst der Schweigepflicht unterliegt.[744]

Eine Bürogemeinschaft ist daher nur in der Form zulässig, daß zwar die gemeinsamen Angestellten, nicht aber ein anderes Mitglied der Bürogemeinschaft Kenntnis von Mandantendaten erlangt.[745] Die Verpflichtung zu gegenseitiger Abschottung führt damit zur Errichtung von „Chinese walls", worauf *Zuck*[746] zutreffend hingewiesen hat.

---

744 BGH, NJW 1995, 2026 (2027); Abel, AnwBl 1996, 436 (437)
745 Michalski/Römermann, NJW 1996, 3233 (3239)
746 NJW 1999, 263 (265)

2. *Haftungsfragen*

Mitglieder einer Bürogemeinschaft haften nur für eigenes berufliches Fehlverhalten, da ihre Berufssphären gegeneinander abgegrenzt sind. Etwas anderes gilt haftungsrechtlich dann, wenn ein anderes Mitglied der Bürogemeinschaft in die Mandatsbearbeitung eingebunden wird oder nach außen der Anschein einer BGB-Gesellschaft erweckt wird. Folgende Fallgruppen sind zu unterscheiden.

a) *Teilweise Mandatsübertragung*

Eine Haftung kann eintreten, wenn eine teilweise Mandatsübertragung auf ein anderes Mitglied der Bürogemeinschaft durch den primär mandatierten Anwalt erfolgt. Trotz der höchstpersönlichen Natur des Mandatsverhältnisses ist eine teilweise Übertragung des Mandats auf einen anderen Anwalt zulässig.[747]

Von praktischer Bedeutung ist insbesondere die Beauftragung eines Kollegen mit der Terminswahrnehmung vor Gericht. Eine Haftung des Hauptbevollmächtigten für den Terminsvertreter als Erfüllungsgehilfen nach § 278 BGB scheidet aus. Bei wirksamer Unterbevollmächtigung schließt der Mandant einen weiteren Anwaltsvertrag und nicht etwa der Hauptbevollmächtigte einen Anwaltsvertrag mit dem Terminsvertreter im eigenen Namen.[748]

Der Hauptbevollmächtigte haftet für die sorgfältige Auswahl des Terminsvertreters,[749] während dieser insbesondere die ordnungsgemäße Terminswahrnehmung unter Beachtung etwaiger Weisungen des Hauptbevollmächtigten schuldet.[750] Da es an der Gleichstufigkeit von Haupt- und Unterbevollmächtigung fehlt, ist für eine gesamtschuldnerische Haftung beider Anwälte kein Raum.[751]

---

747 Borgmann/Haug, Anwaltshaftung, Kap. VII, 245

748 Rinsche, Die Haftung des Rechtsanwalts und Notars, Rn I 186; Vollkommer, Anwaltshaftungsrecht, Rn 317

749 Zugehör, Handbuch der Anwaltshaftung, Rn 250

750 OLG Düsseldorf, NJW 1982, 1888 (1889)

751 Nach h.M. ist die Gleichstufigkeit (Gleichrangigkeit) der Verpflichtung ein für die Gesamtschuld entscheidendes Strukturelement; zum ganzen mit Übersicht über den Streitstand MünchKomm-Selb, BGB, § 421 Rn 8; differenzierend Zugehör, Handbuch der Anwaltshaftung, Rn 252.

b) Arbeitnehmerüberlassung

Bei entgeltlicher Überlassung von Büropersonal an ein anderes Mitglied der Bürogemeinschaft gelten allgemeine Grundsätze.[752] Haftbar ist allein der Entleiher, dessen Berufshaftpflichtversicherung auch für solche Mitarbeiter eintritt, die nicht in einem festen Anstellungsverhältnis zu ihm stehen. Die Haftung des verleihenden Anwalts beschränkt sich darauf, daß der überlassene Mitarbeiter grds. für die vorgesehene Berufstätigkeit geeignet ist.[753] Den Verleiher kann im Falle der Nichteignung ein Auswahlverschulden treffen, das zum Schadensersatz verpflichtet.

c) Auftreten als Sozietät

Die Mitglieder einer Bürogemeinschaft haften als Gesamtschuldner, wenn sie nach außen den Anschein einer BGB-Gesellschaft erwecken. Damit schließt der BGH[754] unter weitgehender Zustimmung der Literatur[755] aus dem gemeinsamen Auftreten nach außen auf den Abschluß eines Gesellschaftsvertrages, der auch die gemeinsame Berufsausübung zum Gegenstand hat.

Anscheinsbegründend für das Vorliegen einer Sozietät ist nach h.M. vor allem die Verwendung eines gemeinsamen Briefpapiers oder Kanzleischildes.[756] Dem hierdurch gesetzten Rechtsschein können Anwälte nicht dadurch entgehen, daß sie im Schriftverkehr ausdrücklich auf das Bestehen einer Bürogemeinschaft hinweisen. Hierunter kann sich der Mandant nichts, jedenfalls nicht das Richtige vorstellen.[757]

An der h.M. orientiert sich auch § 9 der anwaltlichen BerufsO, der das Recht beinhaltet, bei beruflicher Zusammenarbeit im Rechtsverkehr eine Kurzbezeichnung zu führen. Dieses Recht wird ausdrücklich nur der Sozietät, der Partnerschaft sowie Formen beruflicher Zusammenarbeit „in sonstiger Weise (Anstellungsverhältnis, freie Mitarbeit)“ eingeräumt, nicht hingegen der Bürogemeinschaft. Auch das Führen einer Kurzbezeichnung kann danach rechtsscheinbegründend für das Vorliegen einer Sozietät sein.

---

752 Tiling/Johann, Rechtsanwalts-Handbuch, H 5 Rn 131

753 Nachweise bei Palandt-Putzo, BGB, Einf v § 611 Rn 38; BGH NJW 1971, 1129 (1129)

754 NJW 1971, 1801 (1802)

755 Borgmann/Haug, Anwaltshaftung, Kap. VII, 235; Müller NJW 1969, 903 (904); Kornblum, AnwBl 1973, 153 (154)

756 BGH NJW 1978, 996 (996); Kornblum, AnwBl 1973, 153 (154)

757 Lingenberg/Hummel/Zuck/Eich-Zuck, Kommentar zu den Grundsätzen des anwaltlichen Standesrechts, § 28 Rn 53

II. Kooperation

Neben der Bürogemeinschaft hat sich in jüngster Zeit eine weitere Organisationsform herausgebildet: die Anwaltskooperation. Sie wird aus Marketinggründen regelmäßig auf dem Briefbogen offengelegt („in Kooperation mit...“). Dies ist berufs- und wettbewerbsrechtlich unbedenklich.[758] Unzulässig ist der Hinweis auf eine Kooperation jedoch dann, wenn sie ausschließlich Werbezwecken dient, also lediglich der Anschein einer beruflichen Zusammenarbeit erweckt wird. Ein solches Verhalten verstößt gegen das Irreführungsverbot des § 3 UWG.

Nachfolgend soll die Eigenart der in der Praxis vorfindlichen unterschiedlichen Anwaltskooperationen in Abgrenzung zur BGB-Gesellschaft und Bürogemeinschaft herausgearbeitet werden.

1. Begriff

Eine Legaldefinition der Anwaltskooperation fehlt bislang. Zum Teil wird hierunter die wechselseitige Mandatierung zwischen Anwälten verschiedener Landgerichte verstanden. Hieraus wird der Schluß gezogen, der Anwaltskooperation fehle ein vertraglicher Verpflichtungsgrund.[759] Überwiegend wird eine Negativabgrenzung der Kooperation von anderen Formen beruflicher Zusammenarbeit vorgenommen. Die Kooperation sei „mehr als ein nur zufälliger und gelegentlicher Kontakt, jedoch weniger als die Sozietät“.[760]

Die Anwaltskooperation als Form beruflicher Zusammenarbeit hat nunmehr - weitgehend unbemerkt und an versteckter Stelle - Eingang in § 8 der anwaltlichen BerufsO gefunden:

> „Auf eine gemeinschaftliche Berufsausübung darf nur hingewiesen werden, wenn sie in einer Sozietät, in sonstiger Weise (Anstellungsverhältnis, freie Mitarbeit) mit sozietätsfähigen Personen im Sinne des § 59a Bundesrechtsanwaltsordnung oder in einer auf Dauer angelegten und durch tatsächliche Ausübung verfestigten **Kooperation** erfolgt ...“ (Hervorhebung durch den Autor)

---

758 So bereits vor Inkrafttreten der anwaltlichen BerufsO BGH, NJW 1993, 1331 (1331); Hartung/Holl-Römermann, Anwaltliche BerufsO, § 8 Rn 62; Hartung, AnwBl 1995, 333 (337)

759 Hartstang, Anwaltsrecht, 57

760 OLG Köln, AnwBl 1997, 120 (121); Feuerich/Braun, BRAO, § 59a Rn 44; Hartung/Holl-Römermann, Anwaltliche BerufsO, v. § 30 Rn 267

Das Merkmal „auf Dauer“ enthält den Hinweis auf eine gewisse Verfestigung der Zusammenarbeit in zeitlicher Hinsicht. Wie die Ergänzung durch das Wort „angelegt“ klarstellt, ist es ausreichend, daß eine längerfristige Zusammenarbeit angestrebt wird. Auf die Kooperation kann deshalb von ihrem Beginn an hingewiesen werden, wenn eine längerfristige Zusammenarbeit zumindest beabsichtigt ist.[761] Damit geht die Kooperation ersichtlich über ein bindungsfreies Miteinander hinaus und begründet eine schuldrechtliche Beziehung.[762]

In Abgrenzung zur BGB-Gesellschaft werden Mandate von den Mitgliedern der Kooperation nicht gemeinschaftlich, sondern jeweils im eigenen Namen angenommen.[763] Honorare werden getrennt vereinnahmt. Im Briefpapier wird der jeweils eigene Name des Einzelanwalts oder der BGB-Gesellschaft geführt und auf die mit Dritten bestehende Kooperation nur informatorisch hingewiesen.[764]

Hieraus läßt sich ableiten, daß die Anwaltskooperation anders als die BGB-Gesellschaft keine Berufsausübungsgesellschaft,[765] sondern reine Innengesellschaft ist.[766] Die Kooperation erbringt deshalb nicht selbst anwaltliche Dienstleistungen gegenüber dem Mandanten. Die Mitglieder der Kooperation bleiben rechtlich selbständig und üben ihren Beruf nicht gemeinschaftlich, sondern nebeneinander aus. Jedes Mitglied der Kooperation arbeitet ausschließlich in eigener Verantwortung.

In Abgrenzung zur Bürogemeinschaft verfügt die Anwaltskooperation nicht über ein gemeinsames Büro. Nach teilweise vertretener Ansicht unterliegt auch die Anwaltskooperation den Beschränkungen des § 59a Abs. 1 BRAO und darf deshalb nur von sozietätsfähigen Berufsträgern eingegangen werden.[767] Dem ist jedoch zu widersprechen, weil diese Vorschrift ausdrücklich nur berufsrechtliche Vorgaben für die Sozietät und die Bürogemeinschaft enthält, während die Kooperation keine Erwähnung findet. Für eine erweiternde Auslegung der Zusammenschlußverbote auf Mitglieder von Kooperationen ist kein Raum, weil es sich bei diesen um Ausnahmetatbestände handelt, die eng auszulegen sind.[768]

Zusammenschlußverbote lassen sich auch nicht aus § 8 der anwaltlichen BerufsO ableiten. Die Formulierung *„mit sozietätsfähigen Personen im Sinne des*

---

761 Feuerich/Braun, BRAO, § 8 der anwaltlichen BerufsO Rn 9

762 In diesem Sinne etwa Kleine-Cosack, BRAO, § 59a Rn 57; Hartung, AnwBl 1995, 333 (335)

763 Hartung/Holl-Römermann, Anwaltliche BerufsO, v. § 30 Rn 273

764 Henssler/Prütting-Hartung, BRAO, § 59a Rn 101; Hartung, AnwBl 1995, 333 (335)

765 Hartung/Holl-Römermann, Anwaltliche BerufsO, v. § 30 Rn 273

766 Gotzens, Diss., 61

767 Henssler/Prütting-Hartung, BRAO, § 59a Rn 106

768 Im Ergebnis ebenso Hartung/Holl-Römermann, Anwaltliche BerufsO, v. § 30 Rn 272

§ 59a Bundesrechtsanwaltsordnung" bezieht sich ihrer Satzstellung nach nicht auf die erst später genannte Kooperation. Hätte der Satzungsgeber die Geltung der Zusammenschlußverbote auch auf die Kooperation beziehen wollen, wären diese „vor die Klammer" gezogen worden.

Aus der Offenlegung der Anwaltskooperation gegenüber dem Mandanten folgt nichts anderes. Da kein gemeinsames Büro unterhalten wird, ist eine Gefährdung der Verschwiegenheitspflicht nicht gegeben. Es besteht deshalb unter dem Gesichtspunkt vorrangiger Mandantenschutzinteressen kein Grund, Kooperationen nur unter sozietätsfähigen Berufsträgern i.S. des § 59a Abs. 1 BRAO zuzulassen.[769] Als Konsequenz der getrennten Berufsausübung erstreckt sich ein in der Person eines Kooperationsmitglieds bestehendes Tätigkeitsverbot nicht auf die übrigen Mitglieder.[770]

Aus einem Umkehrschluß zu § 9 Abs. 1 der anwaltlichen BerufsO folgt, daß Kooperationen keine Kurzbezeichnung führen dürfen, da hierin nur die Sozietät und die Partnerschaft genannt wird. Wird dies nicht beachtet, wird der Mandant auf eine Sozietät in der Rechtsform der BGB-Gesellschaft und damit eine gesamtschuldnerische Haftung aller Kooperationspartner schließen. Zwar ist § 9 Abs. 1 der anwaltlichen BerufsO als berufsrechtliche Regelung keine Haftungsnorm, aus welcher Mandanten unmittelbar Ansprüche herleiten können. Gleichwohl wird man nach Anscheinsgrundsätzen eine Erwartungshaltung des Mandanten annehmen können, daß ein sozietärer Zusammenschluß vorliegt, wenn bereits das Berufsrecht ein entsprechendes Verbot statuiert. Die hieraus abzuleitende Folge einer gesamtschuldnerischen Haftung ist sodann eine gesetzliche, muß also nicht von einem dahingehenden Willen des Mandanten getragen sein.

Die Anwaltskooperation ist damit zusammenfassend als ein

(1) auf Dauer angelegter und durch tatsächliche Ausübung verfestigter
(2) Zusammenschluß von Anwälten/Nichtanwälten
(3) mit dem Ziel beruflicher Zusammenarbeit
(4) außerhalb eines gemeinsamen Büros
(5) ohne gemeinsame Entgegennahme von Aufträgen und Honoraren

zu definieren.

---

769 Feuerich/Braun, BRAO, § 8 der anwaltlichen BerufsO Rn 6; Hartung/Holl-Römermann, Anwaltliche BerufsO, v. § 30 Rn 272

770 Kleine-Cosack, NJW 1994, 2249 (2253) mit Einschränkungen; Hartung, AnwBl 1995, 333 (336)

2. *Typologische Ausprägungen*

a) *Nationale Anwaltskooperation*

Die Anwaltskooperation ist auf nationaler Ebene vor allem unter forensisch ausgerichteten Einzelanwälten und kleineren BGB-Gesellschaften verbreitet. Sie dient der verfestigten Zusammenarbeit von Anwälten unterschiedlicher Landgerichtsbezirke und von Land- und Oberlandesgerichtsanwälten in Bundesländern ohne Simultanzulassung. Dahinter steht der Wunsch nach Aufbau eines Korrespondenzanwaltsnetzes.[771] Mandate werden auf diese Weise an Büros weitergegeben, mit denen sich eine berufliche Zusammenarbeit bereits bewährt hat. Daneben erfreut sich die Kooperation auch als Form interprofessioneller Zusammenarbeit (Steuerberater, Wirtschaftsprüfer) zunehmender Beliebtheit.

Neben fachlichen Gesichtspunkten soll durch die Offenlegung einer Kooperation zumeist die fehlende Größe überspielt werden, die häufig als Wettbewerbsnachteil bei der Akquisition neuer Mandate angesehen wird. Als weiteres Motiv für die Gründung einer Anwaltskooperation kommt hinzu, sich wechselseitig Mandate zu vermitteln und dadurch den Umsatz jedes einzelnen Mitglieds zu erhöhen.[772]

Der Vorteil einer Kooperation definiert sich zumeist über die Vermeidung der Nachteile einer sozietären Bindung. Mit der Anwaltskooperation wollen ihre Mitglieder eine gesamtschuldnerische Haftung vermeiden und den örtlich eingeführten Kanzleinamen fortführen. Zugleich sollen die Binnenprobleme einer sich vergrößernden Berufsausübungsgesellschaft (Zwang zur Unterordnung, Vertretungsverbot bei widerstreitenden Interessen) vermieden werden.[773]

b) *Internationale Anwaltskooperation*

Die grenzüberschreitende Zusammenarbeit zwischen Anwälten gewinnt angesichts der Internationalisierung der Wirtschaft immer größere Bedeutung. Es besteht weltweit eine anhaltende Tendenz von Anwaltskanzleien, ihre Auslandstä-

---

771 Ab dem 01.01.2000 gilt für die Postulationsfähigkeit § 78 ZPO in seiner Neufassung. Danach ist es Anwälten unabhängig von ihrem Kanzleisitz erlaubt, im Bereich des zivilprozessualen Anwaltszwangs vor allen Landgerichten in Deutschland aufzutreten. Diese Neuregelung ist auch vor dem Hintergrund möglicher wirtschaftlicher Härten für Anwälte aus den neuen Bundesländern verfassungsgemäß (BRAK-Mitt. 2000, 141 (141).

772 Zuck, Vertragsgestaltung bei Anwaltskooperationen, 15 ff.

773 Henssler/Prütting-Hartung, BRAO, § 59a Rn 99

tigkeit auszuweiten. Vor allem angloamerikanische Kanzleien drängen auf den internationalen Rechtsberatungsmarkt.[774]

Durch das Medium Internet sind ganz neue Möglichkeiten einer internationalen Zusammenarbeit bis hin zu weltweiten Netzwerken von Anwaltskanzleien entstanden. Es ist zu erwarten, daß die internationale Rechtsberatung durch virtuelle internationale Kanzleien verändert wird. Fragen zum ausländischen Recht kann der Mandant zukünftig direkt einer ausländischen Kanzlei zur Beantwortung vorlegen.[775] Eine repräsentative Lage und Ausstattung solcher Kanzleien ist mangels direkten Publikumsverkehrs weitgehend irrelevant.

Mit der Ausweitung internationaler Rechtsberatung ist für Anwaltskanzleien häufig auch eine Akquisition inländischer Mandate verbunden, da Mandanten den „One-Stop-Shop" bevorzugen. Um einem weiteren Verlust inländischer Mandate zu begegnen, gehen deutsche Kanzleien in jüngster Zeit vermehrt dazu über, auf ausländische Kooperationspartner hinzuweisen und damit „Kompetenzsignale" zu setzen.

Folgende Kooperationsformen lassen sich im Bereich internationaler Zusammenarbeit unterscheiden:

aa) Best-Friends-System

Als unterste Stufe einer Zusammenarbeit gilt das sog. Best-Friends-System. Bei dieser Kooperationsform wird von Fall zu Fall entschieden, mit welchem ausländischen Berufskollegen eine Zusammenarbeit angestrebt wird. Es wird versucht, den jeweils kompetentesten Kollegen zu gewinnen, ohne daß eine abstrakte Bindung an ein bestimmtes Büro die Wahlmöglichkeit einschränkt. Die Kontaktaufnahme zu anderen Kanzleien wird durch periodisch aktualisierte Verzeichnisse der Mitgliedskanzleien ermöglicht. Die fehlende Ausschließlichkeit hat zur Folge, daß eine Anwaltskooperation in Form des Best-Friends-System gegenüber dem Mandanten nicht offengelegt wird.[776]

Das Best-Friends-System unterscheidet sich nicht von „Zufallsbegegnungen", wie sie im nationalen Bereich bei erstmaliger Kontaktanbahnung mit einem bislang unbekannten Korrespondenzanwalt seit jeher üblich sind.[777] Nur in Ausnahmefällen führt das Best-Friends-System zu einem Austausch von Mandaten.[778]

---

774 Raupach in FS 50 Jahre Arbeitsgemeinschaft der Fachanwälte für Steuerrecht (1999), 13 (27)
775 Ebbing, NJW-CoR 1996, 242 (243)
776 Hellwig, AnwBl 1996, 124 (125); Rabe, NJW 1995, 1403 (1403)
777 Schneider, AnwBl 1991, 565 (565)
778 Schneider, AnwBl 1991, 565 (565)

Das Best-Friends-System weist damit keine organisatorische Verfestigung auf, wie sie § 8 der anwaltlichen BerufsO fordert. Die Zusammenarbeit erschöpft sich jeweils in der Bearbeitung eines einzigen Mandats und ist damit nicht auf Dauer angelegt. Für die zunehmend durch angloamerikanische Großkanzleien und internationale Wirtschaftsprüfungsgesellschaften unter Wettbewerbsdruck geratenen deutschen Großkanzleien spielt das Best-Friends-System nur noch eine untergeordnete Rolle. Dem Vernehmen nach geht bei ihnen der Trend zur Errichtung transnationaler Gesellschaften oder zum Aufbau von Zweigstellen.[779]

bb) Club

Clubs sind öffentlich erklärte Kooperationen von Anwaltskanzleien. Die Publizität dieses anwaltlichen Netzwerkes ist eingeschränkt. Es wird zwar auf dem Briefkopf oder in anderen Publikationen auf die Zugehörigkeit zu einem Club, wie etwa Globalaw[780] oder IAG International,[781] und die bestehende Bindung zu Mitgliedskanzleien in bestimmten Staaten oder Städten hingewiesen.[782] Einzelne Mitgliedskanzleien werden dabei nicht namentlich genannt. Der Gesellschaftszweck dieser Clubs umfaßt den Austausch von Empfehlungen (referrals)[783] sowie die Einschaltung von Mitgliedskanzleien vor allem bei grenzüberschreitenden Sachverhalten.[784]

Das Club-System hat sich bereits in den 60er Jahren herausgebildet. Grundsätzlich gehörte einem Club in jedem Land zunächst nur ein Mitglied an. Jedes Mitglied war umgekehrt nur einem Club angeschlossen.[785] Seinen Grund hatte diese Ausschließlichkeitsbindung historisch gesehen darin, daß Angelegenheiten erörtert wurden, bei denen vor allem die kontinental-europäischen Büros noch einen gewissen Nachholbedarf besaßen: Büroorganisation, Umgang mit internationalen Mandanten etc. Diese Intimsphäre wollte keines der beteiligten Büros mit seinen unmittelbaren nationalen Konkurrenten teilen.[786]

---

779 JUVE-Handbuch 2000/2001, Einleitung (passim); Nerlich, AnwBl 1994, 529 (529)

780 Instruktiv zu diesem Club Becker, AnwBl 1998, 305 ff.

781 Integrated Advisory Group ist ein multidisziplinäres Netzwerk mit 60 Mitgliedskanzleien in 29 Ländern. Gegründet wurde dieser Verbund als Non-Profit-Organisation nach niederländischem Recht. Die Geschäftsstelle liegt im englischen Towcester.

782 Becker, AnwBl 1998, 305 (305)

783 Becker, AnwBl 1998, 305 (305)

784 Hellwig, AnwBl 1996, 124 (126)

785 Schneider, AnwBl 1991, 565 (565); das System einer exklusiven Mitgliedschaft findet sich etwa bei Denton International, einem Zusammenschluß von 8 Kanzleien in ebenso vielen Ländern (JUVE-Handbuch, 2000/2001, 528)

786 Schneider, AnwBl 1991, 565 (565).

Eine Verdichtung der Beziehungen wird gegenüber dem Best-Friends-System erreicht durch jährliche Treffen einzelner Partner. Häufig besteht die Verpflichtung, Fragen des Ortsrechts kostenlos zu beantworten.[787]

cc) Alliance

Eine gefestigtere Form der Zusammenarbeit stellt die Alliance dar, die sich seit Beginn der 90er Jahre zunehmender Beliebtheit erfreut. Anders als im Club-System tritt die berufliche Zusammenarbeit deutlicher nach außen hervor. Es wird nicht auf die Zugehörigkeit zu einem Netzwerk mit abstrakter Bezeichnung wie Globalaw oder IAG, sondern auf bestimmte, namentlich genannte „Hauptpartner" hingewiesen. Bei diesen handelt es sich zumeist um das jeweils größte Büro des Anwaltsverbundes.

Nach der Fusion der englischen Kanzlei Linklaters mit der deutschen Kanzlei Oppenhoff & Rädler tritt der ursprünglich im Jahre 1998 gegründete Verbund europäischer Anwaltskanzleien nunmehr unter dem Namen Linklaters & Alliance auf.[788] Die Namen der örtlichen Mitgliedskanzleien werden diesem Kürzel jeweils vorangestellt.[789] Auch die Mitglieder der Alliance CMS stellen dieses Kürzel ihrem örtlichen Kanzleinamen voran.[790] Beide Alliances haben sich inzwischen zu internationalen Sozietäten weiterentwickelt. Die Alliance BBLP[791] hat demgegenüber den Schritt zur Vollintegration zu einer internationalen Sozietät nicht vollzogen, sondern sich formal als Gesellschaft nach Schweizer Recht konstituiert. Ihre Mitglieder stellen das Kürzel BBLP ihrem örtlichen Kanzleinamen voran.[792]

Mit dem Hinweis auf einen Hauptpartner oder der Verwendung einer Kurzbezeichnung treten die einzelnen Mitglieder der Alliance dem Mandanten gegenüber deutlich als Einheit auf. Ein solches Vorgehen ist nicht neu, sondern dem Marktauftritt der großen weltweit tätigen Wirtschaftsprüfungsgesellschaften nachempfunden. Die Person des Einzelanwalts tritt dabei in den Hintergrund. Dahinter steckt der Wunsch, eine corporate identity auch über den Namen des

787 Hellwig, AnwBl 1996, 124 (126)

788 Die Fusion erfolgte zum 01.01.2001

789 Der Alliance gehören rund 2.200 Berufsträger an 28 Standorten in 18 Staaten an.

790 Der Alliance gehören rund 1.400 Berufsträger an 32 Standorten in 20 Staaten an. Deutsches Mitglied ist das Büro Hasche Sigle Eschenlohr Peltzer.

791 Der Alliance gehören rund 450 Berufsträger an 28 Standorten in 14 Staaten an (JUVE-Handbuch 2000/2001, 527).

792 Das Kürzel BBLP steht für Beiten Borde Lustenberger Pavia, die Namensgeber der jeweils führenden Kanzleien ausgewählter Länder (Beiten: Deutschland, Borde: Frankreich, Lustenberger: Schweiz, Pavia: Italien); vgl. JUVE-Handbuch 2000/2001, 527.

Anwaltsbüros zu schaffen und diesen als „Marke“ bekannt zu machen. Der (künftige) Mandant soll hiermit ein qualitativ hochwertiges, leicht identifizierbares Produkt in Form anwaltlicher Dienstleistung verbinden. Die Marke schafft Vertrauen als Basis einer längerfristigen Zusammenarbeit, weil der Mandant ihr ein Leistungsversprechen entnimmt, das bestimmten Qualitätsstandards genügt.

Dem Mandanten wird es bei Durchsetzung einer anwaltlichen Marke im Geschäftsverkehr regelmäßig gleichgültig sein, mit welcher Kanzlei das unmittelbar kontaktierte deutsche Büro etwa bei Auslandssachverhalten kooperiert. Ausschlaggebend wird für ihn sein, daß das ausländische Büro derselben Kooperation angehört wie das deutsche Mitglied, mit dem er bereits gute Erfahrungen gesammelt hat. Der Mandant wird auch bei den übrigen Kooperationsmitgliedern einen gleich hohen Qualitätsstandard erwarten.

Einher geht die Alliance regelmäßig mit einem Austausch von Mandaten, wobei regelmäßig eine Exklusivbindung an das zuständige Partnerbüro besteht. Die Vorteile einer Alliance liegen darin, Ressourcen auf neuen Rechtsgebieten (z.B. Telekommunikation) bündeln zu können. Eine mangelnde Auslastung der einzelnen Büros in der Anfangszeit wird auf diese Weise vermieden. Nachteilig auf die Mandatsakquisition wirkt sich aus, daß die Mitglieder der Alliance regelmäßig nur die ihr angehörigen ausländischen Büros einschalten. Von Wettbewerbern außerhalb der Alliance werden sie deshalb nur mandatiert, wenn der Mandant dies ausdrücklich wünscht.

Die Organisationsstruktur einer Alliance ist gegenüber dem Club-System stärker verfestigt. Es gibt nicht nur Treffen einzelner Partner, sondern regelmäßig einen Hauptausschuß (Management Committee) sowie Fachausschüsse für Fragen der Binnenorganisation wie Finanzen, Bürotechnik, Interessenkonflikte, Versicherungen, Qualitätskontrolle. Die Mitglieder der jeweiligen Ausschüsse tagen in regelmäßigen Abständen. Die Umsetzung der getroffenen Entscheidungen obliegt einem Generalsekretär. Neben diesen Entscheidungsträgern gibt es nicht selten ständige Fachgruppen für einzelne Rechtsgebiete, innerhalb derer ein Austausch von know-how erfolgt (Practice-Groups).[793]

Es gibt auch Alliances, die Teilsozietäten gegründet haben. In ihnen bearbeiten die ihr angehörenden Büros z.B. EG-rechtliche Fragen in einem gemeinsamen Büro (zumeist in Brüssel). Die Heimatbüros bleiben dabei selbständig. Nur bestimmte Fragen werden zur Bearbeitung an das gemeinsame Büro abgegeben,[794] das auf gemeinsame Rechnung aller Partner geführt wird.

---

793 Römermann/Römermann, Anwalt 2000, 6 (12); Hellwig, AnwBl 1996, 124 (126)
794 Schneider, AnwBl 1991, 565 (566)

dd) Joint venture

In jüngerer Zeit werden vor allem bei Großmandaten im internationalen Bereich zunehmend anwaltliche Joint ventures gegründet. Man folgt dabei dem Vorbild der großen Wirtschaftsprüfungsgesellschaften, die sich durch derartige Kooperationen den internationalen Rechtsberatungsmarkt erschlossen haben.[795]

Als Joint venture wird ein vorübergehender Zusammenschluß selbständiger Büros zur gemeinsamen Ausführung eines Mandats bezeichnet. In Abgrenzung zur BGB-Gesellschaft vollzieht sich die gemeinschaftliche Berufsausübung außerhalb eines gemeinsamen Büros und erschöpft sich regelmäßig in der Bearbeitung eines einzigen Mandats. Dem Grunde nach unterscheidet sich ein anwaltliches Joint venture nicht von Arbeitsgemeinschaften in der Bauwirtschaft oder Kreditkonsortien im Bankgeschäft.

Sinnvoll sind Joint ventures vor dem Hintergrund veränderter Rahmenbedingungen bei der Mandatsakquisition. Großmandate werden zunehmend in der Weise vergeben, daß der Mandant im Rahmen eines Ausschreibungsverfahrens mehrere Kanzleien auffordert, sich um ein Mandat zu bewerben (Beauty Contest).[796] Die Erfolgsaussichten für eine Mandatierung im Rahmen einer Ausschreibung sind größer, wenn der Bewerber eine das nationale Recht übersteigende „Paketlösung" anbieten kann.

Häufig sind die an einer Ausschreibung teilnehmenden Anwaltsbüros personell nicht in der Lage, ein neues Großmandat innerhalb eines zumeist eng bemessenen Zeitraums zu bearbeiten. Nicht selten fehlt es auch an speziellem know how für Teilfragen, insbesondere in neuen Rechtsgebieten (z.B. Telekommunikation). Durch ein Joint venture lassen sich derartige Lücken im Full-Service-Bereich ohne zusätzliche Kostenbelastung schließen.

Ein weiterer Vorteil des Joint venture wird darin gesehen, das Risiko einer Nichtmandatierung auf mehrere Beteiligte zu verteilen.[797] Die Teilnahme an einer Ausschreibung ist zumeist arbeits- und damit kostenintensiv. Nicht selten arbeiten große Teams für mehrere Wochen an der Präsentation eines Konzeptes, ohne sicher sein zu können, den Zuschlag zu erhalten und die Vorlaufkosten wieder hereinzuholen.

Mit Eingehung eines Joint venture wird schließlich eine einseitige Ausrichtung des Büros vermieden. Es kann deshalb gleichzeitig an mehreren Großprojekten mitarbeiten, ohne die personellen Ressourcen in einem einzigen Projekt zu bündeln.

---

795 Nerlich, AnwBl 1994, 529 (529)
796 Hellwig, AnwBl 1996, 124 (125)
797 Weimar/Grote, NWB Nr. 30 v. 21.07.1997, Fach 18, 3533 (3541)

3. Haftungsfragen

a) Innenkooperation

Soweit eine nationale oder internationale Anwaltskooperation nach außen nicht in Erscheinung tritt, haftet dem Mandanten allein die von ihm beauftragte Anwaltskanzlei. Für eine Mithaftung ihrer Kooperationspartner nach den Grundsätzen einer Scheinsozietät fehlt es an einem Anknüpfungspunkt, da es sich um eine reine Innengesellschaft handelt.[798]

aa) Haftungsmilderung

Besonderheiten im Innenverhältnis der Kooperationsmitglieder zueinander könnten sich ergeben, wenn ein Mitglied der Kooperation einem anderen Mitglied unentgeltlich Rechtsrat erteilt (z.B. im Club-System). Fraglich ist zunächst, ob es sich hierbei um einen Rat oder eine Empfehlung i.S. des § 675 Abs. 2 BGB handelt. Danach ist derjenige, der einen Rat erteilt oder eine Emfehlung ausspricht, grundsätzlich nicht haftbar, soweit er nicht aus einem Vertragsverhältnis haftet. Eine solche Haftung kann sich aus einem speziellen Rat- oder Auskunftserteilungsvertrag ergeben. Hiervon ist bei Vereinbarung einer Vergütung regelmäßig auszugehen,[799] woran es im Club-System regelmäßig fehlt.

Allerdings kommt auch ein konkludenter Abschluß eines Vertrages in Betracht, weil die Auskunft aus der Sicht des Auskunftgebers für den Empfänger von wesentlicher Bedeutung ist und anzunehmen ist, dieser werde sie zur Grundlage wesentlicher Entschlüsse machen.[800] Bejaht man aufgrund der Gesamtsituation eine solche Erkennbarkeit für den Auskunftgeber - immerhin wird die Auskunft in beruflichem Zusammenhang erteilt und ist für Dritte bestimmt -, ist für einen Haftungsausschluß kein Raum. Argumentieren ließe sich allenfalls, den Haftungsmaßstab in Analogie zu den Haftungsmilderungen des Schenkers[801] und des Verleihers[802] herabzusetzen, wonach nur grob fahrlässiges Verhalten zur Haftung führt.

Zu berücksichtigen ist jedoch, daß die Verpflichtung zu unentgeltlicher Tätigkeit keine einseitige Leistungspflicht ist. Rechtsrat wird im Club-System nur deshalb unentgeltlich erteilt, weil sich auch die anderen Mitglieder hierzu verpflichten. Besteht danach eine synallagmatische Verknüpfung gleichgerichteter

798 Becker, AnwBl 1998, 305 (305)
799 Palandt-Thomas, BGB, § 675 Rn 30
800 BGH, ZIP 1999, 275 (275) m.w.N.
801 § 521 BGB
802 § 599 BGB

Leistungspflichten, verliert das Merkmal der Unentgeltlichkeit als Anknüpfungspunkt für eine Haftungsmilderung an Bedeutung. Letztlich erfolgt im Club-System eine antezipierte Verrechnung von Honoraren, wobei davon ausgegangen wird, daß sich der Umfang der einzelnen Leistungspflichten auf lange Sicht deckt. Deshalb muß es bei dem allgemeinen Pflichtenmaßstab bleiben, wonach das intern Rechtsrat erteilende Mitglied dem Empfängerbüro im Innenverhältnis für jede Form der Fahrlässigkeit haftet.

bb) Korrespondenzmandat

Eine weitere Form der Innenkooperation ergibt sich bei Korrespondenzmandaten. Ist der vom Mandanten beauftragte Anwalt nicht bei dem Prozeßgericht zugelassen, bedarf es der Einschaltung eines weiteren Anwalts.

Beauftragt der nicht am Prozeßgericht zugelassene Anwalt (Verkehrsanwalt) einen Prozeßbevollmächtigten namens und im Auftrag des Mandanten, bestehen zwei selbständige Mandatsverträge nebeneinander.[803] Dem Mandanten haften beide Anwälte nur für Pflichtverletzungen innerhalb ihres jeweiligen Aufgabenbereiches.[804] Eine Zurechnung über § 278 BGB findet nicht statt, da der Verkehrsanwalt nicht Erfüllungsgehilfe des Prozeßbevollmächtigten ist und umgekehrt.[805] Die Pflicht zu ordnungsgemäßem prozessualen Handeln gegenüber dem Prozeßgericht obliegt dem Prozeßbevollmächtigten allein. Seine Haftung ist auch dann nicht beschränkt, wenn der Verkehrsanwalt einen Schriftsatz ausgearbeitet hat.[806]

Der Verkehrsanwalt haftet dem Mandanten aus dem Anwaltsvertrag allein für die sorgfältige Auswahl und Unterweisung. Nach Mandatsübernahme durch den Prozeßbevollmächtigten ist der Verkehrsanwalt zu seiner Überwachung nur verpflichtet, wenn sich aufgrund besonderer Umstände aufdrängt, daß der Prozeßbevollmächtigte seine ihm obliegenden Pflichten nicht erfüllt.[807] Eine gesamtschuldnerische Haftung von Verkehrsanwalt und Prozeßbevollmächtigtem entsteht deshalb nur für den Fall einer Pflichtenüberschneidung.[808] Bei ihr nimmt die Rechtsprechung eine Zweckgemeinschaft der beteiligten Anwälte mit der Folge einer gesamtschuldnerischen Haftung nach § 421 BGB an. Eine Pflichtenüberschneidung besteht etwa dann, wenn beide Anwälte eine laufende Rechtsmittel-

---

803 Gruber, MDR 1998, 1399 (1400)
804 Zugehör, Handbuch der Anwaltshaftung Rn 212
805 BGH, NJW-RR 1990, 1241 (1245)
806 BGH, NJW-RR 1990, 1241 (1243)
807 Zugehör, Handbuch der Anwaltshaftung Rn 217 ff.
808 Zugehör, Handbuch der Anwaltshaftung Rn 223

frist nicht gewahrt[809] oder die Einleitung verjährungsunterbrechender Maßnahmen versäumt haben.[810]

Seiner Verpflichtung zu sorgfältiger Auswahl eines ausländischen Kollegen wird der deutsche Verkehrsanwalt nach überwiegender Auffassung nur bei Heranziehung von Spezialverzeichnissen wie etwa des Martindale-Hubbel gerecht.[811] Diese Auffassung überzeugt nicht. Zu berücksichtigen ist, daß die meisten der bislang veröffentlichten internationalen Anwaltsverzeichnisse kommerziell ausgerichtet sind. Die Eintragung in das Anwaltsverzeichnis ist dabei entgeltpflichtig und erfolgt regelmäßig ohne Überprüfung der Qualifikation des Einzutragenden.[812] Als Qualitätsnachweis sind derartige Quellen deshalb ungeeignet, ermöglichen aber zumindest eine erste Orientierung. Nur soweit ausländische Anwälte über eine nachgewiesene Qualifikation verfügen, kann das Auswahlermessen des deutschen Verkehrsanwalts reduziert sein. Wenn nicht besondere Umstände dagegen sprechen, ist etwa bei einem steuerrechtlichen Sachverhalt dem ausländischen Kollegen, der einen Universitätsgrad LL.M. (tax) führt, der Vorzug zu geben.

Es besteht keine Verpflichtung des deutschen Verkehrsanwalts, die Tätigkeit des ausländischen Prozeßbevollmächtigten zu überprüfen und damit selbst ausländisches Recht anzuwenden. Einer der wenigen hierzu veröffentlichten Entscheidungen lag folgender Sachverhalt zugrunde:

> Ein deutscher Anwalt wurde beauftragt, Klage gegen eine Schweizer Gesellschaft nach schweizerischem Recht zu erheben. Der deutsche Anwalt beauftragte mit Zustimmung des Mandanten einen Schweizer Kollegen, der es versäumte, die drohende Verjährung des Anspruchs zu unterbrechen.

Das OLG Bamberg[813] betonte in diesem Fall, der deutsche Anwalt habe sich darauf verlassen dürfen, daß der Schweizer Kollege den Lauf der Verjährungsfrist beachtet. Das Gericht hat damit den Grundsatz getrennter Pflichtenkreise der beteiligten Anwälte auch auf Fälle mit Auslandsberührung angewandt. Die Gewähr für die inhaltliche Richtigkeit der erteilten Auskunft übernimmt danach ausschließlich der ausländische Kollege. Der deutsche Anwalt darf sich darauf verlassen, daß der ausländische Kollege seinen Pflichtenkreis vollständig und mit der erforderlichen Sorgfalt übernimmt.[814] Er darf im außerprozessualen Bereich

809 BGH, VersR 1991, 896 (896)
810 OLG Köln, VersR 1994, 1300 (1301)
811 Louven, VersR 1997, 1050 (1055); Sieg, Internationale Anwaltshaftung, 171
812 Gruber, MDR 1998, 1399 (1400)
813 MDR 1989, 542 (542)
814 OLG Bamberg, MDR 1989, 542 (542)

auch darauf vertrauen, daß ein Vertrag nach ausländischem Recht gültig ist, wenn ein Kollege des Staates mitgewirkt hat, dessen Recht maßgeblich ist.[815] Eine Prüfungspflicht des deutschen Anwalts kann sich allenfalls darauf beziehen, ob der ausländische Kollege hinsichtlich aller entscheidenden Punkte des Vertrages tätig war, d.h. den Prüfungsauftrag aus dem Mandatsverhältnis erschöpft hat.[816]

Lediglich dann, wenn sich dem deutschen Verkehrsanwalt eine Pflichtverletzung des ausländischen Prozeßbevollmächtigten aufdrängt, ist er aufgrund eigener Beratungspflicht gehalten, den Mandanten hierauf hinzuweisen und auf Abhilfe zu drängen.[817]

Beauftragt der deutsche Anwalt seinen ausländischen Kollegen lediglich im eigenen Namen, bestehen keine vertraglichen Beziehungen des ausländischen Anwalts zum Mandanten. Diesem haftet allein der deutsche Anwalt, der zugleich die Richtigkeitsgewähr für die Anwendung ausländischen Rechts übernimmt.[818] Er muß sich die erforderlichen Kenntnisse des ausländischen Rechts verschaffen[819] und unterliegt damit dem gleichen Pflichtenmaßstab wie bei Anwendung deutschen Rechts.[820] Schwierigkeiten des Zugriffs auf ausländische Rechtsquellen können den deutschen Anwalt dabei nicht entlasten, da ein objektiver Pflichtenmaßstab gilt.

cc) Einschaltung eines Unterbevollmächtigten

Beauftragt ein Anwalt einen am Gerichtsort niedergelassenen Anwalt mit der Terminswahrnehmung in Untervollmacht, bleibt der Hauptbevollmächtigte der für den Rechtsstreit bestellte Prozeßbevollmächtigte. Der Unterbevollmächtigte wird nicht selbst als weiterer Prozeßbevollmächtigter bestellt, sondern bleibt auf die Wahrnehmung eines einzelnen Gerichtstermins beschränkt.[821] Bei wirksamer Unterbevollmächtigung tritt der Mandant direkt in vertragliche Beziehungen mit dem Unterbevollmächtigten, da er von dem Hauptbevollmächtigten vertreten wird. Die Anwälte untereinander schließen keinen Vertrag.[822] Eine Verschul-

---

815 BGH, NJW 1972, 1044 (1044)
816 Gruber, MDR 1998, 1399 (1400)
817 BGH, NJW 1988, 1079 (1082)
818 Carl, 241
819 OLG Hamm, unveröffentlicht, zitiert nach Sieg, Internationale Anwaltshaftung, 122, Fn 492 sowie eingehend zum Meinungsstand des Schrifttums
820 BGH, NJW 1972, 1044 f.
821 Zugehör, Handbuch der Anwaltshaftung Rn 229
822 Rinsche, Die Haftung des Rechtsanwalts und des Notars, Rn I 188; Vollkommer, Anwaltshaftungsrecht, Rn 317

denszurechnung nach § 278 BGB scheidet hier ebenso wie bei einem Korrespondenzmandat aus.[823]

Der Hauptbevollmächtigte schuldet die ordnungsgemäße Erstellung der Schriftsätze, die Fristenkontrolle und sorgfältige Auswahl und Unterrichtung des Unterbevollmächtigten. Der Pflichtenkreis des Unterbevollmächtigten ist erheblich kleiner und beschränkt sich auf die ordnungsgemäße Wahrnehmung des Gerichtstermins. Darüber hinaus ist er verpflichtet, den Hauptbevollmächtigten über den Verlauf der Verhandlung zu informieren.[824]

dd) Einschaltung eines Einvernehmensanwalts

Beabsichtigt ein dienstleistender europäischer Rechtsanwalt, vor einem deutschen Gericht mit Anwaltszwang aufzutreten, muß er gemäß § 28 EuRAG zuvor einen deutschen Einvernehmensanwalt bestellen.[825] Dieser hat darauf hinzuwirken, daß die Erfordernisse einer geordneten Rechtspflege beachtet werden.[826] Hierzu zählt als Mindestvoraussetzung, daß die Formalia für eine Klageerhebung und -erwiderung beachtet werden, der Sachvortrag geordnet ist und ausreichende Beweisantritte vorliegen.[827]

Nicht erforderlich ist, daß der Einvernehmensanwalt bei jeder mündlichen Verhandlung anwesend ist.[828] Das Einvernehmen ist gemäß § 29 Abs. 1 EuRAG bei der ersten Handlung gegenüber dem Gericht schriftlich nachzuweisen. Verfahrenshandlungen, für die der Nachweis im Zeitpunkt ihrer Vornahme nicht vorliegt, sind unwirksam und damit insbesondere bei Einhaltung von Fristen besonders haftungsträchtig. Instruktiv ist folgender Fall des BFH[829] aus dem Jahre 1999:

> Ein schwedischer Anwalt hatte Revision zum BFH eingelegt, ohne der Revisionsschrift ein Schriftstück über das erfolgte Einvernehmen mit einer vor dem BFH vertretungsberechtigten Person beizufügen. Die Revision wurde als unzulässig verworfen.

---

823 Zugehör, Handbuch der Anwaltshaftung Rn 247
824 Zugehör, Handbuch der Anwaltshaftung Rn 251
825 Vgl. oben C II 2; die folgenden Nachweise beziehen sich auf die insoweit inhaltsgleiche Fassung des inzwischen außer Kraft getretenen RADG. Sie bleiben auch für das EuRAG gültig.
826 BFH, BStBl. II 1999, 637 (638)
827 Henssler, JZ 1994, 178 (185); Raiser, NJW 1991, 2049 (2055)
828 Lörcher, Rechtsanwalts-Handbuch, H 3 Rn 40
829 BFH, BStBl. II 1999, 637 (638).

Beauftragt ein dienstleistender europäischer Rechtsanwalt einen Einvernehmensanwalt, so hat er die Rechte und Pflichten eines deutschen Anwalts.[830] Er unterfällt damit zugleich dem deutschen Haftungsregime. Insoweit ergeben sich keine haftungsrechtlichen Besonderheiten gegenüber dem deutschen Anwalt.[831]

Mangels besonderer Vereinbarung wird der deutsche Einvernehmensanwalt nicht Vertragspartner des ausländischen Mandanten und haftet diesem gegenüber nicht.[832] Der dienstleistende europäische Rechtsanwalt bedient sich vielmehr des deutschen Einvernehmensanwalts zur Erfüllung eigener Verbindlichkeiten aus dem Anwaltsvertrag. Für dessen schuldhafte Fehler hat der dienstleistende europäische Rechtsanwalt einzustehen.[833] Der deutsche Einvernehmensanwalt haftet vertragsrechtlich nur gegenüber seinem ausländischen Kollegen.

b) Außenkooperation

Wird eine Kooperation gegenüber Dritten verlautbart, könnte dies als haftungsbegründendes Verhalten anzusehen sein. Voraussetzung hierfür ist, daß der Mandant hieraus auf eine Sozietät in der Rechtsform der BGB-Gesellschaft schließt.

aa) Die h.M.

Nach h.M. soll der Hinweis auf Kooperationspartner dahin zu verstehen sein, daß diese *nicht* durch einen Sozietätsvertrag verbunden sind.[834] Diese Grundsätze sollen für die nationale wie für die internationale Kooperation gleichermaßen gelten.[835] In diesem Fall scheide eine gesamtschuldnerische Haftung aus. [836]

---

830 § 27 Abs. 1 EuRAG
831 Sieg, Internationale Anwaltshaftung, 174 m.w.N.
832 Dies stellt § 28 Abs. 3 EuRAG ausdrücklich klar.
833 Raiser, NJW 1991, 2049 (2055)
834 KG, NJW-RR 1997, 824 (825); Hartung/Holl-Römermann, Anwaltliche BerufsO, v. § 30 Rn 273; Henssler/Prütting-Hartung, BRAO, § 59a Rn 103; Vorbrugg/Salzmann, AnwBl 1996, 129 (130); Borgmann/Haug, Anwaltshaftung; Kap. VII, 236; Grüninger, AnwBl 1992, 111 (114);
835 OLG Karlsruhe, NJW 1990, 3093 (3096): „Die Kennzeichnung einer anders gearteten Zusammenarbeit, die nicht die Voraussetzungen der Sozietät erfüllt, ist den Anwälten auch durch sonstige Rechtsvorschriften nicht untersagt."
836 Becker, AnwBl 1998, 305 (305); Raiser, NJW 1991, 2049 (2056)

bb) Stellungnahme

Die h.M. vermag im Ergebnis nicht zu überzeugen, weil sie begrifflich argumentiert und dadurch die eigentliche Fragestellung verdeckt. Abzustellen ist inhaltlich darauf, ob die Kooperation dem Mandanten als Berufsausübungsgesellschaft gegenüber tritt, also wie bei der BGB-Gesellschaft insbesondere Aufträge und Honorare gemeinsam entgegennimmt.[837] Auf die Firmierung kann es schon deshalb nicht entscheidend ankommen, weil der Mandant zwischen BGB-Gesellschaft und Kooperation regelmäßig nicht unterscheiden wird. Insoweit muß Gleiches wie für die Abgrenzung von Bürogemeinschaft und BGB-Gesellschaft gelten. Auch hierfür ist anerkannt, daß die bloße Bezeichnung als Bürogemeinschaft noch nicht zum Ausschluß einer gesamtschuldnerischen Haftung führt, weil der Geschäftsverkehr mit diesem Begriff nichts anzufangen weiß.[838]

Die Verwendung gemeinsamen Briefpapiers erlaubt den Schluß auf eine gemeinsame Entgegennahme von Aufträgen und Honoraren und damit auf eine gemeinschaftliche Berufsausübung.[839] Zwar läßt sich einwenden, daß es bei der Kooperation regelmäßig an der Verwendung gemeinsamen Briefpapiers fehlt, weil jedes Büro in seinem Briefpapier auf ein anderes Büro als Kooperationspartner verweist. Dies ist für den Mandanten jedoch bei erstmaliger Kontaktaufnahme zu einem Kooperationsmitglied nicht erkennbar. Aus Sicht des Mandanten kann der Hinweis auf einen Kooperationspartner deshalb durchaus den Anschein einer sozietären Verbindung erwecken.

Für die Frage nach einer gesamtschuldnerischen Haftung auch im Falle bloßer Kooperation ist deshalb auf den Erwartungshorizont des Mandanten abzustellen, der objektiv zu bestimmen ist. Im folgenden wird eine Differenzierung vorgeschlagen, die sich an der fachlichen Spezialisierung der einzelnen Kooperationsmitglieder ausrichtet. Rechtfertigen läßt sich eine solche Vorgehensweise dadurch, daß die Spezialisierung nach den Ausführungen im empirischen Teil[840] der entscheidende Faktor für die Güte anwaltlicher Leistung ist.

(1) Hinweis auf inländische Kooperationspartner

Weist ein Anwaltsbüro in Drucksachen auf inländische Kooperationspartner hin, geht der Mandant davon aus, daß nur das unmittelbar kontaktierte Büro Ver-

837 Vgl. oben D I 2d.
838 Lingenberg/Hummel/Zuck/Eich-Zuck, Kommentar zu den Grundsätzen des anwaltlichen Standesrechts, § 28 Rn 53
839 BGHZ 56, 355 (359)
840 Vgl. B I 1 und 3.

tragspartner wird. Aus seiner Sicht ergeben sich bei einem reinen Inlandsmandat keine Leistungsunterschiede zwischen den kooperationsangehörigen Büros. Der Mandant wird regelmäßig eine Allkompetenz jedes Büros in Fragen des Heimatrechts unterstellen und auf eine Spezialisierung innerhalb des unmittelbar kontaktierten Büros vertrauen. Mangels vertraglicher Verpflichtung aller Kooperationsmitglieder scheidet damit eine gesamtschuldnerische Haftung aus.

Etwas anderes gilt dann, wenn auf unterschiedliche Tätigkeits- oder Interessenschwerpunkte sowie Fachanwaltsbezeichnungen der einzelnen Kooperationsmitglieder hingewiesen wird. Hier kann der Eindruck entstehen, daß Mandate intern an das „fachlich zuständige" Büro verwiesen werden oder zumindest ein Gedankenaustausch zwischen den Mitgliedsbüros erfolgt. Aus Sicht des Mandanten wird durch den Hinweis auf eine besondere Spezialisierung der einzelnen kooperationsangehörigen Büros der Rechtsschein einer BGB-Gesellschaft begründet.

(2) Hinweis auf ausländische Kooperationspartner

Bei einem reinen Inlandsmandat erwartet der Mandant nicht, daß auch die ausländischen Mitglieder der Kooperation in die Bearbeitung eingebunden werden. Aus Sicht des Mandanten verfügen diese nicht über Rechtskenntnisse in einer für sie fremden Rechtsordnung.

Von einer anderen Erwartungshaltung ist bei einem grenzüberschreitenden Sachverhalt auszugehen. Hier wird sich aus Mandantensicht die Notwendigkeit ergeben, rechtliche Teilfragen auch durch andere Kooperationsmitglieder bearbeiten zu lassen. Der Mandant verbindet mit der Mandatserteilung erkennbar die Erwartung, daß eine Abstimmung zumindest mit den ausländischen Kooperationsmitgliedern erfolgt, die einer Rechtsordnung angehören, zu welcher das Mandat einen konkreten Bezug aufweist.

Gerechtfertigt ist eine solche Erwartungshaltung, weil der Mandant dem Hinweis auf eine internationale Kooperationszugehörigkeit ein besonderes Leistungsversprechen entnimmt. Dieses Leistungsversprechen geht dahin, daß bei internationalen Sachverhalten eine gemeinschaftliche Mandatsbearbeitung mit dem betreffenden ausländischen Kooperationsmitglied erfolgt. Der Mandant entnimmt der Angabe ausländischer Kooperationspartner eine verbindliche Festlegung auf eine berufliche Zusammenarbeit, soweit das Mandat dies erfordert. Diese Erwartungshaltung ist für das unmittelbar kontaktierte Büro auch erkennbar, da der Mandant andernfalls Gebührenansprüchen mehrerer Anwaltsbüros ausgesetzt wäre, obwohl er eine einheitliche Dienstleistung beansprucht. Insoweit bestehen keine Unterschiede zu der Mandatierung einer internationalen Sozietät in der Rechtsform der BGB-Gesellschaft.[841]

Auch die Berufshaftpflichtversicherer stufen die internationale Anwaltskooperation in Gestalt der Alliance inzwischen haftungsrechtlich als Sozietät ein. Diese Gleichstellung bezieht sich dabei nicht nur auf die Mitglieder der Alliance, die bereits eine Teilsozietät bilden. Vielmehr sollen ohne Unterscheidung alle Mitglieder einer Alliance gesamtschuldnerisch haften.[842]

Welche Konsequenzen hieraus abzuleiten sind, illustriert *Hellwig*[843] anhand eines Regreßfalles aus dem Bereich der Wirtschaftsprüfer. Im Jahre 1991 verklagte die Bank of Credit and Commerce International (BCCI) die Wirtschaftsprüfungsgesellschaft Price Waterhouse in London. Der Streitwert belief sich auf 8 Milliarden US-Dollar, was etwa dem doppelten Jahresumsatz der Price-Waterhouse-Gruppe weltweit entspricht.

Die Klägerin verklagte dabei nicht nur die unmittelbar mandatierten, rechtlich selbständigen nationalen Gesellschaften von Price-Waterhouse, sondern Price-Waterhouse weltweit. Soweit es sich dabei um Personengesellschaften handelt, wurden auch die einzelnen Partner persönlich mitverklagt. Während in Deutschland dieses Thema bislang noch nicht diskutiert wird, äußern sich US-amerikanische Haftpflichtversicherer über das Haftungsrisiko infolge der Zugehörigkeit zu einer internationalen Alliance bereits besorgt.[844]

Die gleichen Grundsätze wie bei der Alliance sind auch auf das Club-System übertragbar, soweit es offengelegt wird. Ihre Mitglieder treten dem Mandanten gegenüber ebenfalls als Einheit auf. Das hierdurch bekräftigte besondere Leistungsversprechen ist für die Bejahung einer gesamtschuldnerischen Haftung nach den Grundsätzen der BGB-Gesellschaft ausreichend. Der Mandant wird wie bei der Alliance der bloßen Club-Zugehörigkeit ein besonderes Leistungsversprechen entnehmen.

Die Abschottung der Kooperationspartner nach außen wird bei einem Zusammenschluß im Rahmen eines anwaltlichen Joint venture gänzlich aufgehoben. Ihre Mitglieder treten dem Mandanten gegenüber ausdrücklich als Einheit auf

---

841 Vgl. hierzu KG, JurBüro 2000, 86 (87).

842 Vgl. Hellwig, ZHR 161 (1997), 337 (345), der eine solche Unterscheidung ebenfalls nicht vornimmt.

843 Hellwig, ZHR 161 (1997), 337 (344 f.)

844 Hellwig berichtet von einer Arbeitsgruppe „Liability and insurance" der Tagung der Section of Business Law der International Bar Association in Paris vom September 1995, in der die Haftungsfrage eine zentrale Rolle eingenommen habe. Dem Vernehmen nach haben die amerikanischen Versicherer ihre Versicherungsnehmer darauf hingewiesen, für Haftungsrisiken aus der Zugehörigkeit zu einer Alliance nicht einzustehen.

und verpflichten sich zu gemeinschaftlicher Berufsausübung. Hieraus erfolgt eine gemeinschaftliche vertragliche Verpflichtung und Haftung aller Kooperationsmitglieder. Die Haftung im Innenverhältnis ist zumeist in einem Konsortialvertrag geregelt, wonach die Mitglieder nicht gesamtschuldnerisch nach Kopfteilen, sondern jeweils nach Arbeitsbereichen haften.

III. EWIV

Anwälten steht neben der Kooperation und der Bürogemeinschaft auch die Europäische Wirtschaftliche Interessenvereinigung (EWIV) als Rechtsform beruflicher Zusammenarbeit offen.[845] Die EWIV hat zahlenmäßig keine besondere Bedeutung erlangt. Bislang wurden europaweit insgesamt rund 800 EWIVs gegründet.[846] Darunter befanden sich im Jahre 1999 lediglich 15 anwaltliche EWIVs unter Beteiligung deutscher Kanzleien.[847]

1. Begriff

Die EWIV ist eine überstaatliche Gesellschaftsform europäischen Rechts, welche die grenzüberschreitende Zusammenarbeit von Unternehmen und Angehörigen freier Berufe erleichtern soll. Der Gesellschaftszweck einer EWIV ist gesetzlich beschränkt. Sie darf lediglich eine bereits bestehende wirtschaftliche Tätigkeit ihrer Mitglieder erleichtern oder entwickeln helfen.[848] Die anwaltliche Berufsausübung selbst ist ihr damit untersagt.

Die Tätigkeit der EWIV darf nicht an die Stelle der Tätigkeit ihrer Mitglieder treten, da ansonsten der bloße Hilfscharakter dieser Gesellschaftsform in Frage gestellt würde.[849] Daneben gilt für die EWIV das Verbot, Leitungs- und/oder Kontrollmacht über die Tätigkeit ihrer Mitglieder - vor allem im Bereich des Finanz- und Investitionswesens - auszuüben. Sie darf weder Anteile an Mitgliedsunternehmen halten noch selbst Mitglied einer anderen EWIV sein. Damit ist die EWIV weder als Konzern- noch als Holdinggesellschaft geeignet.

Rechtsgrundlagen sind die EWG-VO des Rates Nr. 2137/85 vom 25.07.1985[850] sowie das hierzu ergangene deutsche Ausführungsgesetz.[851] Die

845 Vgl. auch Sieg, Internationale Anwaltshaftung, 54 m.w.N.
846 Weimar/Grote, NWB Nr. 30 vom 21.07.1998, Fach 18, 3533 (3540)
847 JUVE-Handbuch (Vorauflage), 491 ff.
848 Art. 3 EWIV-VO
849 Weimar/Grote, NWB Nr. 30 vom 21.07.1997, Fach 18, 3533 (3535)
850 ABlEG Nr. L 199 vom 31.07.1985, 1

EWG-VO ist in allen Mitgliedstaaten unmittelbar anzuwendendes Recht. Für die praktische Handhabung haben die EU-Mitgliedstaaten jeweils Ausführungsvorschriften erlassen. Soweit die Verordnung keine eigenständigen Regelungen enthält, ist das innerstaatliche Recht des Staates anzuwenden, in dem die Vereinigung ihren Sitz hat.[852]

Die EWIV ist rechtlich weitgehend der OHG angenähert.[853] Oberstes Organ sind die gemeinschaftlich handelnden Mitglieder, von denen mindestens zwei aus verschiedenen EU-Mitgliedstaaten stammen müssen.[854] Vertreten wird die EWIV von Geschäftsführern. Auf die Zugehörigkeit zu einer EWIV darf nach § 8 S. 2 der anwaltlichen BerufsO hingewiesen werden.

2. *Haftung*

Die Mitglieder der EWIV haften für ihre Verbindlichkeiten als Gesamtschuldner,[855] wodurch das Fehlen von Vorschriften über ein Mindesthaftkapital kompensiert wird. Die gesamtschuldnerische Haftung der Mitglieder unterliegt einer Modifikation. Die EWIV-VO sieht vor, daß Gläubiger zunächst die EWIV zur Zahlung auffordern müssen, bevor sie nach Verstreichen einer "angemessenen Frist" die Mitglieder in Anspruch nehmen können. Damit ist die Stellung der Mitglieder im Verhältnis zur EWIV der eines Bürgen angenähert. Anders als bei der OHG besteht damit nur eine subsidiäre Haftung der EWIV.[856]

Da die EWIV nicht befugt ist, eine rechtsberatende Tätigkeit gegenüber dem Mandanten auszüben, stellen sich Haftungsfragen wegen fehlerhafter Berufsausübung nicht. Etwas anderes gilt dann, wenn im Rechtsverkehr der Anschein hervorgerufen wird, die Mitglieder der EWIV seien gesellschaftsrechtlich zu einer Sozietät in der Rechtsform der BGB-Gesellschaft zusammengeschlossen. Insoweit kommt eine Haftung nach den Grundsätzen der Scheinsozietät in Betracht. Der bloße Hinweis auf die Mitgliedschaft in einer EWIV erfüllt diese Voraussetzungen allerdings nicht.

---

851 BGBl. I 1988, 514, in Kraft seit 01.07.1989
852 Art. 2 Abs. 1 EWG-VO
853 Näher Weimar/Grote, NWB Nr. 30 vom 21.07.1997, Fach 18, 3533 (3534)
854 Art. 20 EWIV-VO
855 Art. 24 EWIV-VO
856 Hense in Wirtschaftsprüfer-Handbuch II, J Rn 65

F. Rechtsformunabhängige Haftungsbeschränkung

Haftungsbeschränkungen wurden bislang unter dem Gesichtspunkt der Rechtsform untersucht, in der die anwaltliche Tätigkeit ausgeübt wird. Daneben steht dem Anwalt das allgemeine - rechtsformunabhängige -Vertragsrecht zur Verfügung, um das Haftungsrisiko in vertretbaren Grenzen zu halten. Zu untersuchen ist, inwieweit berufsrechtliche Regelungen die Möglichkeiten einer vertraglichen Haftungsbeschränkung überlagern.

I. Haftungsbeschränkung nach § 51a Abs. 1 BRAO

§ 51a BRAO regelt die Möglichkeit einer vertraglichen Beschränkung der Anwaltshaftung. Haftungsbeschränkungen sind dabei im Einzelfall und im Wege vorformulierter Vertragsbedingungen zulässig, wenn bestimmte Mindestvoraussetzungen gegeben sind. Durch die gesetzliche Regelung wollte der Gesetzgeber Klarheit in einer von der Anwaltschaft als unsicher empfundenen Rechtslage schaffen.[857]

§ 51a BRAO enthält deshalb eine abschließende Regelung und läßt keinen Raum für weitergehende Freizeichnungsvereinbarungen.[858] Hieraus folgt, daß über § 51a BRAO hinausgehende Beschränkungen der Haftung wegen Verstoßes gegen § 134 BGB nichtig sind.[859] Beispielhaft ist etwa die schon nach bisherigem Recht als unzulässig angesehene Verkürzung der Verjährungsfrist oder der Haftungsausschluß für telefonische Auskünfte und unentgeltliche Gefälligkeitsauskünfte zu nennen.[860] Umgekehrt unterliegen individualvertragliche Haftungsbeschränkungsklauseln keiner Inhaltskontrolle nach dem AGBG.[861]

Die Schrankenregelung des § 51a BRAO gilt auch für die Mandatsannahme in letzter Minute, da der Anwalt diese ablehnen kann.[862] Allerdings wird man die

857 BT-Ds. 12/4993, 32
858 Zugehör, Handbuch der Anwaltshaftung, Rn 430; Reiff, AnwBl 1997, 3 (3); Borgmann/Haug, Anwaltshaftung, Kap. VIII, 262
859 Borgmann/Haug, Anwaltshaftung, Kap. VIII, 268
860 Bunte, NJW 1981, 2657 (2660)
861 Henssler/Prütting-Stobbe, BRAO, § 51a Rn 18 und 20
862 Borgmann/Haug, Anwaltshaftung, Kap. VIII, 268

näheren Umstände der Mandatserteilung im Rahmen eines Mitverschuldens des Mandanten zu prüfen haben.

Die Haftungsbeschränkung des § 51a BRAO geht vom Grundsatz des frei zu vereinbarenden Mandats aus. Die Vorschrift ist damit auf amtsähnliche Tätigkeiten und Fälle der Beiordnung regelmäßig nicht anwendbar. Gleiches gilt für Fälle der Beratungshilfe.[863]

1. Individualvereinbarung

Eine Haftungsbeschränkung beruht im Idealfall auf individualvertraglicher Abrede. In der Ausgestaltung ihrer Reichweite ist der Anwalt dabei nur bedingt frei. § 51a Abs. 1 Nr. 1 BRAO sieht vor, daß der Ersatzanspruch individualvertraglich nur für einen fahrlässig verursachten Schaden und auch dies nur bis zur Höhe der Mindestversicherungssumme (500.000 DM) begrenzt werden kann.[864] Mit der flankierenden Einführung einer Berufshaftpflichtversicherung[865] hat der Gesetzgeber sichergestellt, daß der Mandant seine Ansprüche im Regreßfall auch tatsächlich realisieren kann.[866]

Die Möglichkeit individualvertraglicher Haftungsbeschränkung schließt Fälle grober Fahrlässigkeit ein.[867] Dies folgt aus dem Fehlen des Zusatzes „einfache Fahrlässigkeit“ in § 51a Abs. 1 Nr. 1 BRAO im Wege des Umkehrschlusses zu Nr. 2. Hierdurch werden schwierige Abgrenzungsfragen über die Verschuldensform vermieden. Nicht vorausgesetzt ist, daß in Höhe der Versicherungssumme tatsächlich Versicherungsschutz besteht. Hat der Anwalt die Jahreshöchstleistung, also die vierfach maximierte Mindestversicherungssumme von 2 Mio. DM, bereits in Anspruch genommen oder besteht aus anderen Gründen kein Versicherungsschutz, bleibt die Haftungsbeschränkung gleichwohl wirksam. Hieran zeigt sich, daß der Gesetzgeber keine konsequente Versicherungslösung gewollt hat, welche den Schaden nach dem Gesetz der großen Zahl auf alle Anwälte streut.[868]

Stobbe[869] zufolge muß eine Individualvereinbarung zwischen Anwalt und Mandant im einzelnen ausgehandelt werden. Hierzu gehöre, daß der Anwalt die Haftungsbeschränkungsklausel ernsthaft zur Disposition stellt und der Mandant

---

863 Eingehend hierzu Henssler/Prütting-Stobbe, BRAO, § 51a Rn 25 ff.
864 Mindestversicherungssumme, vgl. § 51 Abs. 4 BRAO.
865 § 51 BRAO
866 Feuerich/Braun, BRAO, § 51a Rn 6
867 Borgmann/Haug, Anwaltshaftung, Kap. VIII, 268; Reiff, AnwBl 1997, 3 (3)
868 Henssler/Prütting-Stobbe, BRAO, § 51a Rn 39
869 Henssler/Prütting-Stobbe, BRAO, § 51a Rn 36

die reale Möglichkeit zur inhaltlichen Ausgestaltung hat. Diese Möglichkeit zur Einflußnahme sei nicht bereits dann gegeben, wenn der Anwalt den Mandanten vor die Wahl stellt, entweder die Haftungsbeschränkung zu akzeptieren oder sich einen anderen Anwalt zu suchen.

Diese Auffassung gründet sich auf gefestigte AGB-rechtliche Judikatur und verdient uneingeschränkt Zustimmung. Der Begriff des Individualvertrages ergibt sich aus einem Umkehrschluß zu § 1 Abs. 2 AGBG. Danach liegen allgemeine Geschäftsbedingungen nicht vor, wenn sie im einzelnen „ausgehandelt" sind. Nach der hierzu ergangenen Rechtsprechung muß sich das Aushandeln eines vorformulierten Vertragstextes regelmäßig in inhaltlichen Änderungen niederschlagen.[870] Aushandeln bedeutet insoweit mehr als bloßes Verhandeln. Andererseits ist nicht erforderlich, daß der Mandant die Möglichkeit der Einflußnahme tatsächlich genutzt hat.[871] Im Streitfall muß der Anwalt beweisen, daß die Vereinbarung wirksam ausgehandelt worden ist. Die Beweisführung wird erleichtert, wenn ein vorformulierter Text handschriftlich abgeändert worden ist und die Abänderung zu einer Verbesserung der Position des Mandanten geführt hat.[872]

Die individualvertragliche Haftungsbeschränkung bedarf der Schriftform. Nicht erforderlich ist ihre Niederlegung in einer gesonderten Urkunde. Sie kann deshalb mit anderen Vereinbarungen verbunden werden.[873]

Der Anwalt muß den Mandanten über Bedeutung und Tragweite einer Haftungsbeschränkungsklausel aufklären.[874] Die Intensität der Aufklärung wird von der Person des Mandanten, insbesondere seiner Geschäftsgewandtheit bestimmt. Ist für den Anwalt erkennbar, daß das Schadensrisiko die vereinbarte Haftungssumme übersteigen kann, ist auch ein Hinweis auf die Möglichkeit einer Einzelversicherung geboten.[875] Bei Verletzung der Aufklärungspflicht ist der Mandant so zu stellen, wie er ohne Pflichtverletzung stehen würde.

Insgesamt läßt sich feststellen, daß individualvertragliche Haftungsbeschränkungen in der Praxis die große Ausnahme sind.[876] Ihre hohen Anforderungen belasten das Vertrauensverhältnis zum Mandanten nachhaltig und sind damit aus Anwaltssicht wenig praktikabel.[877] Damit rückt die Möglichkeit einer

---

870 Vgl. die Nachweise bei Palandt-Heinrichs, BGB, § 1 AGBG Rn 18.
871 MünchKomm-Kötz, AGBG, § 1 Rn 19
872 BGH, WM 1994, 1136 (1137)
873 Henssler/Prütting-Stobbe, BRAO, § 51a Rn 41
874 Zugehör, Handbuch der Anwaltshaftung, Rn 434
875 Henssler/Prütting-Stobbe, BRAO, § 51a Rn 43; a. A. Zugehör, Handbuch der Anwaltshaftung, Rn 438
876 Reiff, AnwBl 1997, 3 (6)
877 Oppermann, AnwBl 1995, 453 (454); Heermann, BB 1994, 2421 (2422)

Haftungsbeschränkung über vorformulierte Vertragsbedingungen in den Vordergrund.

2. *Vorformulierte Vertragsbedingungen*

Vorformulierte Vertragsbedingungen sind im voraus ohne Rücksicht auf die Zahl der Verwendungsfälle abgefaßte, d.h. nicht im einzelnen ausgehandelte Klauseln. Anders als nach § 1 Abs. 1 S. 1 AGBG ist nicht erforderlich, daß die Bedingungen für eine Vielzahl von Verträgen formuliert sind. Die Regelung des § 51a Abs. 1 Nr. 2 BRAO entspricht damit der Verbraucherklausel in § 24a Nr. 2 AGBG, wonach wesentliche Vorschriften des AGBG auf vorformulierte Vertragsbedingungen auch dann anzuwenden sind, wenn diese nur zur einmaligen Verwendung bestimmt sind und soweit der Verbraucher aufgrund der Vorformulierung keinen Einfluß auf ihren Inhalt nehmen konnte. Es ist ebenfalls nicht erforderlich, daß der Anwalt die Vertragsbedingungen beim Abschluß des Vertrages „stellt". Erfaßt werden vielmehr auch solche Bedingungen, die der Anwalt mit Mandanten für alle künftigen Mandate vereinbart.[878]

a) *Haftungsbeschränkung der Höhe nach*

Eine Haftungsbeschränkung durch vorformulierte Vertragsbedingungen ist nur bis zu einem Betrag von 2 Mio. DM möglich. Voraussetzung hierfür ist, daß bei Eintritt des Versicherungsfalls Deckungsschutz besteht. Es genügt nicht, daß der Versicherungsschutz lediglich im Zeitpunkt der Freizeichnungsvereinbarung gegeben war.[879] Wird die erforderliche Mindestdeckungssumme von 2 Mio. DM unterschritten, ist die Haftungsbeschränkungsklausel wegen Fehlens einer Zulässigkeitsvoraussetzung insgesamt unwirksam.[880]

Großmandanten sind mitunter nicht bereit, derartige Haftungsbeschränkungen zu vereinbaren. Gelegentlich wird der Abschluß einer solchen Vereinbarung auch von der Hausbank des Mandanten untersagt, weil der potentielle Regreßanspruch als zusätzliche Sicherheit dienen soll.[881]

---

878 Henssler/Prütting-Stobbe, BRAO, § 51a Rn 44
879 Stobbe, AnwBl 1997, 16 (16)
880 Borgmann/Haug, Anwaltshaftung, Kap. VIII, 263
881 Hellwig, ZHR 161 (1997), 337 (344)

b) Ausschluß grober Fahrlässigkeit

Im Gesetzgebungsverfahren war umstritten, ob eine Haftungsbeschränkung auch für Fälle grober Fahrlässigkeit zulässig sein soll.[882] Der Gesetzentwurf der Bundesregierung sah vor, jede Form der Fahrlässigkeit zu erfassen. Für diese Konzeption sprach, daß auch in den Berufsrechten der Steuerberater und Wirtschaftsprüfer keine Unterscheidung nach Fahrlässigkeitsgraden vorgenommen wird.[883]

Dagegen bestand der Bundesrat darauf, das rechtspolitische Verbot des § 11 Nr. 7 AGBG nicht zu unterlaufen und Abgrenzungsfragen zwischen leichter und grober Fahrlässigkeit der Rechtsprechung zu überlassen.[884] Wie sich aus dem Wortlaut des § 51a Abs. 1 Nr. 2 BRAO ergibt, hat sich diese Vorstellung des Bundesrats durchgesetzt. Damit besteht Unsicherheit darüber, ob eine vereinbarte Haftungsbeschränkung im Regreßfall wirklich greift. Grobe Fahrlässigkeit kann nur im jeweiligen Einzelfall festgestellt werden und ist damit in der Prognose mit Unsicherheiten belastet.[885] Wie wenig dem Rechtsanwender mit der gesetzlichen Regelung geholfen ist, illustriert die Rechtsprechung selbst, wenn es heißt:

> „Der Anwaltsvertrag wird häufig so sehr von den Einzelheiten des konkreten Lebenssachverhaltes geprägt, daß derselbe Fehler je nach den Umständen als eine leichte, mittlere oder grobe Verletzung anwaltlicher Pflichten erscheinen kann."[886]

Auch bei Ausschluß einfacher Fahrlässigkeit ist der Anwalt nicht in jedem Fall vor einem Regreßanspruch sicher. Es ist davon auszugehen, daß die Gerichte im Rahmen des § 59a Abs. 1 Nr. 2 BRAO auf die AGB-Rechtsprechung zu sogenannten Kardinalpflichten zurückgreifen. Danach darf die Haftung für Fälle einfacher Fahrlässigkeit dann nicht ausgeschlossen werden, wenn eine vertragswesentliche Pflicht verletzt wird.[887] Charakterisiert man etwa die Fristenkontrolle als vertragswesentliche Pflicht des Anwalts, liefe die Möglichkeit einer Haftungsbeschränkung für den Hauptfall anwaltlicher Pflichtverletzung, die Fristversäumung, regelmäßig leer.

Insgesamt ist festzustellen, daß vorformulierte Vertragsbedingungen zur Haftungsbeschränkung von der Anwaltschaft nur sehr zurückhaltend verwendet werden. Diese Entwicklung führt für den geschädigten Mandanten nicht immer

---

882 Vgl. die Nachweise bei Feuerich/Braun, BRAO, § 51a Rn 8.
883 §§ 67a StBerG, 54a WPO
884 BT-Ds. 12/7868, 1
885 Eingehend Soergel/Siebert-Wolf, BGB, § 276 Rn 122 ff.
886 BGH, NJW 1994, 3295 (3295)
887 Vgl. hierzu Palandt-Heinrichs, BGB, § 9 AGBG Rn 25 ff.

zu einer haftungsrechtlichen Besserstellung. Er verliert nämlich zugleich den Rückgriff auf einen Berufshaftpflichtversicherer. Unterhält der Anwalt lediglich eine Berufshaftpflichtversicherung in Höhe der Mindestversicherungssumme (500.000 DM) und übersteigt der Schaden diesen Betrag, wird sich ein weitergehender Anspruch gegen den Anwalt nicht immer realisieren lassen.[888] Der Mandant stünde sich bei einer wirksamen Haftungsbeschränkung durch vorformulierte Vertragsbedingungen besser, weil er in diesem Fall Rückgriff auf eine solvente Berufshaftpflichtversicherung bis zu einer Schadenshöhe von 2 Mio. DM nehmen kann.

c) *Wirksame Einbeziehung*

Vorformulierte Vertragsbedingungen müssen nach allgemeinen Regeln wirksam in den Mandatsvertrag einbezogen werden. Eines Rückgriffs auf § 2 AGBG bedarf es insoweit nicht.[889] Der Anwalt muß auf die Einbeziehung der Vertragsbedingungen hinweisen und der Mandant ihre Geltung akzeptieren. Es ist deshalb zwischen der - meist formlosen - Mandatsannahme und der Einbeziehung vorformulierter Vertragsbedingungen zu trennen. Das Einverständnis kann auch schlüssig erklärt werden. Die schriftliche Bestätigung eines angetragenen Mandats unter Beifügung der Vertragsbedingungen stellt lediglich eine Annahme unter Erweiterungen dar. Diese gilt als Ablehnung verbunden mit einem neuen Angebot.[890] Das Schweigen des Mandanten hierauf und die Entgegennahme der Anwaltsleistung stellt zumindest bei Nichtkaufleuten kein Einverständnis mit der Geltung der Vertragsbedingungen dar.[891]

II. Haftungskonzentration auf den sachbearbeitenden Sozius

Gemäß § 51a Abs. 2 S. 2 BRAO kann sowohl durch Individualvereinbarung als auch im Wege vorformulierter Vertragsbedingungen die persönliche Haftung auf den oder die sachbearbeitenden Mitglieder einer Sozietät beschränkt werden. Der Hinweis auf Mitglieder der Sozietät ist wörtlich zu nehmen. Nicht zulässig ist es deshalb, die Haftung auf einen freien Mitarbeiter oder angestellten Anwalt zu verlagern.[892]

---

888 Schardey, AnwBl 1994, 369 (370)
889 Henssler/Prütting-Stobbe, BRAO, § 51a Rn 46; Zugehör, Handbuch der Anwaltshaftung, Rn 459
890 § 150 Abs. 2 BGB
891 Vgl. nur Palandt-Heinrichs, BGB, § 2 AGBG Rn 16 m.w.N.
892 Feuerich/Braun, BRAO, § 51a Rn 13

Die Haftungskonzentration auf sachbearbeitende Sozien kann mit einer Individualvereinbarung nach § 51a Abs. 1 Nr. 1 BRAO oder vorformulierten Vertragsbedingungen nach § 51a Abs. 1 Nr. 2 BRAO in gesonderter Urkunde kumuliert werden. Hierdurch wird eine personenbezogene und zugleich haftungshöhenbezogene Beschränkung erzielt.

Die Möglichkeit der Haftungskonzentration ist nicht an den Abschluß einer erhöhten Mindestversicherung gekoppelt. Im Regreßfall haftet dem Mandanten damit neben dem Gesellschaftsvermögen ggf. nur ein einziger Sozius mit einer Mindestdeckung von 500.000 DM. Die Angemessenheit dieser Regelung ist zweifelhaft. Es hätte nahegelegen, wie bei der Haftungsbeschränkung im Wege vorformulierter Vertragsbedingungen[893], einen flankierenden Versicherungsschutz von 2 Mio. DM zu fordern.

Nach h.M. kann auch bei wirksamer Haftungskonzentration auf einen Sozius die Haftung der Sozietät mit ihrem Gesellschaftsvermögen nicht ausgeschlossen werden. Dies hat der Gesetzgeber durch die Formulierung, die „persönliche" Haftung könne auf einzelne Mitglieder beschränkt werden, klargestellt. Im Ergebnis haftet daher stets mindestens ein Sozius neben dem Gesellschaftsvermögen unbeschränkt persönlich.[894]

Der Gesetzeswortlaut verzichtet auf eine dem § 8 Abs. 2 PartGG entsprechende Einschränkung, wonach Bearbeitungsbeiträge von „untergeordneter Bedeutung" von einer Haftung ausgenommen sind.[895] Bei wertender Betrachtung wird man jedoch auch im Rahmen des § 51a Abs. 2 S. 2 BRAO ein gewisses Maß inhaltlicher Bearbeitungstätigkeit fordern müssen. Damit sind reine Fristverlängerungsanträge oder Urlaubsvertretungen ohne inhaltliche Aktenbearbeitung nicht ausreichend, um den Handelnden zum Bearbeiter zu machen. Hierfür spricht nicht zuletzt, daß bei Abschluß der Vereinbarung nicht immer feststeht, wer z.B. Urlaubsvertreter des Bearbeiters sein wird.

Sofern ein Bearbeiter für Detailfragen die Unterstützung eines Kollegen in Anspruch nimmt, übernimmt er auch für dessen Arbeitsergebnisse die volle Verantwortung. Der in diesem Sinne lediglich „zuarbeitende" Kollege wird hierdurch noch nicht selbst zum Bearbeiter.

Die Haftungsbeschränkung ist insgesamt unwirksam, wenn entgegen der von dem Mandanten unterschriebenen Erklärung andere Sozien mit der Mandatsbear-

---

893 § 51a Abs. 1 Nr. 2 BRAO

894 Zugehör, Handbuch der Anwaltshaftung, Rn 473; Borgmann/Haug, Anwaltshaftung, Kap. VIII, 265; a.A. Henssler/Prütting-Stobbe, BRAO, § 51a Rn 57, der übersieht, daß nach den Gesetzesmaterialien die Haftung des Gesellschaftsvermögens nicht ausgeschlossen werden sollte (BT-Ds. 12/7656, 50).

895 Vgl. D II 6b.

beitung betraut werden.[896] In diesem Fall besteht die gesamtschuldnerische Haftung aller Sozien fort. Tritt an die Stelle des in der Vereinbarung bezeichneten Bearbeiters ein anderer, muß mit diesem eine neue Haftungskonzentration vereinbart werden. Der bisherige Bearbeiter bleibt solange in der Haftung, bis er aus ihr entlassen wird.

Eine weitere Einschränkung erfährt die Möglichkeit einer Haftungskonzentration durch den gesetzlichen Hinweis auf eine Bearbeitung „im Rahmen der eigenen beruflichen Befugnisse“. Wird etwa ein Steuerberater einer interprofessionellen Sozietät im Rahmen eines Anwaltsmandats tätig, greift die Haftungskonzentration nicht, da der Steuerberater nicht zu allgemeiner Rechtsberatung befugt ist.[897]

Der Mandant muß die Zustimmung zu einer Haftungskonzentration schriftlich abgeben.[898] Um die Warnfunktion zu erhöhen, darf die Zustimmung keine weiteren Erklärungen enthalten und muß deshalb in gesonderter Urkunde festgehalten werden. Die Haftungskonzentration kann dem Mandanten damit nicht im Rahmen vorformulierter Vertragsbedingungen „untergeschoben“ werden. Der Mandant ist zudem über die Bedeutung und Tragweite seiner Erklärung zu belehren. Insoweit gelten die obigen Ausführungen zur Haftungsbeschränkung nach § 51a Abs. 1 Nr. 1 BRAO entsprechend. Insgesamt ist festzuhalten, daß diese hohen Anforderungen dazu führen, daß es in der Praxis kaum Vereinbarungen über eine Haftungskonzentration gibt.

Reicht das Gesellschaftsvermögen und das Privatvermögen des sachbearbeitenden Sozius im Haftungsfall zur Befriedigung des Mandanten nicht aus, kann dieser die übrigen Sozien gleichwohl noch in Anspruch nehmen. Gemäß § 735 BGB müssen sie für den Fehlbetrag aufkommen, wenn das Gesellschaftsvermögen nicht ausreicht. Da diese Vorschrift zu einer Innenhaftung der Sozien gegenüber der Gesellschaft führt, kann der geschädigte Mandant die übrigen Sozien nicht unmittelbar in Anspruch nehmen. Er ist darauf beschränkt, die Ansprüche der Gesellschaft gegen die übrigen Gesellschafter auf Nachschuß in das Gesellschaftsvermögen zu pfänden und sich zur Einziehung überweisen zu lassen.[899] Allerdings kann die Nachschußpflicht im Gesellschaftsvertrag wirksam ausgeschlossen werden.[900]

---

896 Zugehör, Handbuch der Anwaltshaftung, Rn 486; Hartung/Holl-Römermann, Anwaltliche BerufsO, v. § 11 Rn 77

897 Borgmann/Haug, Anwaltshaftung, Kap. VIII, 266

898 Der Bundesrat bestand auf dem Schriftformerfordernis, weil eine Haftungskonzentration „nicht ohne weiteres mit den Erwartungen übereinstimmt, die das Publikum von einer Sozietät hat“ (BT-Ds. 12/4993, 49).

899 Zugehör, Handbuch der Anwaltshaftung, Rn 475

900 MünchKomm-Ulmer, BGB, § 735 Rn 2; Palandt-Sprau, BGB, § 735 Rn 1

G. Fehlende Harmonisierung anwaltsnaher Berufsrechte

I. Unterschiede der Berufsrechte der Anwälte, Steuerberater und Wirtschaftsprüfer

In den bisherigen Ausführungen wurde bereits vereinzelt auf Unterschiede in den Berufsrechten der Anwälte, Steuerberater und Wirtschaftsprüfer hingewiesen. Im folgenden werden diese Unterschiede systematisiert. Im Anschluß daran ist zu untersuchen, ob es für die z.T. erheblichen berufsrechtlichen Abweichungen eine verfassungsrechtliche Rechtfertigung gibt.

1. Interprofessionelle Zusammenarbeit

Die Berufsrechte der Anwälte, Steuerberater und Wirtschaftsprüfer divergieren hinsichtlich der Zulässigkeit einer interprofessionellen Zusammenarbeit. Soweit die Berufsrechte voneinander abweichen, gilt das Prinzip der *Meistbelastung*. Die Berufsträger müssen danach das jeweils strengste Berufsrecht beachten.[901] Ausgenommen von diesem Prinzip sind nur die Bestimmungen, welche das zivilrechtliche Mandatsverhältnis regeln (Verjährungsvorschriften, Regelungen über eine Haftungsbeschränkung). Diese Bestimmungen können ihrem Normzweck nach nur berufsbezogen angewendet werden. Demgegenüber können öffentlich-rechtliche Berufsausübungsregelungen, welche die Funktionsfähigkeit der Rechtspflege und ähnliche zentrale Rechtsgüter sichern sollen, ihre Funktion nur erfüllen, wenn sie von allen Sozien beachtet werden.

Im Ausgangspunkt unproblematisch ist lediglich die interprofessionelle Zusammenarbeit in der Rechtsform der BGB-Gesellschaft. Bei ihr bestehen keine berufsrechtlichen Mehrheitserfordernisse zugunsten eines der beteiligten Berufsträger.[902] Die Sozietät erweist sich damit im Hinblick auf ihre personelle Zusammensetzung als flexible Rechtsform, die jederzeit den Erfordernissen des Marktes durch Aufnahme neuer Sozien angepaßt werden kann. Umgekehrt führt

901 Henssler, AnwBl 2000, 77 (78); Haarmann in FS 50 Jahre Arbeitsgemeinschaft der Fachanwälte für Steuerrecht (1999), 515 (525)

902 §§ 56 StBerG, 44b Abs. 1 WPO

auch das Ausscheiden einzelner Sozien aus der Sozietät nicht zu einem berufsrechtlichen Konflikt.

Das anwaltliche Berufsrecht verzichtet auch für die Partnerschaft auf ein Mehrheitserfordernis zugunsten der beteiligten Anwälte.[903] Gleiches gilt nach dem Berufsrecht der Wirtschaftsprüfer für die einfache Partnerschaft.[904] Allerdings dürfen Pflichtprüfungsaufträge nicht im Namen einer einfachen, also nicht als Wirtschaftsprüfungsgesellschaft anerkannten Partnerschaft angenommen werden, da diese keine Prüfungsgesellschaft i.S. des § 319 HGB ist. Solche Aufträge kann der Wirtschaftsprüfer einer Partnerschaft deshalb stets nur persönlich annehmen und die Partnerschaft lediglich als interne Organisationsgesellschaft einsetzen.[905]

In einer als Steuerberatungsgesellschaft anerkannten Partnerschaft muß wenigstens die Hälfte der Partner als Steuerberater zugelassen sein.[906] In einer als Wirtschaftsprüfungsgesellschaft anerkannten Partnerschaft müssen die Partner sogar mehrheitlich Wirtschaftsprüfer sein. Nur bei einer zweigliedrigen Gesellschaft genügt Parität.[907] Die vom Gesetzgeber gewollte Umwandlung von interprofessionellen Sozietäten in Partnerschaften wird durch derartige Mehrheitserfordernisse erheblich erschwert.[908]

Nach § 59e Abs. 3 S. 1 BRAO muß die Mehrheit der Geschäftsanteile in der Anwalts-GmbH bei Anwälten liegen. Bei einer Wirtschaftsprüfungs-GmbH besteht eine entsprechende Notwendigkeit für Wirtschaftsprüfer.[909] Für die Steuerberatungs-GmbH fehlt es an einem vergleichbaren Erfordernis der Kapitalbindung.[910] Damit wird für eine interprofessionelle Tätigkeit von Anwälten und Wirtschaftsprüfern in der GmbH gleichzeitig ein Mehrheitserfordernis nach beiden Berufsrechten statuiert. Das hiermit verbundene mathematische Problem läßt sich nur im Falle der Doppelqualifikation der beteiligten Berufsträger lösen.[911] Zu Beginn des Jahres 2000 waren in Deutschland lediglich 302[912] Berufsträger in diesem Sinne doppelqualifiziert. Es werden somit bereits auf der Ebene des Zu-

---

903 Gerlt, MDR 1998, 259 (260)

904 § 44 b Abs. 1 WPO

905 Henssler, AnwBl 2000, 77 (78)

906 § 50 Abs. 4 StBerG

907 § 28 Abs. 2 S. 3 WPO

908 AG Mannheim, BRAK-Mitt. 1997, 93 (93)

909 § 28 Abs. 4 Nr. 3 WPO

910 § 50a Abs. 1 Nr. 5 StBerG sieht lediglich vor, daß Steuerberatern, Anwälten, Wirtschaftsprüfern, vereidigten Buchprüfern und Steuerbevollmächtigten *zusammen* die Mehrheit der Stimmrechte in der Gesellschafterversammlung zustehen muß.

911 Gerlt, MDR 1998, 259 (260); dies übersieht Sommer, GmbHR 1995, 249 (251), der den Konflikt für nicht lösbar hält.

912 BRAK-Mitt. 2000, 137 (137)

sammenschlusses ohne sachlichen Grund diejenigen Berufsträger privilegiert, die bereits über eine fachübergreifende Berufsausbildung verfügen.

2. *Verbot der Sternsozietät*

Das Verbot der Sternsozietät in § 59a Abs. 1 BRAO soll dem Schutz des Mandanten vor der Ungewißheit seines Vertragspartners dienen.[913] Für den Mandanten kann die Bestimmung des richtigen Vertragspartners und damit des Kreises der persönlich haftenden Sozien im Einzelfall schwierig sein, wenn eine Mehrfachzugehörigkeit zu unterschiedlichen Berufsausübungsgesellschaften besteht. Das Verbot der Sternsozietät läßt sich mit diesem Regelungsziel indes nicht vereinbaren. Sofern für den Mandanten tatsächlich eine Unsicherheit über seinen Vertragspartner bestehen sollte - etwa bei Verwendung unterschiedlichen Briefpapiers im Schriftverkehr - ist er über die gesamtschuldnerische Mitverpflichtung und Mithaftung weiterer Sozien hinreichend geschützt.[914] Diese Erweiterung des Kreises erfüllungsbefugter und haftender Sozien wirkt sich für den Mandanten im Ergebnis stets positiv aus. Erst das Verbot der Sternsozietät führt damit zu einer Verschlechterung seiner Rechtsposition.

Auch die zu wahrende anwaltliche Unabhängigkeit kann das Verbot der Sternsozietät nicht rechtfertigen. Es ist nicht erkennbar, wieso eine Mehrfachzugehörigkeit zu zwei Berufsausübungsgesellschaften eine besondere Gefährdungssituation für den Mandanten schaffen soll. Da sich der Anwalt unbeschränkt an gewerblich tätigen Gesellschaften betätigen darf, muß ihm erst recht eine Beteiligung an weiteren - zudem berufsrechtlich gebundenen - Berufsausübungsgesellschaften offenstehen.[915]

Anders als Anwälten ist es Steuerberatern gestattet, Gesellschafter mehrerer Sozietäten zu sein.[916] Entsprechendes gilt für Wirtschaftsprüfer.[917] Bedenken gegen das Verbot der Sternsozietät ergeben sich deshalb auch aus dem Gleichheitsgrundsatz des Art. 3 Abs. 1 GG. Der Gleichheitsgrundsatz hindert nach der Rechtsprechung des BVerfG den Gesetzgeber daran, bei der Zulassung von Sozietäten ohne hinreichenden sachlichen Grund zwischen Angehörigen unter-

913 Protokolle der Satzungsversammlung der Bundesrechtsanwaltskammer, 4. Sitzung vom 13.-15.06.1996, 27 ff., nicht veröffentlicht; Feuerich/Braun, BRAO, § 59a Rn 11 a.E. in der Vorauflage

914 Henssler, ZIP 1998, 2121 (2122)

915 Henssler, ZIP 1998, 2121 (2122)

916 § 56 Abs. 3 StBerG spricht von „Gesellschaften".

917 § 44b Abs. 1 WPO

schiedlicher freier Berufe zu differenzieren.[918] Aus der sachlichen Nähe mit den anwaltsnahen Berufsrechten der Steuerberater und Wirtschaftsprüfer leitet das Gericht das Gebot ab, daß Beschränkungen für Anwälte auf der Ebene der Berufsausübung dem gleichen Maßstab unterliegen müssen. Die sachliche Nähe mit dem Berufsbild des Steuerberaters ergibt sich zwanglos daraus, daß ihm nur ein Ausschnitt der anwaltlichen Tätigkeit übertragen ist. Ihnen ist gestattet, Gesellschafter mehrerer Sozietäten zu sein.[919] Entsprechendes gilt für Wirtschaftsprüfer.[920] Es sind keine Gründe ersichtlich, warum für Anwälte eine andere Rechtslage gelten soll.[921]

Im Ergebnis ist das gesetzliche Verbot der Sternsozietät wegen Verstoßes gegen den Gleichbehandlungsgrundsatz des Art. 3 Abs. 1 GG verfassungswidrig.[922]

3. Gesellschafterstellung

Unterschiede in den einzelnen Berufsrechten bestehen auch mit Blick auf die Möglichkeiten einer Konzernierung als Voraussetzung für den Aufbau eines globalen Beraternetzwerks. Nach § 59a Abs. 1 BRAO dürfen einer Sozietät nur natürliche Personen angehören. Eine Anwalts-GmbH oder eine Partnerschaft kann also nicht ihrerseits Gesellschafter einer Sozietät sein. Dies entspricht der Rechtslage bei Steuerberatern.[923] Andererseits ist Wirtschaftsprüfern die Eingehung einer Sozietät mit juristischen Personen ausdrücklich gestattet.[924]

Für die Anwalts-GmbH hat der Gesetzgeber die Bildung von Holdingkonstruktionen ebenfalls ausgeschlossen, da ihr nur natürliche Personen als Gesellschafter angehören dürfen.[925] Begründet wird dies damit, die Bildung mehrstöckiger Berufsausübungsgesellschaften widerspreche dem Charakter einer freiberuflichen, personenbezogenen Tätigkeit.[926]

Bei Steuerberatungs- und Wirtschaftsprüfungs-GmbHs können demgegenüber Geschäftsanteile in einer BGB-Gesellschaft gebündelt werden.[927] In der Praxis

---

918 BVerfG, ZIP 1997, 117 (117)
919 § 56 Abs. 3 StBerG spricht von „Gesellschaften".
920 § 44b Abs. 1 WPO
921 Kleine/Cosack, BRAO, § 59a Rn 39b
922 Der BGH, ZIP 1999, 1360 (1362) hat die Frage der Verfassungsmäßigkeit des § 59a Abs. 1 S. 1 BRAO bislang ausdrücklich offen gelassen.
923 § 56 Abs. 1 S. 2 StBerG; näher Gehre, StBerG, § 56 Rn 4
924 § 44b Abs. 1 WPO
925 §§ 59e Abs. 1 BRAO, 50a Abs. 1 Nr. 3 StBerG
926 BT-Ds. 11/3915, 24
927 §§ 50a Abs. 2 S. 1 StBerG, 28 Abs. 4 S. 2 WPO

wird hiervon häufig Gebrauch gemacht,[928] um eine mittelbare Übertragung von GmbH-Geschäftsanteilen durch schlichte Auswechslung eines BGB-Gesellschafters zu ermöglichen.[929] Die Auswechslung auf der Ebene der BGB-Gesellschaft bedarf keiner notariellen Mitwirkung und vereinfacht insbesondere bei größeren Gesellschaften den Ein- und Austritt neuer Gesellschafter.[930]

Darüber hinaus sieht das Berufsrecht der Wirtschaftsprüfer auch wechselseitige Beteiligungen von Kapitalgesellschaften[931] vor, die in der Praxis weit verbreitet sind.[932] Eine solche kapitalmäßige Verflechtung ist Steuerberatungsgesellschaften untersagt.[933]

Unterschiede bestehen auch mit Blick auf die Möglichkeit einer Mehrfachmitgliedschaft in Berufsausübungsgesellschaften. Das Verbot der Sternsozietät gilt nur für Anwälte,[934] nicht für Steuerberater[935] und Wirtschaftsprüfer.[936]

Nach § 59e Abs. 1 S. 2 BRAO besteht eine Verpflichtung des Anwalts zu aktiver beruflicher Tätigkeit innerhalb einer Anwalts-GmbH. Anderes gilt für Steuerberater und Wirtschaftsprüfer.[937] Bei diesen dürfen zudem auch Nichtgesellschafter am Gewinn beteiligt sein.[938] Die Beteiligung Dritter am Gewinn der Anwalts-GmbH ist Anwälten nach § 59e Abs. 4 BRAO verboten.

Eine weitere Ungleichbehandlung betrifft die Verantwortlichkeit für Zweigniederlassungen. Diese ist bei einer Anwalts-GmbH zwingend einem Geschäftsführer zu übertragen.[939] Die Übertragung der Verantwortlichkeit auf einen Generalbevollmächtigten oder Prokuristen ist damit nicht möglich.[940] Eine vergleichbare Verpflichtung findet sich weder im StBerG noch in der WPO. Beide Berufsrechte fordern lediglich eine Leitung durch einen Steuerberater oder Wirtschaftsprüfer,[941] der nicht notwendig Geschäftsführer sein muß.[942]

---

928 Vgl. Henssler, DB 1995, 1549 (1551).

929 Henssler, ZIP 1997, 1481 (1484 f.) im Anschluß an den vom DAV vorgelegten Entwurf (§ 42b), abgedruckt in AnwBl 1995, 251 ff.

930 Notarielle Beurkundung der Abtretung, Anmeldung des Eintritts oder Ausscheidens von Gesellschafter-Geschäftsführern zum Handelsregister, Ergänzung der ebenfalls zum Handelsregister einzureichenden Liste der Gesellschafter

931 § 28 Abs. 4 Nr. 3 WPO

932 Henssler, ZIP 1998, 2121 (2125)

933 § 50a Abs. 1 Nr. 3 StBerG verweist nur auf natürliche Personen.

934 § 59a Abs. 1 BRAO

935 § 56 Abs. 3 StBerG spricht nicht von Gesellschaft, sondern von Gesellschaften, also im Plural.

936 § 44b WPO Abs. 1 spricht ebenfalls von Gesellschaften.

937 Vgl. §§ 59e Abs. 1 StBerG, 28 Abs. 4 WPO.

938 Hellwig, ZHR 161 (1997), 337 (351)

939 § 59i Abs. 2 BRAO

940 Zur Kritik siehe Henssler, NJW 1999, 241 (243).

941 §§ 34 Abs. 1 i.V.m. 72 Abs. 1 StBerG, 47 S. 1 WPO

Das Berufsrecht der Anwälte und Steuerberater fordert die Unterhaltung eines Mindestversicherungsschutzes von 500.000 DM.[943] Demgegenüber verlangt das Berufsrecht der Wirtschaftsprüfer eine Mindestversicherungssumme von 2 Mio. DM.[944] Die WPO läßt anders als die BRAO jedoch keine Begrenzung der Jahreshöchstleistung auf das Vierfache zu.[945] Der berufsrechtlich zulässige Selbstbehalt variiert zwischen 3.000 DM[946], 5.000 DM[947] und 20.000 DM.[948] Nach § 51a Abs. 1 Nr. 2 BRAO ist Anwälten eine Haftungsbeschränkung für grob fahrlässige Vertragsverletzungen in vorformulierten Vertragsbedingungen untersagt, Wirtschaftsprüfern und Steuerberatern hingegen erlaubt.[949] In der interprofessionellen Sozietät müssen damit sehr unterschiedliche Vertragsbedingungen verwendet werden.[950]

Für die Anwalts-GmbH ist der Abschluß einer erhöhten Mindestversicherungssumme - bei fortbestehender Versicherungspflicht der ihr angehörenden Anwälte - auf 5 Mio. DM obligatorisch. Demgegenüber sehen weder die Berufsrechte der Steuerberater und Wirtschaftsprüfer für Kapitalgesellschaften eine Erhöhung der Mindestversicherungssumme vor.[951]

Anwälte und Steuerberater können ihre Haftung durch Individualvereinbarung auf 500.000 DM,[952] Wirtschaftsprüfer auf 2 Mio. DM begrenzen.[953] Für

942 Kuhls/Meurers/Maxl/Schäfer/Goez, StBerG, § 34 Rn 14 ff.
943 § 51 Abs. 4 BRAO
944 § 54 Abs. 1 WPO i.V.m. § 323 Abs. 2 S. 1 HGB
945 §§ 54 Abs. 1, 44b Abs. 4 WPO
946 § 52 Abs. 2 DVStB
947 § 51 Abs. 5 BRAO
948 § 2 Abs. 2 Wirtschaftsprüfer-BerufshaftpflichtversicherungsVO
949 §§ 54a Abs. 1 WPO, 67a Abs. 1 StBerG; zu berücksichtigen ist jedoch, daß AGB-rechtlich eine Freizeichnung von „Kardinalpflichten" unzulässig ist, soweit hierdurch die Erreichung des Vertragszwecks gefährdet ist. In der Praxis wird deshalb die Freizeichnung auch für Fälle einfacher Fahrlässigkeit möglicherweise nur selten zum Tragen kommen, da die meisten berufsrechtlichen Pflichten (Fristenkontrolle, Prüfung von Belegen etc.) als vertragswesentlich anzusehen sein dürften.
950 Henssler, AnwBl 2000, 77 (79)
951 §§ 72 Abs. 1 i.V.m. 67 S. 1 StBerG, 54 WPO i.V.m. 323 Abs. 2 S. 1 HGB; dies übersieht Henssler, NJW 1999, 241 (244), der für Wirtschaftsprüfer von einer „abweichenden Ausgangslage" ausgeht. Dies ist indes nicht der Fall, da lediglich für die Prüfung von Gesellschaften, die Aktien mit amtlicher Notierung herausgegeben haben, der Abschluß einer erhöhten Mindestversicherung von 8 Mio. DM erforderlich ist.
952 §§ 51a Abs. 1 Nr. 1 BRAO, 67 Abs. 1 Nr. 1 StBerG
953 § 54a Abs. 1 Nr. 1 WPO

Haftungsbeschränkungen durch vorformulierte Vertragsbedingungen liegen die Mindesthaftsummen für Anwälte und Steuerberater bei 2 Mio. DM, für Wirtschaftsprüfer bei 8 Mio. DM.[954]

II. Verfassungsmäßigkeit berufsrechtlicher Unterschiede

Die aufgezeigten Unterschiede in den Berufsrechten der Anwälte, Steuerberater und Wirtschaftsprüfer werfen die Frage auf, ob diese verfassungsgemäß sind. Das BVerfG geht von einem besonderen Näheverhältnis aller drei Berufsgruppen aus.[955] Es kann sich dabei auf die Feststellung stützen, daß alle Berufsgruppen artverwandten, wirtschaftsberatenden und freien Berufen angehören. Sie unterliegen als verkammerte Berufsgruppen einer berufsrechtlichen Selbstkontrolle und sind nicht gewerblich tätig.[956]

Der gesetzliche Aufgabenbereich eines Steuerberaters unterscheidet sich nur geringfügig von dem eines Wirtschaftsprüfers. Der Steuerberater ist zur unbeschränkten geschäftsmäßigen Hilfeleistung in Steuersachen befugt.[957] Dies schließt Steuerstraf- und Bußgeldsachen sowie die Erfüllung von Buchführungspflichten, insbesondere die Aufstellung von Steuerbilanzen und deren steuerrechtliche Beurteilung mit ein. Eng hiermit verbunden ist die betriebswirtschaftliche Beratung sowie die allgemeine Vermögensberatung.[958]

Der gesetzliche Aufgabenbereich des Wirtschaftsprüfers ist deckungsgleich mit dem des Steuerberaters.[959] Als einzige Vorbehaltsaufgabe obliegt dem Wirtschaftsprüfer jedoch die Erteilung von Bestätigungsvermerken über die Vornahme und das Ergebnis von Pflichtprüfungen eines Unternehmens.[960] Einen solchen Bestätigungsvermerk kann weder der Anwalt noch der Steuerberater erteilen.

Bis auf die Vorbehaltsaufgabe des Wirtschaftsprüfers kann der Anwalt berufsrechtlich auch die Aufgaben eines Steuerberaters und Wirtschaftsprüfers erfüllen. Anders als diese ist er allerdings zu umfassender Besorgung fremder Rechtsangelegenheiten befugt.[961]

---

954 §§ 51a Abs. 1 Nr. 2 BRAO, 67 Abs. 1 Nr. 2 StBerG, 54a Abs. 1 Nr. 2 WPO
955 Henssler, ZIP 1998, 2121 (2125)
956 §§ 32 Abs. 2 StBerG, 1 Abs. 2 WPO
957 §§ 3 Abs. 1 Nr. 1, 33 StBerG
958 Gehre, StBerG, Einleitung Rn 17 m.w.M.
959 § 3 StBerG, wonach auch Wirtschaftsprüfer zur unbeschränkten geschäftsmäßigen Hilfeleistung in Steuersachen befugt sind
960 §§ 316, 319 HGB
961 § 3 Abs. 1 BRAO

Nicht zu verkennen ist, daß dem Gesetzgeber ein gewisses Maß an Gestaltungskompetenz für die Ausgestaltung der einzelnen Berufsbilder verbleiben muß. Diese umfaßt auch das jeweilige Organisationsrecht und die Möglichkeiten der interprofessionellen Zusammenarbeit. Das BVerfG hat allerdings aus der inhaltlichen Nähe der wirtschaftsberatenden Berufe gefolgert, der Gesetzgeber sei gehindert, ohne hinreichenden sachlichen Grund zwischen Angehörigen dieser Berufe zu differenzieren.[962] Hieraus ist die verfassungsrechtliche Verpflichtung des Gesetzgebers abzuleiten, die einzelnen Berufsrechte auch hinsichtlich etwaiger Einschränkungen der Berufsausübungsfreiheit gleich zu behandeln.

Diesem Gleichbehandlungsgebot werden die aufgezeigten inneren Widersprüche der einzelnen Berufsrechte und die Normkollisionen bei der interprofessionellen Zusammenarbeit weitgehend nicht gerecht.[963] Sie sind in ihrer Gesamtheit nicht nachvollziehbar und erhellen, daß ihnen kein einheitlicher gesetzgeberischer Plan zugrunde liegt. Eine Zusammenschau der berufsrechtlichen Regelungen vermittelt vielmehr den Eindruck eines Flickenteppichs.

Zugleich widersprechen die genannten berufsrechtlichen Unterschiede dem erklärten Willen des Gesetzgebers, den Anwälten ein zeitgemäßes Berufsrecht an die Hand zu geben.[964] Vor dem Hintergrund einer zunehmend interprofessionellen Zusammenarbeit hätte es nahegelegen, auf nicht begründbare Mehrheitserfordernisse generell bei allen Berufsrechten zu verzichten. Die Verhinderung von Konzernstrukturen durch das anwaltliche Berufsrecht läßt befürchten, daß Anwälte im Rahmen der zunehmenden Globalisierung weiter Terrain an Wirtschaftsprüfungsgesellschaften verlieren werden.

Hemmnisse für eine Harmonisierung der Berufsrechte sind allerdings auch im europäischen Recht begründet. So enthält Art. 2 I b ii der 8. Gesellschaftsrechtlichen Richtlinie 84/253/EWG vom 10.04.1984 ein Mehrheitserfordernis für Wirtschaftsprüfer im Falle eines interprofessionellen Zusammenschlusses. Die Vorschrift lautet:

> „Die Mehrheit der Stimmrechte ist im Besitz von natürlichen Personen oder Prüfungsgesellschaften, die mindestens die in Art. 3 - 9 genannten Voraussetzungen ... erfüllen."

Nach Artt. 5 und 8 der Richtlinie müssen die geeigneten Personen neben einem theoretischen Nachweis der für Pflichtprüfungen erforderlichen Kenntnisse

---

962 BVerfG, ZIP 1997, 117 (117) m.w.N. zur Sozietät zwischen Anwaltsnotaren und Wirtschaftsprüfern; ebenso bereits BVerfGE 80, 269 (285); zustimmend Henssler, ZIP 1997, 1481 (1483)

963 So auch Gerlt, MDR 1998, 259 ff. m.w.N.; Henssler, ZIP 1997, 1481 ff.

964 BT-Ds. 12/4993,1

auch eine mindestens dreijährige praktische Ausbildung vorweisen. Diese Voraussetzungen erfüllen Anwälte regelmäßig nicht. Mit dieser Richtlinie ist zumindest das Mehrheitserfordernis für Wirtschaftsprüfer bislang europarechtlich abgesichert.[965]

965 Henssler, NJW 1999, 241 (248)

H. Schlußbetrachtung

Die mit der Berufsrechtsnovelle 1995 eingeführten Möglichkeiten einer vertraglichen Haftungsbeschränkung haben sich nicht bewährt. Einer Haftungsbeschränkung im Wege der Individualvereinbarung oder vorformulierter Vertragsbedingungen kommt in der Praxis keine Bedeutung zu, da sie das Vertrauensverhältnis zum Mandanten belastet.

Eine Haftungsbeschränkung ist für Anwälte in sinnvoller Weise deshalb nur über die Wahl einer geeigneten Gesellschaftsform möglich. Das anwaltliche Organisationsrecht ist dabei in den letzten Jahren vielgestaltiger geworden. Die mit der Novellierung des Berufsrechts verbundenen Erwartungen haben sich für die Anwaltschaft nicht in vollem Umfang erfüllt. Problematisch bleibt vor allem das Verbot der Sternsozietät und die Bindung der Gesellschafterstellung an natürliche Personen. Diese Besonderheiten des anwaltlichen Berufsrechts führen zu einer Ungleichbehandlung mit Steuerberatern und Wirtschaftsprüfern, die sachlich nicht zu rechtfertigen ist. Sie verhindern insgesamt den Aufbau komplexer anwaltlicher Beratungsnetzwerke und stellen damit einen nicht zu unterschätzenden Wettbewerbsnachteil für die Anwaltschaft dar.

Haftungsrechtlich wurde die Partnerschaft mit Einführung der gesetzlichen Haftungskonzentration in § 8 Abs. 2 PartGG im Jahre 1998 deutlich aufgewertet. Der Anwaltschaft steht mit der Partnerschaft erstmals eine Rechtsform zur Verfügung, mit der die Haftung des einzelnen Berufsträgers in akzeptabler Weise auf eigenes Verhalten beschränkt wird. Die Partnerschaft erweist sich damit der BGB-Gesellschaft mit ihrer gesamtschuldnerischen Haftung „aller für jeden" als überlegen. Es spricht deshalb alles für einen Wechsel von der BGB-Gesellschaft in die Partnerschaft. Die bislang für die Partnerschaft bestehenden berufsrechtlichen Restriktionen, insbesondere ihre fehlende Postulationsfähigkeit, sind zum 01.01.2001 entfallen.

Gänzlich aufgehoben wurde die persönliche Haftung mit der Einführung der Anwalts-GmbH. Bei isolierter berufsrechtlicher Betrachtung bleibt die Anwalts-GmbH allerdings wegen ihrer berufsrechtlichen Beschränkungen insbesondere mit Blick auf eine interprofessionelle Berufsausübung in ihren Möglichkeiten deutlich hinter der Rechtsform der Partnerschaft zurück. Nicht zuletzt aus diesem Grund dürfte sich die Anwalts-GmbH als Gesellschaftsform interprofessioneller Zusammenschlüsse nicht empfehlen.

Die noch bestehenden berufsrechtlichen Inkongruenzen zwischen den einzelnen Gesellschaftsformen beruhen weniger auf einer bewußten Entscheidung des Gesetzgebers als vielmehr auf dem Fehlen eines schlüssigen Gesamtkonzepts. Der Gesetzgeber verliert sich zunehmend in seinem selbst geschaffenen, allzu komplizierten und nicht immer widerspruchsfreien Geflecht berufsrechtlicher und gesellschaftsrechtlicher Regelungen. Jede gesetzgeberische Lösung eines bestimmten Problems beschwört vor diesem Hintergrund beinahe zwangsläufig ein neues hervor. Dies erklärt auch, warum der oft gescholtene Gesetzgeber seiner Verpflichtung nicht mehr gerecht wird, rechtsgestaltend neue Impulse zu setzen und damit gesellschaftliche Veränderungen zu steuern. Eigentlicher Motor der Rechtsentwicklung ist im Berufsorganisationsrecht inzwischen die Rechtspraxis. Ein schlüssiges Gesamtkonzept bedingt notwendig die Harmonisierung der anwaltsnahen Berufsrechte, deren unterschiedliche Ausgestaltung dem verfassungsrechtlichen Gleichbehandlungsgebot nicht mehr genügt.

Unbefriedigend ist die bislang fehlende gesetzliche Regelung der Anwalts-AG. Der gesetzgeberische Verzicht führt zu einer Benachteiligung gegenüber Steuerberatern und Wirtschaftsprüfern, die mit dieser Rechtsform gute Erfahrungen gemacht haben. Erst die AG mit ihrer strikten Trennung und Unabhängigkeit von Geschäftsführung und Kapital bietet echte organisationsrechtliche Vorteile gegenüber anderen Rechtsformen. Die Anwalts-GmbH wird vor diesem Hintergrund nur eine Zwischenstufe zur Anwalts-AG bleiben.

Interessante Perspektiven in haftungsrechtlicher Hinsicht bieten Kooperationen. Von einigen Autoren bisweilen als Verlegenheitslösung bezeichnet, haben sich Kooperationen inzwischen zu einer ernsthaften Alternative zu den etablierten Berufsausübungsgesellschaften entwickelt. Zweifelhaft ist jedoch, ob die bislang h.M. Bestand haben kann, wonach Mitglieder einer Kooperation keiner gesamtschuldnerischen Haftung unterliegen. Mit zunehmender Verbreitung der Kooperation und einer verstärkten Identitätsbildung ist die Schwelle zur Scheinsozietät schnell überschritten. Insoweit könnte zukünftig aufgrund des einheitlichen Auftretens aller Kooperationsmitglieder von einer geänderten haftungsrechtlichen Erwartungshaltung des Mandanten auszugehen sein.

Literaturverzeichnis

Abel, Bernd	Datenschutz in der Anwaltskanzlei AnwBl 1996, 436 ff.
Ahlers, Dieter	Rechtsanwalts-GmbH zugelassen: Ein Intermezzo? AnwBl 1995, 121 ff.
—	Die Zulässigkeit der Anwalts-GmbH AnwBl 1995, 3 ff.
—	Die GmbH als Zusammenschluß Angehöriger freier Berufe zur gemeinsamen Berufsausübung FS Heinz Rowedder, München 1994, 1 ff.
Bar, Christian von	Unentgeltliche Investitionsempfehlungen im Wandel der Wirtschaftsverfassungen Deutschlands und Englands RabelsZ 44 (1980), 455 ff.
Baumbach, Adolf/ Hopt, Klaus	Handelsgesetzbuch 30. Aufl., München 2000
Baumbach, Adolf/ Hueck, Götz	GmbH-Gesetz 17. Aufl., München 2000
Becker, Torsten	Haftungsfragen internationaler Anwaltstätigkeit AnwBl 1996, 305 ff.
Behrens, Peter	EuGH entscheidet über Sitzverlegung von Gesellschaften EuZW 2000, 385 ff.
Berndt, Joachim/ Boin, Kai T.	Zur Rechtsnatur der Gesellschaft bürgerlichen Rechts NJW 1998, 2854 ff.
Beuthien, Volker	Genossenschaftsgesetz 13. Aufl., München 2000
Blenske, Holger	Die Haftung der Gesellschafter einer GbR mbH NJW 2000, 3170 ff.
Blomeyer, Wolfgang	Auf dem Weg zur (E)europäischen Genossenschaft BB 2000, 1741 ff.

Boele, Andreas	Die Organisation von Rechtsanwaltssozietäten Heute und Morgen Diss., Regensburg 1991
Boin, Kai T.	Weg frei für die Anwalts-GmbH? NJW 1995, 371 ff.
—	Die Partnerschaftsgesellschaft für Rechtsanwälte Diss., Münster 1995
Borgmann, Brigitte/ Haug, Karl H.	Anwaltshaftung 3. Aufl., München 1995
Braun, Anton	Sozietäten BRAK-Mitt. 1993, 185 ff.
Bundesministerium der Justiz	Referentenentwurf zur Anwalts-GmbH ZIP 1997, 1518 ff.
Bungert, Hartwin	Konsequenzen der Centros-Entscheidung des EuGH für die Sitzanknüpfung des deutschen internationalen Gesellschaftsrechts DB 1999, 1841 ff.
Bunte, Hermann-Josef	Mandatsbedingungen der Rechtsanwälte und das AGB-Gesetz NJW 1981, 2657 ff.
Burhoff, Detlef	Die kleine Aktiengesellschaft NWB Nr. 27 v. 30.06.1997, Fach 18, 3527 ff.
Busse, Felix	Gedanken zur anwaltlichen Berufsordnung NJW 1999, 3017 ff.
—	Anwalt 2000 AnwBl 1994, 482 ff.
Carl, Dieter	Beratende Berufe im Europäischen Binnenmarkt: berufliche Perspektiven und rechtlicher Rahmen der steuer-, rechts- und wirtschaftsberatenden Tätigkeit Bielefeld 1995
Casper, Matthias	Interprofessionelle Sozietäten von Anwaltsnotaren ZIP 1996, 1501 ff.
Dauner-Lieb, Barbara	Die BGB-Gesellschaft mit beschränkter Haftung - Phantom oder zulässige Spielart der GbR? DStR 1998, 2014 ff.
Duden	Rechtschreibung der deutschen Sprache, Band 1 21. Aufl. Mannheim 1996

Ebbing, Frank	Virtuelle Rechtsberatung und das anwaltliche Werbeverbot NJW-CoR 1996, 242 ff.
Ebenroth, Thomas/ Koos, Stefan	Urteilsanmerkung zu BayObLG, Beschluß v. 28.08.1996 - 3 Z BR 75/96 ZIP 1996, 1790 ff.
Eggesiecker, Fritz	Die Partnerschaftsgesellschaft für freie Berufe Bonn, 2. Lfg. Okt. 1998 (Loseblatt)
Eggesiecker, Fritz/ Keuenhof, Ingo	Normale Partnerschaften auch für Wirtschaftsprüfer und Steuerberater zulässig BB 1995, 2049 ff.
Erman, Walter	Bürgerliches Gesetzuch 10. Aufl., Aschendorff 2000
Ewer, Wolfgang	Interprofessionelle und intraprofessionelle Kooperation unter Beteiligung der Anwaltschaft AnwBl. 2000, 71 ff.
—	Interdisziplinäre Zusammenarbeit AnwBl 1995, 161 ff.
Ewig, Eugen	Verwirklichung der Niederlassungsfreiheit für Rechtsanwälte in der EU und im EWR NJW 1999, 248 ff.
Eylmann, Horst	Bewegung im Berufsrecht der Notare NJW 1998, 2929 ff.
Feddersen, Dieter	Partnerschaftsgesellschaftsgesetz Neuwied 1995
Feuerich, Wilhelm E.	Die überörtliche Anwaltssozietät AnwBl 1989, 360 ff.
Feuerich, Wilhelm E./ Braun, Anton	Bundesrechtsanwaltsordnung 5. Aufl., München 2000
Franz, Kurt	Neues Niederlassungsrecht für europäische Rechtsanwälte BB 2000, 989 ff.
Franzen, Hans/ Apel, Klaus	Prozeßaufwand bei Gericht und Anwalt – betriebs-wirtschaftlich und anschaulich - mit Folgerungen NJW 1988, 1059 ff.
Funke, Rainer	Der Regierungsentwurf zur Rechtsanwalts-GmbH AnwBl 1998, 6 ff.
Gail, Winfried/ Overlack, Arndt	Anwaltsgesellschaften 2. Aufl., Köln 1996

Gehre, Horst	Steuerberatungsgesetz Aufl., München 1999
Gerlt, Uwe Carsten	Der Gesetzentwurf zur Anwalts-GmbH: Ein Abschreckungsversuch
Goette, Wulf	Urteilsanmerkung zu BGH, Urt. v. 27.09.1999 II ZR 371/98 DStR 1999, 1707 f.
Gotzens, Markus	Die interprofessionelle Zusammenarbeit von Rechtsanwälten mit Angehörigen anderer freier Berufe Diss., Frankfurt am Main 1998
Gruber, Joachim	Anwaltshaftung bei grenzüberschreitenden Sachverhalten MDR 1998, 1399 ff.
Grüninger, Michael	Aspekte, Strategien und Möglichkeiten einer EWIV von Rechtsanwälten AnwBl 1992, 111 ff.
Gummert, Hans	Zur Zulässigkeit einseitiger Haftungsbeschränkung auf das Vermögen der BGB-Außengesellschaft ZIP 1993, 1063 ff.
Haack, Hansjörg	Durchgriff und Eigenhaftung bei der GmbH NWB Nr. 44 v. 30.10.1994, Fach 18, 3355 ff.
Haarmann, Wilhelm	Rechtsformen interdisziplinärer Kanzleien in Deutschland in: FS 50 Jahre Arbeitsgemeinschaft der Fachanwälte für Steuerrecht Herne/Berlin 1999, 515 ff.
Habersack, Mathias	Die Haftungsverfassung der Gesellschaft bürgerlichen Rechts - Doppelverpflichtung und Akzessorietät JuS 1993, 1 ff.
Hachenburg	GmbHG-Gesetz 8. Aufl., Berlin 1992 (Hrsg. Peter Ulmer)
Hartstang, Gerhard	Anwaltsrecht Köln, 1991
Hartung, Wolfgang	Sozietät oder Kooperation? AnwBl 1995, 333 ff.
Hartung, Wolfgang/ Holl, Thomas	Anwaltliche Berufsordnung München 1997

Heermann, Peter W.	Haftungsbeschränkungen in der BGB-Außengesellschaft BB 1994, 2421 ff.
Heinemann, Peter	Rechtsformwahl und Anwalts-GmbH AnwBl 1991, 233 ff.
Heinrichs, Helmut	Umsetzung der EG-Richtlinie über mißbräuchliche Klauseln in Verbraucherverträgen durch Auslegung NJW 1995, 153 ff.
Hellwig, Hans-Jürgen	Die Rechtsanwalts-GmbH ZHR 161 (1997), 337 ff.
—	Formen der Gestaltung der Zusammenarbeit mit dem ausländischen Anwalt AnwBl 1996, 124 ff.
Hense, Burkhard	Grenzüberschreitende Gesellschaftsformen und Niederlassungsrecht in der EU in: Wirtschaftsprüfer-Handbuch, Band II 11. Aufl., Düsseldorf 1998, J Rn 1 ff.
Henssler, Martin	Ist der Freie Mitarbeiter abgeschafft? Was nun? AnwBl 2000, 213 ff.
—	Die interprofessionelle Zusammenarbeit in der Sozietät AnwBl 2000, 77 ff.
—	Die gesetzliche Regelung der Rechtsanwalts-GmbH NJW 1999, 241 f.
—	Das Verbot der Sternsozietät gemäß § 31 Berufsordnung der Rechtsanwälte - eine reformbedürftige Norm ZIP 1998, 2121 ff.
—	Der Gesetzentwurf zur Regelung der Rechtsanwalts-GmbH ZIP 1997, 1481 ff.
—	Die Rechtsanwalts-GmbH - Zulässigkeit und Satzungserfordernisse ZHR 161 (1997), 305 ff.
—	Anwaltliches Berufsrecht und Mediation AnwBl. 1997, 129 ff.

— Die Haftung der Rechtsanwälte und Wirtschaftsprüfer
AnwBl 1996, 3 ff.

— Neue Formen anwaltlicher Zusammenarbeit
DB 1995, 1549 ff.

— Haftungsrisiken anwaltlicher Tätigkeit
JZ 1994, 178 ff.

— Anwaltsgesellschaften
NJW 1993, 2137 ff.

Henssler, Martin/ Prütting, Hanns — Bundesrechtsanwaltsordnung
München 1997

Hirte, Heribert/ Otte, Karsten — Die Rechtsentwicklung im Haftungsrecht in den Vereinigten Staaten von Amerika im Jahre 1993
VersR 1994, 1387 ff.

Hommelhoff, Peter/ Helms, Dietmar — Weiter auf dem Weg zur Europäischen Privatgesellschaft
GmbHR 1999, 53 ff.

Hommelhoff, Peter/ Schwab, Martin — Urteilsanmerkung zu BayObLG Beschluß v. 24.11.1994 - 3 Z BR 115/94
WiB 1995, 115 ff.

Hommerich, Christoph — Anwalt und Mittelstand - Partner durch Beratung
AnwBl 1990, 410 ff.

Hüffer, Uwe — Aktiengesetz
4. Aufl., München 1999

JUVE — Handbuch 2000/2001
Wirtschaftskanzleien – Rechtsanwälte für Unternehmen, 3. Aufl., Köln 2000

Kahler, Ulrich — Die Haftung des Gesellschafters im Falle der Unterkapitalisierung
BB 1985, 1429 ff.

Kaiser, Hans/ Bellstedt, Christoph — Die Anwaltssozietät
2. Aufl., Berlin 1995

Kaminski, Horst — Der Beruf des Wirtschaftsprüfers
in: Wirtschaftsprüfer-Handbuch,
Bd. 1, 11. Aufl., Düsseldorf 1996, A Rn. 1 ff.

Kempter, Fritz — Die Rechtsanwalts-AG – eine Anwaltsgesellschaft sui generis außerhalb des anwaltlichen Berufsrechts?
NJW 2000, 3449 ff.

—	Der Provinzanwalt im Jahre 2000 - ein Appell AnwBl 1996, 11 ff.
—	Die Rechtsanwalts-GmbH und das Bayerische Oberste Landesgericht - Was nun? BRAK-Mitt. 1995, 4 ff.
Kilger, Hartmut	Freie Mitarbeiter 1999 AnwBl 1999, 39 ff.
Kilian, Matthias	Das Verbot der Sternsozietät - Verstoß gegen Gemeinschaftsrecht? NJW 2001, 326 ff.
Kindler, Peter	Niederlassungsfreiheit für Scheinauslandsgesellschaften? NJW 1999, 1993 ff.
Klein, Andreas	EU-Anwälte ab sofort gleichberechtigt auf deutschem Markt AnwBl 2000, 190 f.
Kleine-Cosack, Michael	Vom Rechtsberatungsmonopol zum freien Wettbwerb NJW 2000, 1593 ff.
—	Bundesrechtsanwaltsordnung 3. Aufl., München 1997
—	Neuordnung des anwaltlichen Berufsrechts NJW 1994, 2249 ff.
Kleinknecht, Theodor	Strafprozeßordnung 43. Aufl., München 1997
Koch, Ludwig	Zur Zulässigkeit der Rechtsanwalts-GmbH nach geltendem Recht AnwBl 1993, 157 ff.
Kölner Kommentar	Aktiengesetz Bd. 1, 2. Aufl., Köln 1988 Bd. 2, 2. Aufl., Köln 1996 (Hrsg. Wolfgang Zöllner)
Kornblum, Udo	Probleme der Haftung assoziierter Rechtsanwälte AnwBl 1973, 153 ff.
Kuhls, Clemens/ Meurers, Theo/ Maxl, Peter/ Schäfer, Herbert/ Goez, Christoph	Steuerberatungsgesetz München 1995

Lach, Michael
Formen freiberuflicher Zusammenarbeit
Diss., München 1970

Lang, Johann/ Weidmüller, Ludwig/ Metz, Egon/ Schaffland, Hans-Jürgen
Genossenschaftsgesetz
33. Auflage
Berlin, New York 1997

Leipziger Kommentar
Strafgesetzbuch
11. Aufl., Berlin 1999
(Hrsg. Burkhard Jähnke, Heinrich-Wilhelm Laufhütte, Walter Odersky)

Lenz, Tobias
Die Partnerschaft - alternative Gesellschaftsform für Freiberufler?
MDR 1994, 741 ff.

Lerch, Klaus
Sozietät zwischen Anwaltsnotaren und Wirtschaftsprüfern
NJW 1999, 401 ff.

Lingenberg, Joachim/ Hummel, Fritz/ Zuck, Rüdiger/ Eich, Alexander
Kommentar zu den Grundsätzen des anwaltlichen Standesrechts
2. Aufl., Köln 1988

Lörcher, Heike
Europäisches und internationales Anwaltsrecht
in: Beck'sches Rechtsanwalts-Handbuch, 6. Aufl., München 1999, 1487 ff.

—
EG-Niederlassungsrichtlinie für Rechtsanwälte endlich verabschiedet
BRAK-Mitt. 1998, 9 ff.

Löwe-Rosenberg
Die Strafprozeßordnung und das Gerichtsverfassungsgesetz
25. Aufl., Berlin 1999
(Hrsg. Peter Rieß)

Loewer, Jörn
Neuordnung des anwaltlichen Berufsrechts
BRAK-Mitt. 1994, 186 ff.

Louven, Christoph
Die Haftung des deutschen Anwalts im internationalen Mandat
VersR 1997, 1050 ff.

Lutter, Marcus/ Hommelhoff, Peter
GmbHG
15. Aufl., Köln 2000

Maunz, Theodor/ Dürig, Günter/ Herzog, Roman/
Grundgesetz
Loseblatt, Band 1, München, Stand: November 1999

Scholz, Rupert	
Meilicke, Wienand/ Westphalen, Friedrich Graf von	Partnerschaftsgesellschaftsgesetz München 1995
Meilicke, Wienand	Urteilsanmerkung zur Centros-Entscheidung des EuGH DB 1999, 627 ff.
Michalski, Lutz	Zum Regierungsentwurf eines Part-nerschaftsgesetzes ZIP 1993, 1210 ff.
—	Das Gesellschafts- und Kartellrecht der berufsrechtlich gebundenen freien Berufe Bayreuth, 1989
Michalski, Lutz/ Römermann, Volker	Partnerschaftsgesellschaftsgesetz 2. Aufl., Köln 1999
—	Interprofessionelle Zusammenarbeit von Rechtsanwälten NJW 1996, 3233 ff.
—	Wettbewerbsbeschränkungen zwischen Rechtsanwälten ZIP 1994, 433 ff.
Müller, Klaus	Genossenschaftsgesetz Band. 1, 2. Aufl., Bielefeld 1991
—	Schadensersatzpflicht verbundener Anwälte NJW 1969, 903 ff.
Münchener Kommentar	Bürgerliches Gesetzbuch Band 2, 3. Aufl., München 1994 Band 4, 3. Aufl., München 1997 (Hrsg. Kurt Rebmann, Franz Jürgen Säcker)
Mutter, Stefan	Urteilsanmerkung zu OLG Jena, Urteil v. 28.04.1998 - 3 U 580/97 ZIP 1998, 1799 f.
Nerlich, Jörg	Anwaltssozietäten in Europa AnwBl 1994, 529 ff.
Odersky, Walter	Anwaltliches Berufsrecht und höchstrichterliche Rechtsprechung AnwBl 1991, 238 ff.
Oppenhoff, Walter	Anwaltsgemeinschaften, ihr Sinn und Zweck AnwBl 1967, 267 ff.

Oppermann, Bernd H.	Grenzen der Haftung in der Anwalts-GmbH und der Partnerschaft AnwBl 1995, 453 ff.
Palandt, Otto	Bürgerliches Gesetzbuch 60. Aufl., München 2001
Passenberger, Jürgen	STAR: Einkommenssituation deutscher Rechtsanwälte 1994 BRAK-Mitt. 1996, 174 ff.
—	STAR: Wirtschaftliche Folgen anwaltlicher Spezialisierung BRAK-Mitt. 1996, 98 ff.
Passenberger, Jürgen/ Kaimer, Steffen	STAR: Überörtliche Anwaltssozietäten im Zahlenspiegel BRAK-Mitt. 1996, 136 ff.
Pfeiffer, Thomas	Vom kaufmännischen Verkehr zum Unternehmensverkehr NJW 1999, 169 ff.
Pfordte, Thilo/ Gotzens, Markus	Die Schweigepflicht von Mitarbeitern einer Anwaltskanzlei im Lichte der neuen Berufsordnung BRAK-Mitt. 1997, 82 ff.
Plass, Manfred	Der Haftungsstatus von Anwaltsgemeinschaften Diss., Wiesbaden 1991
Pritchard, John	Kanzleien in Deutschland London, Ausgabe 2000/2001
Rabe, Hans-Jürgen	Die Bedeutung der freien Rechtsberufe für den europäischen Binnenmarkt AnwBl 1999, 66 ff.
—	Anwälte in Europa NJW 1995, 1403 ff.
—	Dienstleistungs- und Niederlassungsfreiheit der Rechtsanwälte in der EG AnwBl 1992, 146 ff.
Raiser, Gottfried	Die Haftung des deutschen Rechtsanwalts bei grenzüberschreitender Tätigkeit NJW 1991, 2049 ff.
Raupach, Arndt	Globalisierung, Full Service-Concept und Multi-Disciplinary Practices auf dem Beratungsmarkt in: FS 50 Jahre Arbeitsgemeinschaft der Fachan-

	wälte für Steuerrecht e.V., Herne/Berlin 1999, 13 ff.
Redeker, Konrad	Freiheit der Advokatur - heute NJW 1987, 2610 ff.
Reiff, Peter	Wider die unternehmenstragende Gesellschaft bürgerlichen Rechts ohne Gesellschafterhaftung ZIP 1999, 517 ff.
—	Die neuen berufsrechtlichen Bestimmungen über Haftungsbeschränkungen durch AGB AnwBl 1997, 3 ff.
Riederer v. Paar, Otto	Die Haftung des Rechtsanwalts bei grenzüberschreitender Tätigkeit AnwBl 1991, 496 ff.
Rinsche, Franz-Josef	Die Haftung des Rechtsanwalts und des Notars 6. Aufl, Köln 1998
Rittner, Fritz	Teamarbeit bei freien Berufen Der Steuerberater 1967, 2 ff.
Römermann, Volker	Fast ein Glaubenskrieg Zulässigkeit von Anwalts-Hotlines Anwalt 2001, 10 ff.
—	Vorreiter: Pro-Videntia Deutschlands erste Anwalts-AG Anwalt 2000, 6 ff.
—	Satzungsgestaltung bei der Anwalts-GmbH GmbHR 1999, 1175 ff.
—	Erste Praxisprobleme mit der Neuregelung der Anwalts-GmbH GmbHR 1999, 526 ff.
—	Anwaltliche Berufsordnung - Ende oder Neuanfang? NJW 1998, 2249 ff.
—	Anwalts-GmbH im Wettbewerb GmbHR 1998, 966 ff.
Römermann, Volker/ Spönemann, Frank	Gesellschaftsformen für Rechtsanwälte - Berufsrecht, Gesellschaftsrecht, Steuerrecht NZG 1998, 15 ff.
Roth, Wulf-Henning	Die Sitzverlegung vor dem EuGH ZIP 2000, 1597 ff.

Salger, H.-Christian — Überörtliche Anwaltssozietäten in Deutschland
NJW 1988, 186 ff.

Sandberger, Georg/ Müller-Graff, Peter-Christian — Die rechtliche Form freiberuflicher Zusammenarbeit
ZRP 1975, 1 ff.

Sandrock, Otto — Centros: ein Etappensieg für die Überlagerungstheorie
BB 1999, 1337 ff.

Schardey, Günter — Die neue Bundesrechtsanwaltsordnung
AnwBl 1994, 369 ff.

Schippel, Helmut — Bundesnotarordnung
7. Auflage, München 2000

Schlosser, Peter — Grünes Licht für Rechtsanwalts-GmbHs?
JZ 1995, 345 ff.

Schmidt, Karsten — Gesellschaftsrecht
3. Aufl., Köln, Berlin 1997

Schmidt, Karsten — Handelsrecht
4. Aufl., Köln, Berlin 1999

— — Partnerschaftsgesetzgebung zwischen Berufsrecht, Schuldrecht und Gesellschaftsrecht
ZIP 1993, 633 ff.

Schmucker, Alexandra — STAR: Umsatz- und Einkommensentwicklung der Rechtsanwälte 1993 bis 1998
BRAK-Mitt. 2000, 273 ff.

Schmucker, Alexandra/ Lechner, Birgit — STAR: Rechtsanwälte mit fachlichen Spezialisierungen und Zusatzqualifikationen im Einkommensvergleich
BRAK-Mitt. 2000, 118 ff.

Schneider, Dieter — Von der losen Kooperation nach dem Best-friends-System zur überörtlichen oder gar transnationalen Sozietät
AnwBl 1991, 565 ff.

Schnorbus, York — Die Haftung des Rechtsanwalts im Lichte höchstrichterlicher Rechtsprechung
DStR 1998, 1637 ff.

Schönke, Adolf/ Schröder, Horst — Strafgesetzbuch
26. Aufl., München 2000

Scholz, Franz — GmbH-Gesetz
Band 1, 9. Aufl., Köln 2000

Schumacher, Jörg G.	Rechtsanwaltsaktiengesellschaft AnwBl 1998, 364 ff.
Schumann, Ekkehard	Die überörtliche Anwaltssozietät München, 1990
Scriba, Michael	Die Europäische Wirtschaftsvereinigung Diss., Münster 1987
Seibert, Ulrich	Neues zur Partnerschaftsgesellschaft für Freiberufler DSWR 1999, 191 ff.
—	Aktuelle Änderungen des Partnerschaftsgesellschaftsgesetzes: Neue Haftungsregelung für Freiberufler BRAK-Mitt. 1998, 210 ff.
—	Die Partnerschaft für die Freien Berufe DB 1994, 2381 ff.
—	Die Partnerschaft - Eine neue Gesellschaftsform für die Freien Berufe Köln, 1994
Sieg, Oliver	Anwaltshaftung bei der Anwendung ausländischen Rechts und bei der Zusammenarbeit mit ausländischen Kollegen IWB Nr. 20 v. 23.10.1996, 937 ff.
—	Internationale Anwaltshaftung, Diss. Münster 1995, Abhandlungen zum Recht der internationalen Wirtschaft, Bd. 37, Heidelberg 1996
Sobotta, Christoph/ Kleinschnittger, Christoph	Freizügigkeit für Anwälte in der EU nach der Richtlinie 98/5/EG EuZW 1998, 645 ff.
Soergel, Hs. Th./ Siebert, W.	Bürgerliches Gesetzbuch 13. Aufl., Stuttgart 1999
Sommer, Michael	Anwalts-GmbH oder Anwalts-Partnerschaft? Zivil- und steuerrechtliche Vor- und Nachteile GmbHR 1995, 249 ff.
Sproß, Joachim	Die Rechtsanwalts-Gesellschaft in der Form der GmbH & Co KG AnwBl 1996, 201 ff.
Stabreit, Monika	Die Rechtsanwalts-Aktiengesellschaft NZG 1998, 452 ff.
Staudinger, Julius v.	Bürgerliches Gesetzbuch 13. Aufl., Berlin 1993

Steding, Rolf	Die eingetragene Genossenschaft - eine (noch) konkurrenzfähige Rechtsform zwischen Personen- und Kapitalgesellschaften? NZG 1999, 282 ff.
Stobbe, Ulrich	Die Beschränkung der Anwaltshaftung nach § 51a Abs. 1 Nr. 2 BRAO und die EG-Verbraucherschutzrichtlinie AnwBl 1997, 16 ff.
—	Die Kompetenz der Anwaltschaft- Weichenstellungen in Ausbildung und Berufsrecht NJW 1991, 2041 ff.
Taupitz, Jochen	Rechtsanwalts-GmbH zugelassen: Durchbruch oder Intermezzo? NJW 1995, 369 ff.
—	Die Standesordnungen der freien Berufe Berlin, New York 1991
Tiling, Johann/ Johann, Rüdiger	Zusammenarbeit von Rechtsanwälten: Sozietät, Partnerschaftsgesellschaft, Rechtsanwalts-GmbH, Bürogemeinschaft, Rechtsanwalt als Angestellter oder freier Mitarbeiter In: Beck'sches Rechtsanwalts-Handbuch, 6. Aufl., München 1999, 1509 ff.
Tröndle, Herbert/ Fischer, Thomas	Strafgesetzbuch 50. Aufl., München 2000
Ulmer, Peter	Gesellschafterhaftung in der Gesellschaft bürgerlichen Rechts: Durchbruch der Akzessorietätstheorie? ZIP 1999, 554 ff.
—	Wege zum Ausschluß der persönlichen Gesellschafterhaftung in der Gesellschaft bürgerlichen Rechts ZIP 1999, 509 ff.
Vollkommer, Max	Anwaltshaftungsrecht München 1989
Vorbrugg, Georg/ Salzmann, Stephan	Überregionale Anwaltskooperationen AnwBl 1996, 129 ff.
Wahlers, Henning	Fallstricke bei der Gründung und Handhabung der kleinen AG DStR 2000, 973 ff.

Wegmann, Jürgen/ Koch, Wolfgang	Die Emissionspreisfindung im Zusammenhang mit der Börseneinführung von mittelständischen Unternehmen am neuen Markt DStR 1999, 514 ff.
Weimar, Robert/ Grote, Klaus-Peter	Grundfragen der Europäischen wirtschaftlichen Interessenvereinigung NWB Nr. 30 v. 21.07.1997, Fach 18, 3533 ff.
Wellkamp, Ludger	Risikobegrenzung in der Unternehmer-BGB-Gesellschaft NJW 1993, 2715 ff.
Wolf, Manfred/ Horn, Norbert/ Lindacher, Walter F.	AGB-Gesetz 4. Aufl., München 1999
Wolfsteiner, Hans	Mittelbare Rechtsberatung NJW 1996, 3262 ff.
Zöller, Richard	Zivilprozeßordnung 22. Aufl., Köln 2001
Zuck, Rüdiger	Ungelöste Probleme der anwaltlichen Berufsordnung NJW 1999, 263 ff.
—	Die Anwalts-GmbH nach § 59c ff. BRAO MDR 1998, 1317 ff.
—	Vertragsgestaltung bei Anwaltskooperationen München 1995
—	Gehört die Zukunft der Anwalts-GmbH? ZRP 1995, 68 ff.
—	Die Rechtsprechung des BGH in Anwaltssachen und die für die Praxis bedeutsame Rechtsprechung des BVerfG in den Jahren 1990 und 1991
—	Formen anwaltlicher Zusammenarbeit AnwBl 1988, 19 ff.
—	Internationales Anwaltsrecht NJW 1987, 3033 ff.
Zugehör, Horst	Handbuch der Anwaltshaftung Herne/Berlin 1999

Friedrich E. Schnapp (Hrsg.)

Probleme der Rechtsquellen im Sozialversicherungsrecht Teil III

Tagungsband zum 7. Fachkolloquium des Instituts für Sozialrecht am 24./25. Juni 1999 in Bochum

Frankfurt/M., Berlin, Bern, Bruxelles, New York, Oxford, Wien, 2000. 287 S.
Bochumer Schriften zum Sozialrecht. Herausgegeben von Friedrich E. Schnapp. Bd. 6
ISBN 3-631-36891-7 · br. DM 89.–*

Seit Jahrzehnten leben Sozialgerichtsbarkeit und Sozialrechtswissenschaft mit einer – im Vergleich zu anderen Gebieten – ungewöhnlichen Vielfalt verschiedener Normtypen, die Theorie und Praxis bis in die jüngste Zeit mit immer neuen Problemen konfrontiert haben. Im Rahmen des 7. Fachkolloquiums des Instituts für Sozialrecht der Ruhr-Universität Bochum haben sich ausgewiesene Fachleute mit den Fragen befaßt, die, vor allem im Zusammenhang mit der dritten Stufe der Gesundheitsreform, durch diese unorthodoxen Handlungsinstrumentarien ausgelöst werden.
Damit setzt das Institut für Sozialrecht eine Veranstaltungsreihe fort, die sich den übergreifenden Rechtsquellenproblemen im Sozialrecht widmet. Die Ergebnisse der ersten beiden einschlägigen Tagungen sind im ersten bzw. zweiten Band der Schriftenreihe dokumentiert.

Aus dem Inhalt: Bundesausschuß der Ärzte und Krankenkassen: Aufgaben, Zusammensetzung, Verfahren · Der „kleine Gesetzgeber" und die Rechte der Versicherten · Richtliniengesetzgebung durch den Bundesausschuß der Ärzte und Krankenkassen und demokratische Legitimation · Untergesetzliche Normsetzung im Recht der gesetzlichen Krankenversicherung durch Verträge und Richtlinien · Das Entscheidungsmonopol des Bundesausschusses Ärzte/Krankenkassen für Arzneimittel und neue medizinische Verfahren · Der Vertragsarzt: Ausschußbeauftragter für den Richtlinienvollzug?

FSC
www.fsc.org
MIX
Papier | Fördert gute Waldnutzung
FSC® C083411

Kolibri 360 GmbH
Ferdinand-Jühlke-Straße 7
99095 Erfurt, Deutschland
produktsicherheit@kolibri360.de

Druck:
CPI Druckdienstleistungen GmbH
im Auftrag der
Kolibri 360 GmbH
Ferdinand-Jühlke-Str. 7
99095 Erfurt